한국 근대 기독교와
여성의 탄생

―― 한국/근대/여성 총서 01 ――

한국 근대 기독교와 여성의 탄생

이숙진 지음

한국/근대/여성 총서01

한국 근대 기독교와 여성의 탄생

등록 1994.7.1 제1-1071
1쇄 발행 2022년 5월 31일
2쇄 발행 2023년 10월 31일

지은이 이숙진
펴낸이 박길수
편집장 소경희
편   집 조영준
관   리 위현정
디자인 이주향
펴낸곳 도서출판 모시는사람들
　　　 03147 서울시 종로구 삼일대로 457(경운동 수운회관) 1207호
전   화 02-735-7173 / 팩스 02-730-7173

인   쇄 피오디북(031-955-8100)
배   본 문화유통북스(031-937-6100)
홈페이지 http://www.mosinsaram.com/

값은 뒤표지에 있습니다.
　　　ISBN　979-11-6629-106-7　94200
세트 ISBN　979-11-6629-105-0　94200

* 잘못된 책은 바꿔 드립니다.
* 이 책의 전부 또는 일부 내용을 재사용하려면 사전에 저작권자와
  도서출판 모시는사람들의 동의를 받아야 합니다.

이 저서는 2011년 대한민국 교육부와 한국학 중앙연구원(한국학진흥사업단)의 한국학 총서사업(모던코리아 학술총서)의 지원을 받아 수행된 연구임(AKS-2011-DAE-3103)

책을 내며

결국, 항구의 문은 열렸다. 맥없이 열린 문으로 낯선 바람이 들이쳤다. 그 바람은 전통이라 불리는 낡은 것들을 부식시켰다. 근대라는 옷을 입고 온 기독교는 생경했지만, 옛 규범의 족쇄에서 고통당하던 여성들에게는 기쁜 소식이었다. "내 가장 기쁜 날은 세례 받던 날"이라는 여성들의 고백에서부터 "지식 있고 사회 활동하는 여자는 거의 전부가 교회 물을 마신 분들"이라는 유행어에 이르기까지 기독교에서 희망을 발견했던 여성들의 이야기는 차고 넘친다.

기독교가 수용될 무렵의 한국 사회는 그야말로 바람 앞의 등불이었다. 동학농민전쟁에서 러일전쟁에 이르는 전란의 만연, 괴질과 지배층의 억압과 수탈로 민중들의 삶은 너무나 참혹했다. 21세기 팬데믹이 코로나이듯, 19세기의 팬데믹은 콜레라다. 요동에서 평안도로 들어온 콜레라균이 황해도와 서울을 거쳐 한강 이남으로 급격히 확산되면서 한반도는 초토화되었다. 한 마을이 쑥대밭으로 되는 데 일주일도 걸리지 않았다. 원인을 몰라 대책을 세울 수 없는 딱한 상황에서 나라가 할 수 있는 일이란 고작 전국적으로 제사를 올리고 장례 지원을 하는 정도의 구휼 대책이었다.

지천으로 널린 주검 앞에서 겁에 질린 사람들이 많은 돈을 들여 도처에 사당을 짓고 콜레라 신에게 제사를 올렸다. 군졸들은 허공에다 총을 쏘면서 콜레라 신이 대궐 안으로 들어오지 못하도록 위협했다. 집단적 죽음을 목도한 민중은 죽음의 공포를 이기기 위해 고양이를 그려 문 앞에 방패막이로 걸어두었다. 쥐가 스멀거리는 듯한 통증으로 인해 '쥐통'으로 불렸던 콜레라를 막으려 주술의 힘에 기댄 것이다. 그러나 돈 들여 지은 사당도, 쉴새 없이 쏘아댄 총성도, 문밖에 걸어둔 고양이 그림도 아무 효험이 없었다. 바로 이들에게 구세종교로 다가온 것이 기독교다. 당시 조선 정부에 의해 방역 총책임자로 임명된 의료선교사들은 콜레라의 발생이 '귀신' 때문이 아니라 '세균'에 의한 것임을 널리 알리고 물을 반드시 끓여 먹도록 권장하였다. 이러한 조치는 콜레라만이 아니라 설사, 이질, 말라리아, 소화불량, 열병 등과 같은 질병을 예방하는 데 크게 기여했다.

그즈음 평안도 진남포에는 전국을 휩쓴 콜레라로 아버지와 남동생을 잃은 한 여자아이가 있었다. 그의 어머니는 유일하게 살아남은 딸을 인도할 불빛이 교육임을 알았지만, 작은 동네의 유일한 교육기관인 서당은 남자아이에게만 열려 있었다. 개화의 바람은 불기 시작했으나 여전히 남녀칠세부동석의 예법이 남아 있던 시절, 여아는 서당교육을 받기 위하여 남아의 머리 스타일과 남장을 하는 등 '여성적 기표'를 감추어야 했다. 동서양을 막론하고 여성적 기호의 삭제는 여성의 몸에 열등성을 부과했던 가부장적 사회를 돌파하기 위한 여성들의 흔한 전략이었다.

어느 크리스마스 날, 누군가의 인도로 간 예배당에서는 아이들에게 노란색 연습장과 노란색 No.2 연필을 선물했다. 예배 중에 들은 복음이라는 말이 잘 이해되지는 않았지만, 여태 받아본 것 중 가장 멋진 선물에 매혹된 모녀는 그날로 예배당의 명부에 이름을 올렸다. 예배당을 통해 알게된 미션여학교에서는 여성의 기표를 감추지 않고도 문자의 세계로 들어갈 수 있었다. 훗날 이 작은 여자아이는 이화학당을 거쳐 태평양을 넘나들며 유명한 여성 연설가로 성장하였다. 진남포의 그 아이뿐만 아니라, 제물포, 군산, 진주, 소래 등 크고 작은 도시와 마을에서 이름도 없이 천대받던 계집들이 한글과 바이블을 가르치던 예배당과 미션여학교를 거쳐 '말하는 주체(speaking subject)'로 우뚝 섰다.

스피박은 부바네스와리 바두리의 사례를 들어 "서발턴은 말할 수 있는가?" 질문한다. 바두리는 자신에게 쏟아진 성추문의 의혹이 사실이 아님을 증명하기 위해 생리 중에 자살한 인도 여성이다. 하지만 자살한 여성은 순결하지 않다는 강한 사회적 편견과, 자살로 인해 아무도 그의 메시지를 제대로 듣지 못하여, 진실은 증명이 불가능하게 되었다. 요컨대 바두리가 말할 수 없었던 것은 듣는 귀가 없었기 때문이다. 듣는 공동체가 있어야 말하는 주체가 출현할 수 있다. 개항기, 새 바람이 불고 있었지만 여전히 "슬픔과 절망, 고된 노동, 질병, 애정 결핍, 무지, 수줍음"으로 점철된 조선 여성의 대부분은 이름도 없던 하찮은 서발턴이었다. 잘 들리지 않는 그녀들의 말을 경청하는 곳은 교회였다. "나는 눈이 있어도 보지 못했고, 귀가 있어도 듣지 못했으며, 입이 있어도 말하지 못했다. 그러나 예수를 안 후로 나는 자주한 인간이 되었다"는 어느 시골 부인의 신앙고백에서 엿볼 수 있듯이, 기독교는 한국 여성을 '말하는 주체'로 세우는 통로가 되었다.

"벙어리 삼년, 장님 삼년, 귀머거리 삼년"이란 속담이 말해주듯, 여성들에게 강요된 덕목 중 하나는 말없이 따름이다. 가부장적 사회에서 여성의 삶은 묵종으로 규정되어 왔다고 할 정도로 언어는 남성의 전유물이었다. 여성의 말은 수다나 앵앵거림, 바가지 긁기로 폄하되었고, 종교는 여성의 언권을 제한하는 장치였다. 기독교 역시 가부장적 질서의 유지를 위하여 여성들에게 침묵을 각인시키는 다양한 장치를 작동시켜 왔다. 여성에 대한 통제가 언어와 깊이 관련 있는 것은 존재의 억압이 언어의 탄압에서 시작되기 때문이다. 주체란 자기가 할 말을 당당하게 하는 존재이고, 할 말을 당당하게 하도록 하는 것은 주체를 키우는 일이다. 제도 교회는 여성의 설교권을 박탈하면서 언권을 제한했지만 성령운동의 공간은 달랐다. 말하는 주체로 세웠다.

한국 기독교 성령운동의 기점은 1907년 평양 대부흥운동이다. 당시 평양 지역은 홍경래의 난 이후 더욱 열악해진 삶의 터전에서 민심 이반이 두드러지고, 1894년 이후 10년간은 동학농민전쟁과 청일전쟁, 러일전쟁의 격전장이었다. 민중은 연이은 전쟁의 참화로 회복할 수 없을 정도의 막대한 물적 인적 피해를 입었다. 몸과 마음에 깊은 상처가 새겨진 폭력의 희생자들은 서로를 할퀴고 저주하면서 트라우마는 더욱 깊어졌다. 부서진 삶의 폐허에서 펄럭이던 구세 교회라는 푯대를 보고 많은 사람이 교회로 몰려들었고 성령운동은 전국으로 확대되었다. 당시 성령운동은 공개적인 죄의 고백이라는 새로운 현상을 낳았다. 집회 참석자들은 남에게 날 선 공격을 하기보다 자신의 잘못을 먼저 고백하는 통회의 몸짓을 보여주었다. 이를 통해 반목했던 사람들 사이의 갈등의 골은 봉합되고, 깊은 상처는 치유되기 시작했다. 이러한 미덕을 가장 열성적으로 실천한 이들은 여성이었다.

성령운동에서는 성별이 권위의 지표가 아니라 성령을 받은 자가 권위를 가지기 때문에 남녀를 불문하고 누구나 기도하고 가르칠 수 있다. 젠더 평등이 수사적 표현에 그치는 것이 아니라 온전히 실현된다. 게다가 성령운동의 공간은 익숙한 합리적 언어가 아닌 원초적 울부짖음이 허락되었다. 말이 아닌 말들, 연결되지 않는 발성들, 반복되는 수다스러움, 저 깊은 곳에서 터져 나오는 울부짖음, 독해 불가능한 은밀한 암호 등이 분출했다. 미리 설정된 언어 부호에 익숙한 이들에겐 해석 불가의 영역이었지만, 여성들은 이러한 언어를 구사하면서 '아버지의 법' 아래에서 습득된 언어들을 던져 버리고 가부장적 위계를 교란시켰다. 봉건적 질서와 분위기가 여전히 온존하던 시절, 이들은 덧저고리를 벗어 던지며 연설에 몰입하는 등 파격적인 몸짓을 통해 남녀 청중을 감동시켰다. 기독교가 마련한 이러한 공간에서는 여학교에 다닐 수 없던 시골 아낙네도 말하는 주체로 설 수 있었다.

이 책은 기독교라는 근대종교를 통해 '계집'에서 '여성'으로 재탄생한 말하는 주체들의 이야기를 듣는 것에서 출발했다. 1부에서는 교육, 연설, 종교라고 하는 근대의 공간에서 조선의 여자들이 어떻게 '말하는 주체'가 될 수 있었는지를, 또 말하는 주체의 특성을 파악하는 데 주력하였다. 2부는 기독교 공동체 안에서 여성들이 순종과 저항의 주체로 탄생하는 과정에 주목하였다. 특히 기독교 여성의 정체성 형성에 큰 영향을 미친 죄담론과 성도담론의 성격과 그 담론의 작동 방식을 규명하였다. 3부는 혼인이란 렌즈로 조혼과 축첩으로 대변되는 전통 혼속과 자유연애라는 근대 로맨스 문화 사이에서 갈등하던 신여성들의 딜레마 상황을 조망하였다. 특히 종교적 굴레까지 덧입혀져 트릴레마에 봉착한 기독교 신여성의 삶의 궤적을 추적하였다. 마지막 4부에서는 20세기 초와 21세기 초의 기독교 공간에서 불었던 자기계발의 열풍을 다룬다. 1920년대 식민지 조선에서 자신을 비존재로 만드는 파괴적 약탈과 지배에 굴하지 않고, 자기계발을 통해 척박한 현실을 이겨나가고자 했던 일련의 노력과 그 사회적 맥락을 살펴보았다. 하지만 오늘날 자기계발의 유별난 열풍은 더 나은 미래에 대한 인간의 소박한 본능으로만 단순하게 설명될 수 없다. 여기에는 개인의 욕망을 추동하고 활용하는 모종의 권력이 개입되어 있기 때문이다. 그리하여 자기계발이라는 신화가 신앙적 언어로 번안된 대중적인 신앙서적을 분석하여 신자유주의 시대의 기독교가 생산하는 여성 주체의 특징을 구명하였다.

근대여성 연구는 늘 부분적일 뿐만 아니라 논쟁적일 수밖에 없다. 어느 렌즈를 착용하느냐에 따라 다른 이미지가 나타나기 때문이다. 그동안의 근대 기독교 여성 연구는 대체로 민족 담론의 자장에 갇혀 있었다. 민족주의의 앵글로는 항일과 친일 행적만이 부각되기 때문에, 이 회로에 갇히게 되면 식민지 권력 이외의 지배 담론과 협력하고 갈등하고 저항하는 가운데 형성된 복잡다단한 삶의 결을 놓치게 된다. 가부장적 시선으로 보면 기독교 신여성은 가부장적 윤리 규범을 위반한 발칙한 계집이지만 민족주의의 렌즈에서는 민족운동가 아니면 변절한 기회주의자의 모습으로 나타난다. 이 시대의 화두인 자기계발이란 프리즘으로는 자기 안의 무한한 잠재력을 계발하여 마침내 자기 가치를 높인 경쟁력 있는 '자기 기업가'들이 보일 것이다. 이 연구는 여성 윤리의 렌즈를 통해 기독교의 가부장적 통제의 윤리에 포획되지 않았던 기독교 신여성의 삶을 조망하고자 하였다. 다양한 결을 가진 기독교 신여성의 삶의 궤적을 추적하는 작업은 기존의 한국 여성사 연구와 한국 기독교사 연구의 공백을 채우는 데 일조할 수 있을 것이다.

오늘날 젠더 민감성이 가장 떨어진 곳으로 꼽히는 대표적인 공간이 한국 교회다. 어디 젠더 감수성뿐인가. 코로나 바이러스가 기승을 부리던 2021년 팬데믹 상황에서 미디어에 비친 기독교의 모습은 참담하다. 보수 기독교를 대표하는 이가 "종교는 목숨, 예배 취소 못한다"고 발언하자 격분한 이들은 SNS 등을 통해 "방역을 준수하지 않으려면 기독교인임을 나타내는 표지를 부착하라, 그러면 알아서 피해 가겠다!"라는 극단의 불쾌감을 토로하였다. 19세기 말 팬데믹에서 '세상을 구하는 종교'로 부상한 기독교가 21세기 초 팬데믹 상황에서는 '세상을 위험에 빠트리는 종교'로 추락한 셈이다. 당당한 주체로 우뚝 선 그녀들의 이야기를 기억하는 일은, 벼랑 끝에 몰린 이들에게 비빌 언덕이 되고 힘없고 약한 자들의 장막이 된 구세종교의 뿌리를 찾는 출발점이자 현재를 비판적으로 성찰할 디딤돌이며 미래에 도달해야 할 목표점이다.

이 책은 한국학진흥사업단이 지원하는 모던코리아 학술서로 집필된 것이다. 그동안 여러 곳에서 많은 동료의 도움을 받았다. 깊이 애정하는 '헤세드' 친구들, 1999년부터 지금까지 함께한 강독모임 '3시대인' 친구들께 감사한다. 무엇보다도 책의 구상 단계에서부터 마무리에 이르기까지 조언을 준 이진구 박사와 사랑하는 두 아이 어진과 근태에게 감사한다.

지금도 살갗으로 느껴지는 그리운 나의 어머니 하조애 님께 이 책을 바친다.

2022년 4월
이숙진

차례

책을 내며   5

제1부 | 말하는 주체-되기

1장 | 교육 공간: 근대기독교 교육 공간과 여성 ——— 17
I. 들어가는 말 — 19
II. 말하기 공간 — 21
III. 말하기 장치 — 29
IV. '말하는 주체'의 공적 발화 — 34
V. 나오는 말 — 39

2장 | 연설 공간: 기독교 여성 지식인의 혼종적 주체와 연설 ——— 43
I. 들어가는 말 — 45
II. 해외 선교의 여성 연설 공간 — 47
III. 식민지 조선 여성의 연설 공간 — 53
IV. 연설의 효과: 혼종적 주체의 탄생 — 57
V. 나오는 말 — 61

3장 | 종교공간: 방언과 간증 ——— 65
I. 들어가는 말 — 67
II. 한국 교회와 성령운동 — 69
III. 성령운동의 젠더 정치학 — 77
IV. 나오는 말 — 87

제2부 | 종교적 주체-되기

1장 | 죄인과 성도 ─── 91
- I. 들어가는 말 ─── 93
- II. 죄인 정체성 ─── 94
- III. 성도 정체성 ─── 99
- IV. 종교 주체와 젠더 ─── 106
- V. 나오는 말 ─── 113

2장 | 순종과 저항: 교회여성의 아비투스 ─── 117
- I. 들어가는 말 ─── 119
- II. 순종적 주체 ─── 121
- III. 저항의 영성 ─── 128
- IV. 나오는 말 ─── 135

제3부 | 성적 주체-되기

1장 | 단절과 통제 ─── 139
- I. 들어가는 말 ─── 141
- II. 조혼 비판 담론 ─── 143
- III. 축첩 비판 담론 ─── 150
- IV. 자유연애 비판 담론 ─── 155
- V. 나오는 말 ─── 161

2장 | 착종된 혼인과 주체적 이혼 ─── 163
- I. 들어가는 말 ─── 165
- II. 신여성의 딜레마, 기독교 신여성의 트릴레마(trilemma) ─── 169

III. 착종된 혼인 ———————————————————— 171
IV. 주체적 이혼 ———————————————————— 175
V. 나오는 말 ————————————————————— 180

━━━━━━━━━━ 제4부 | **자기계발적 주체-되기** ━━━━━━━━━━

1장 | 20세기 초 자기계발문화와 기독교 ——————— 185
I. 들어가는 말 ———————————————————— 187
II. 기독교 자기계발의 계보 —————————————— 189
III. 프랭클린 자서전과 자기계발의 사회적 맥락 ————— 193
IV. 나오는 말 ————————————————————— 208

2장 | 21세기 초 자기계발문화와 기독교 여성 ————— 213
I. 들어가는 말 ———————————————————— 215
II. 자기계발 주체와 신자유주의 통치성 ————————— 217
III. 기독교 자기계발 담론과 주체화의 테크놀로지 ———— 221
IV. 교회 여성의 주체화 양식과 신체 테크놀로지 ————— 229
V. 나오는 말 ————————————————————— 240

주석   244
참고문헌   268
출전   277
찾아보기   278

제1부

말하는 주체 - 되기

── 1장 ──

교육 공간
근대기독교 교육 공간과 여성

I. 들어가는 말

역사적으로 가부장 사회는 여성의 언권을 통제해 왔다. 조선 사회의 통치 이념이었던 유교는 특별히 여성의 '발화'를 경계하고 통제하였다. 양반가의 여성 중에는 종부(宗婦)의 경우처럼 집안에서 지도력을 발휘한 사례가 있었지만, 이 역시 예외 없이 여성의 말은 통제 대상이었다. 경전과 여자교육서는 여성의 발화를 불온시하고 통제한 주요 장치였다. 『서경』 「목서(牧誓)」에 나오는 "암탉을 새벽에 울리지 말라. 암탉이 새벽에 울면 집안이 망한다(牝雞無晨. 牝雞之晨, 惟家之索)"는 구절은 여성의 발화를 금지하는 근거로 작동한 대표적인 마법이었으며, 조선 후기에 간행된 여자교육서 『여사서언해(女四書諺解)』에도 비슷한 경고가 있다. 『시경』에서는 부인의 말이 화를 불러오는 실마리가 된다고 풍자하였으며, 『예기』는 말이 문지방을 넘어 떠돌아다니는 것을 엄격하게 경계하였다.[1] 경전의 가르침은 제도와 속담을 통해 유통되었는데, 칠거지악의 하나로 거론된 '장설(長舌)' 혹은 '다구설(多口舌)'은 대표적 사례다. 이처럼 전통 사회에서 여성교육의 시작과 끝은 '말'의 통제라고 해도 과언이 아니다.

말은 자기 표현의 출구이며 자기 표현은 종속에 대한 거부다. 할 말을 당당하게 할 수 있도록 기회와 환경을 마련하는 것은 주체를 세우는 일이다. 개항기에 들어온 기독교가 한국사회에 새로운 바람을 몰고 온 것은 부정할 수 없는 사실이다. 특히 유교적 권위주의에 의해 오랫동안 묵종의 도를 강요 받았던 여성들에게 '말하는 주체(speaking subject)'로 호명하고 다양한 발화 공간을 제공하였다. 1898년에 낭독된 「여권통문(女權通文)」은 한국 여성 최초의 공적 발화로 인정받았다. 여기에는 "옛 도덕에 기대어 여성들에게 세상 밖의 일을 말하지 못하게 하며, 규방에 갇혀 밥과 술 그리고 옷만 짓는 것을 마땅히(居內而不言外, 唯酒食施衣) 여겨 온 것"에 대한 양반가 여성들의 비수 같은 문제 제기가 있고, 여성의 교육권 및 여학교의 실시를 주장했다. 그러나 엄밀하게 보면 「여권통문」에 앞서 1886년부터 기독교 공간에는 여성을 '말하는 주체'로 세우는 다양한 장치가 마련되어 있었다는 점에서 여성의 공적 발화의 시점은 훨씬 이전으로 수정되어야 한다.

  이 장에서는 기독교가 한국 사회에서 여성의 공적 발화에 선도적 역할을 하였음을 밝히고자 한다. 고유의 종교적 발화 장치를 비롯하여 미션 여학교의 토론 교육들이 제공했던 공적 발화의 양식과 공간에 주목한다. 공적 발화는 메시지의 전달과 수용만이 아니라 발화자의 정체성을 재구성하는 장치이기도 하다. 요컨대 이 글은 기독교가 마련한 교육 공간에서 한국 여성들은 어떻게 '말하는 주체'로 거듭나는가, 그들이 걸어 온 과정과 경로를 추적하고 그 효과를 밝히고자 한다.

II. 말하기 공간

수용 초기부터 기독교는 신분 고하에 관계없이 누구에게나 말하는 기회와 공간을 제공하였다. 묵종을 강요당해 온 여성들이 근대적 의미의 '말하는 주체'가 될 수 있었던 것에는 기독교의 교육 공간이 미친 역할이 결정적이었다해도 과언이 아니다.

1. 무지의 세계에서 탈출하기

기독교의 여성 교육 공간이 '말하는 주체' 형성의 기반을 제공한 것은 기독교가 '책의 종교'라는 사실과 연관되어 있다. 주지하다시피 기독교인에게 삶의 준거는 성서다. 성서를 읽기 위해서는 글자를 알아야 하고, 입교의 한 과정인 교리 문답에 통과하기 위해서도 문자의 함의를 이해해야만 한다. 이런 점에서 교회는 문맹자를 문자의 세계로 진입시키는 주요한 통로 역할을 한다.

물론 기독교 수용 이전에 문자를 매개로 자신을 구현한 여성들이 전혀 없었던 것은 아니다. 여성을 통제하는 장치가 많았던 조선 후기에도 김호연재(1681~1722)와 김삼의당(1769~1823) 등 여성 시인이나 임윤지당(1721~1793), 강정일당(1772~1832) 등 여성 성리학자들은 탁월한 저술 활동으로 존재감을 드러냈다. 그러나 소수의 여성을 제외한 대부분의 여성은 글을 매개로 자신의 생각과 감정을 표현하는 것과는 거리가 멀었다.

조선 사회에서는 한자와 한문에 능한 이들이 성리학의 지식 세계를 독점한 반면, 개항기에 수용된 기독교는 한글을 매개로 기존의 지식 체계에서 배제된 이들에게 접근하였다. 기독교는 선교 준비 단계에서부터 한글 성서 번역을 추진하였다. 하층민 선교의 전략으로 채택된 한글 교육은 성서를 널리 보급하고 문맹자였던 여성들의 의식을 깨우는데 놀라운 성과를 거두었다. 이렇듯 근대 기독교는 여성들을 문자의 세계로 인도하는 동시에 여성 의식을 형성하는 데 결정적 역할을 하였다.

기독교가 한글의 대중화와 여성 의식의 형성에 기여한 증거는 당시 여성들의 간증에서 잘 드러난다. 평양을 중심으로 선교 활동을 하였던 매티 노블(Matti Noble)은 초기 전도부인의 개종 이야기를 실은 『승리의 생활(*Victorious lives of early Christians in Korea*)』(1927)을 펴냈다. 이 책에는 기독교를 통해 문맹에서 벗어났을 뿐만 아니라 무지했던 여성들이 진리의 전달자이자 지식생산자가 되었다는 고백들이 실려 있다. "언문도 모르는 무식장이였으나 교회에서 글을 가르쳐주어 성경의 진리를 깨닫게 되었다"는 김세지,[2] "나이가 많음에도 불구하고 기도회에 다니며 언문도 배우고 성경 공부를 시작했다"는 김쎄키스,[3] "이웃집 글방에서 남자 아이들이 글 읽는 소리를 들을 때에는 여자로 태어난 것을 원망하고 탄식으로 세월을 보내던" 주룰루[4] 등의 고백은 성서 교육을 통해 여성들이 '말하는 주체'로 탄생하는 과정을 진솔하게 보여주고 있다.

> 치아는 거의 다 빠지고 말할 때마다 남은 치아가 흔들거렸지만 그녀가 한 기도는 우리를 곧 은혜의 왕좌로 데려갔고… 그녀는 프로그램을 잘 진행하였으며… 굳센 손과 목소리로 질서를 잘 지킬 수 있도록 인도했다.… 회의를 이토록 우아하고 정력적으로 이끄는 이 노파가 불과 10년 전에는 읽을 줄도 몰랐다는 것을 생각해 보라… 그녀는 기독교인이 된 후에 읽기를 배웠

고 또 구술시험을 칠 정도로 쓰기를 잘 할 수 있었기에 우리의 성서학원을 졸업할 수 있었다.[5]

신여성들이 새로운 문화를 향유하던 1920년대에도 한국 여성의 대부분은 무지와 문맹의 단계에 머물러 있었다. 문맹자를 문자의 세계로 이끄는 데 주도적 역할을 한 것은 평신도 여성 지도자로 성장한 교회 여성들이었다. 당시 광주에서 기독교 여성 단체를 조직하고 야학 사업을 펼쳤던 김필례의 경우가 대표적이다. 그녀의 회고에 의하면 당시 서울로 유학 간 남성들 사이에서는 고생한 부인을 무식하다는 이유로 버리고 신여성과 연애하는 풍조가 만연했다. 김필례가 야학을 개설한 주요한 이유는 소박맞은 여성들에게 한글을 읽고 쓸 수 있게 하기 위해서였다.[6]

여성 선각자로 지도력을 발휘했던 대부분의 여성들도 기독교를 통해 문자의 세계로 진입했다. 김필례는 어린 시절 자주 만났던 화이팅(Georgiana Whiting)을 비롯한 여선교사들이 자유로이 다니며 당당하게 말하고 가르치는 모습을 보고 충격을 받았다. 당시 그녀의 시선에 비친 자신의 언니들은 여선교사와 비슷한 나이였지만 시집가서 모두 종노릇을 하고 부유한 집안 출신인 올케들도 결혼 이후의 삶은 마찬가지였다. 따라서 김필례는 "십칠 세만 차면 시집보낼 것"이라는 집안의 결정에 불복하고 "여자로서의 멍에"를 벗어버리기 위해 "죽어라 공부"를 하였고[7] 훗날 전국 규모의 여성 단체를 설립하는 등 한국 근대 여성사에 커다란 족적을 남겼다. 김필례와 함께 대표적 여성 지식인이었던 박인덕에게서도 비슷한 모습을 발견할 수 있다. 동네의 유일한 교육기관인 서당은 남아에게만 개방되어 있었다. 이에 박인덕은 남자아이 옷을 입었고 이름을 인덕(仁德)으로 개명했다. 원래 이름은 '임부의 덕'이라는 뜻을 가진 '임덕(姙德)'이었다.[8] 요컨대 교육에의 열망으로 인해 '여성적 기표'를 삭제했던 것이다. 이후 박인덕은 삼숭학교에 입학하는데, 기독교 학교에서는 여성적 기표를 삭제하지 않고도 배울 수 있었기 때문이다. 이처럼 근대 기독교는 한글 성서를 통한 문맹 퇴치와 학교 설립을 통한 여성교육으로 여성들이 '말하는 주체'로 탄생할 수 있는 기반을 마련할 수 있었다.

2. 문자의 세계로 진입하기

19세기 말 20세기 초 선교사들은 서울이나 평양과 같은 거점 도시에 여자들을 위한 배움의 터를 열었다. 그러나 도시 이외의 농어촌이나 산촌 지역에 거주하던 여성들은 교육은커녕 학교 구경조차 할 수 없었다. 공립 여성교육기관이 전무했던 당시, 하층민 선교의 교두보였던 사경회(査經會)는 무지와 묵종의 삶을 살고 있던 한국 여성을 문자의 세계로 이끄는 주요 장치였다.

윌리엄 블레어(William Blair) 선교사에 따르면 한국 기독교인에게 사경회는 유대인이 유월절을 지키듯이 경건하게 기도하며 하나님의 말씀을 공부하는 날이었다. 한겨울의 농한기에는 평균 일주일 이상을 모든 교인이 만사제쳐두고 교회에 모여 이른 아침부터 저녁 늦게까지 하루종일 조직적으로 성경 공부를 하였다.[9] 사경회는 성경반(Bible Class), 성경 공부반(Bible Study Class), 성경 훈련반(Bible Training Class)으로 구성되었고 규모의 측면에서는 개교회 사경회(local church class), 지역 사경회(district class/County class), 도사경회(general/Central Class, 都査經會)로 구분되었다.

첫 여자 사경회는 1888년 서울 정동에서 메리 스크랜튼과 헤리엇 엘리자베스 헤론이 성경반을 조직하면서 시작되었다. 1892년에는 평양, 선천, 재령 등에서도 사경회가 열렸고, 매티 노블의 일기에는 1,300명에서 1,800명 정도의 많은 참석자가 있었다는 기록이 있다. 북장로교 선교 구역의 경우 1909년 한 해에만 5만여 명이 800회 이상 사경회에 참여하였으며, 1917~1918년에는 기독교인 117,000명 가운데 65%에 달하는 76,000명이 참석하였다.

어떠한 방식으로 참여 인원을 집계하였는지, 집계 결과가 얼마나 정확한지, 참석자 중 여성의 비율은 어느 정도인지 정확하게 파악하기는 어렵지만, 성경 공부에 열정을 보였던 여성들에 대한 선교사의 기록은 차고 넘친다. 스왈렌 선교사의 보고서에 의하면 농번기 동안 보름 일정으로 열렸던 도사경회에 참석하기 위해 여성들은 어린아이를 업고 침구로 쓸 이불 꾸러미를 양손에 들고 15킬로미터 이상을 걸어왔다.[10] 이 보고서에는 배움의 기회를 놓치지 않으려는 여성들의 열망이 생생하게 묘사되어 있다.

여성 사경회의 인기가 여성 선교사들의 역량만으로는 감당할 수 없을 정도로 커지자 교회 평신도 중에서 여성 엘리트를 육성할 필요성이 대두되었다. 선교사 블레어(H. Blair)의 보고서에는 단 며칠간의 교육만 받았지만 수백 리나 걸어 다니며 수많은 여성을 열성적으로 가르치는 여성이 등장한다. 블레어는 이 여성을 목격한 후 더 많은 여성 중간 지도자를 육성하여 여선교사의 동역자로 채용하려는 계획을 세웠다.[11] 한편 사경회에서 수년을 공부하고 졸업을 앞둔 여성 중에는 더 체계적인 교육을 받고자 하는 의욕적인 여성들이 있었다. 결국 선교부의 필요와 여성들의 배움에의 열망이 합치되면서 여자성경학원이 곳곳에 설립되었다. 1909년에 개교한 원산의 엘리스

콥 성경학교도 이 중 하나인데, 설립 목표는 각 교회에서 뽑은 뛰어난 여성을 지도자로 만드는 교육을 실시하는 것이었다.[12]

여자성경학원은 5년 내지 6년의 과정이었는데 매년 1~2개월 집중 과정으로 진행되었다. 여성 사역자 양성에 목표를 두고 성경과 교리 및 신학에 관한 기초교육을 실시하는 것이 주 내용이었다. 여자성경학원의 후속 교육기관으로 감리교 선교부에서는 1920년 연합여자성경학교(협성여자신학교의 전신)가 개교되었고, 미 북장로교에서는 1923년 평양여자고등성경학교가 설립되었다. 이처럼 사경회에서 시작하여 여자성경학원, 나아가 여자고등성경학교로 배움의 벨트가 확장되면서 그동안 여성에게만 부과되었던 묵종은 기독교 공간에서는 더 이상 유효한 덕목이 아니게 되었다. 기독교가 마련한 배움터에서 배출된 여성들은 '말하는 주체'로서의 역할을 감당하며 교회 성장의 기틀도 세웠다.

정규 학교가 드물었던 변방 지역에서는 사경회 교육의 수혜자였던 여성들이 각 지역의 교회에서 여성들을 대상으로 성경반을 인도하는 지식의 전달자로 성장할 수 있었다. 전삼덕은 선교사 매티 노블이 평양에서 열었던 여자사경회에서 배출된 대표적인 전도부인이다. 첫 사경회부터 참석했던 전삼덕은 단 한 번의 결석 없이 "불피풍우(不避風雨)하고 졸업장을 받기까지 열심히 다녔으며" 졸업 후에도 빠지지 않고 다니며 공부도 하고 가르치기도 하였다.[13] 양반 출신이었음에도 안방마님의 삶이 아니라 거리를 누비는 전도부인으로 살았던 전삼덕은 "나는 눈이 있어도 보지 못했고 귀가 있어도 듣지 못했으며 입이 있어도 말하지 못했다. 그러나 예수를 안 후로 나는 자주한 인간이 되었다"[14]고 고백한다. 이 고백은 종교적 의미의 거듭남만이 아니라 여성 주체로 거듭났음을 의미한다. 여성교육을 무용한 것으로 여기던 악습이 여전하던 당대 문화에 굴하지 않고, 스스로 배우고 익혀 지식 생산자이면서 전달자로 거듭났기 때문이다. 전삼덕은 기독교와 근대 교육을 동시에 전하였다. 가가호호 방문하여 여성들에게 교육을 통해서만 무지몽매에서 벗어날 수 있음을 설득하고, 1917년에는 평남 강서에 여아 교육을 위해 숭덕(崇德)학교를 세웠다. 이처럼 전삼덕의 생애와 활동은 사경회 학습자에서 지식 생산자로 재탄생하는 기독교 여성의 전형을 보여준다.

전설적인 전도부인 주룰루의 경우도 크게 다르지 않다. 전통 유교가 가르쳐온 묵종의 삶을 거부했던 그녀의 신앙생활은 순탄하지 않았다. 교회를 다닐 때마다 남편은 수시로 폭력을 행사하였고, 이로 인해 극심한 고통을 겪으면서도 그녀는 기독교의 자장에서 벗어난 적이 없었다.[15] 주룰루는 평양 사경회에 다니기 시작하여 졸업할 때까지 5년 동안 300리라는 먼 길을 걸어 다녔다.[16] 그녀의 열심을 본 선교사 매티 노블의 주선으로 사범과에서 공부할 기회를 얻었고, 졸업 후 해주 의정학교의 한글 교사로 복무하면서 지식의 생산자와 전달자로서 맹활약을 하였다.

이렇듯 가정에 매여 있던 여성들은 기독교가 마련한 공간으로 나와 배우고 말하고 가르치면서 자신의 잠재력을 실현하였다. 그들은 교회 성경반에서 복음을 전하거나 지역 교회에서 세운 사설 여학교의 교사로 일했는데, 그들의 삶은 유교적 가부장제 아래 천대받던 무당이나 하층 여성, 또 봉건적 굴레에 갇혀 있던 여성들에게 해방의 아이콘이 되었다. 문자 습득으로 학습의 기반을 마련한 뒤 새로이 얻은 종교적·근대적 지식을 통해 여성 주체로 등장할 수 있었던 것이다.

선교 초기 서울에는 각 교단 선교부에서 세운 여학교들이 있었고 여학생들은 배울수록 더 높은 수준의 교육을 받고 싶어 했다. 그렇지만 "바느질은 여아 교육에서 중요한 요소다. 내년에는 바느질 교육을 좀 더 확대하려고 한다"는 구절과 바느질, 공부, 놀이 등을 통합하였다는 장로교 연동여학교의 교과 기록을 볼 때,[17] 초기 미션 여학교의 교육은 가사에 치중되어 있었음을 알 수 있다. 1890년대만 하더라도 교단별 차이는 있으나 졸업 후 여학생들은 집안일을 할 것으로 보고 이 일에 적합한 교육을 한 것이다. 여성주의적 관점에서 볼 때 미션 여학교를 운영하던 당시 선교사들은 19~20세기 서구 사회에서 참정권 운동을 주도한 페미니스트들과는 상이한 젠더관을 가졌다. 선교사들은 성별 분업과 아이 양육을 "하나님이 여성에게 주신 신성한 의무"로 이해하는 한편, 여성 고등교육의 목표를 "참된 가정을 만들고 유지하는 데 조력자가 되고, 교사가 되며, 기숙학교의 조수가 되고, 의료사업에 있어 간호사나 조수가 되게 하려는 것"[18]에 두고 있었다. 이처럼 미션 여학교의 교육 내용은 젠더화된 현모양처 교육에 집중되어 있었기에, 가부장적 구조에 대한 비판적 인식이나 여성들의 개혁 의지를 함양하기에는 한계가 명확하였다.

여학생들은 현모양처 양성이라는 선교부의 교육 목표와 교과 과정에 불만을 표출했다. 가령 이화학당 학생들은 한문 시간을 교과 과정에 넣어 달라고 요구하는 등 남학교와 같은 수준의 공부를 열망하였다는 기록이 있다.[19] 여학교 졸업생들은 비록 현모양처 교육을 받았지만 이전의 조선 여성과는 다른 방식의 삶을 살았다. 그들은 민족 문제를 고민하는 한편, 여성 해방을 주창하는 잡지의 발행자, 집필자, 독자로 활동하면서 학교에서 배운 내용을 변화하는 세계 속에서 사회적 자원으로 적극 활용하고자 하였다.

III. 말하기 장치

　기독교의 여성 교육 공간은 '말하는 주체' 형성의 핵심 통로였다. 미션 여학교의 교과 과정과 학생 동아리가 여학생들에게 연설의 기회를 제공했기 때문이다. 개신교가 수용되던 개항기는 한국 사회에 연설 문화가 처음 도입된 시기다. 묵종이 덕목이었던 한국 사회에서 대중연설과 토론은 낯설고도 새로운 경험이었다. 독립협회와 배재학당의 협성회가 주도했던 연설회에 참석한 사람 중에 "재미있게 듣는 이가 많이 있으며 새로 모르던 걸 배우는 일이 많다"[20]는 보도기사에서 대중 연설회에 대한 당대의 열광적 분위기를 짐작할 수 있다.

　대중 연설과 토론회의 인기에 힘입어 당시 학교들은 교과목으로 연설과 토론을 포함시켰다.[21] 이화학당을 졸업하고 1929년부터 오랫동안 미국 기독교계에서 탁월한 연설가로 활약했던 박인덕은 이화학당에서의 경험을 회고했다. 즉 대중 연설과 토론수업을 통해 자신의 의사를 표현하는 법과 질문을 통해 사고하는 방법을 배울 수 있었고, 이것은 곧 한국 여성들에게 새로운 경험이었다는 것이다.[22] 이는 기독교 여성 교육 공간에서 근대적 발화 양식인 토론 방법과 연설 방법을 지도하고 가르쳤음을 유추할 수 있게 하는 대목이다. 언어 구사의 능력은 여학생들에게 침묵을 깨고 발화하도록 도움으로써 주체 의식을 일깨워 주었다.

　기독교 여성 교육 공간에서의 학생 동아리에 대해서도 주목할 필요가 있다. 방과 후 동아리 활동은 토론과 연설의 재능이 발현되는 공간이었기 때문이다. 1907년에 조직된 이화학당의 이문회(以文會)는 학생들의 지적·사회적 능력 개발을 목표로 한 학생 동아리다. 몇 가지의 주제를 두고 토론 마당이 펼쳐졌고, 간혹 연설자를 세우기도 하였다. 학생들이 주도적으로 모임을 이끌었지만 때로는 각계 명사들의 초청 강연도 개최하여 여학생들의 사회의식 확장에 기여하였다. 토론이나 연설 활동을 주도적으로 준비하고 참여하는 과정에서 여학생들은 민족 문제와 여성 문제 등 사회 공공의 이슈에 더 깊은 관심을 기울이게 되었고, 문제 해결을 모색하는 과정에서 공동체적 유대감을 형성하였다. 삼일운동을 전후하여 이화학당 내에 결성된 비밀결사대는 이문회 멤버들이 주도적 역할을 하였다. 이는 토론과 연설을 통해 고양된 사회의식과 연대의식의 효과로 볼 수 있다. 이문회는 학내뿐만 아니라 대외적으로도 널리 알려진 여학생들의 토론과 연설 모임으로 성장하였다. 지방의 목사들은 상경할 때마다 이문회 연설회에 들러 여성 연사들의 주장을 경청하였고, 전문학교 남학생들에게도 인기가 많아서 이화학당의 강당은 늘 가득 찼다.[23] 한국의 1세대 여성 지도자인 박인덕과 김활란은 이문회가 탄생시킨 연설계의 스타였다.

> 이화칼렛지는 내가 제3회로 마쳤는데… 지금도 잊혀지지 않는 그 대학생 시대의 한 가지 일은 졸업식 날 내가 영어 연설하였던 것이외다. 각국 총영사들이 가득 모인 속에서 내가 졸업생 총대로 나서서 연설하던 것은 지금 생각하면 우스운 내용이었지만 열을 내어 한바탕 하였더니 모두 웃으며 박수하여 줍데다.[24]

당당하게 발화하는 훈련과 개성을 발휘하는 기회를 제공한 기독교 여성 교육 공간은 근대 여성 연설가들을 배출하는 산실 역할을 하였다. 여학교에서 민주적 토론 방법과 웅변하는 법을 배운 여학생들은 학교 밖의 토론 모임에서도 기량을 발휘하였다. 학교 밖 공론장에서는 처음부터 여성에게 연설의 기회가 제공된 것은 아니었다. 일단 청중으로 참여한 뒤 날카로운 질문과 통찰력이 있는 발화를 통해 발언권을 얻게 되는 지난한 과정이 수반되었던 것이다.

19세기 말 한국 기독교 여성의 대표적인 발화 공간은 조이스회(Joyce Chapter)였다. 이화학당 교사와 학생 그리고 정동제일교회 여성 교인이 주축이 된 이 모임은 앞에서 언급한 「여권통문」의 등장보다 한 해 앞선 1897년 10월 28일에 조직되었다. 따라서 조이스회는 한국 여성 단체의 효시인 셈이다. 아펜젤러의 일기에는 감리교 연회에서 교회 청년들의 신앙과 훈련을 목적으로 엡윗 청년회(Epworth League)와 산하 지회를 조직할 계획을 세우고 "지난 10월 28일 목요일에 한국 엡윗 청년회의 지방 연락원인 조지 허버 존스가 워른 분회와 조이스 분회를 구성하였다"고 기록되어 있다.[25] 이 역사적인 풍경은 〈조선그리스도인회보〉에도 보도되었다.

> 광무 원년 시월 삼십일 일예배에 정동 새로 지은 회당에서 하나님께 기도할 새… 그날 하오 칠점 반에 또 다시 모여 청년회를 실시하였는데, 배재학당 교우 중의 회원이 이십오 인이요, 이화학당 여교우가 또한 청년회를 설하여 회원이 십일 인인데, 이 청년회는 회중에 전도국과 인제국과 학문국과 다정국과 통신국과 회계국이 있어…[26]

그동안 학계에서는 조이스회의 창립 일자를 1897년 10월 30일로 간주해 왔지만 아펜젤러의 일기를 미루어볼 때, 이미 그전에 조직된 것을 일요일인 삼십일 주일 예배 당시 공표한 듯하다. 조이스회의 명칭은 당시 내한했던

미 감리회 감독인 조이스(L. W. Joyce)의 이름을 딴 것인데,[27] 이 글에서 주목하고 싶은 것은 이 회의 학문국에서 주최한 토론회다. 이 토론회는 여성들을 근대적 의미의 '말하는 주체'로 세우는 대표적인 장치였기 때문이다.

학문국에서 진행한 근대적 말하기의 전형적 유형인 토론은 교회 행사의 범위를 넘어 사회적 차원의 인기를 얻었다. 토론의 형식을 보면 먼저 공론할 만한 주제를 선정한 후 찬성하는 쪽과 반대하는 쪽의 패널이 나와서 각각 자신의 주장을 전개하고, 그 후 양 패널 사이에 격렬한 토론이 전개되었다. 양측의 입장이 발표된 후에는 청중에게도 발언 기회가 주어졌으며, 충분한 논의가 진행된 후에는 다수결에 부쳐 결론을 도출하는 민주적 의사 결정 방법이 채택되었다.

조직을 결성한 지 두 달 후, 조이스회는 정동교회의 남성지회인 워른회(Warren chapter)와 연합토론을 개최하였다. 이러한 민주적 토론 문화는 당시 여성은 물론이고 남성도 전혀 접해 보지 못한 색다른 경험이었다. 조이스회와 워른회가 주관한 토론의 공간과 청중은 기독교와 깊은 관련이 있었지만, 토론 주제는 종교적인 테두리를 넘어섰다. 근대 사회로 진입하면서 발생한 사회 문제, 민족 문제, 여성 문제 등이 주된 토론의 내용이었다.[28]

첫 토론회의 주제는 '여성들을 교육시키는 것이 가하뇨?'였다. 곧 남녀에게 같은 학문을 가르치고 동등한 사람으로 대접하는 것이 가능한가라는 논제를 두고 토론 공간이 형성된 것이다. 당시만 하더라도 남녀칠세부동석의 관행이 지배적인 터라 여성 회원들은 방청석에 있어야 했고 명망가 남성 연사들만이 무대에서 찬반 토론을 하기로 되어 있었다. 그렇지만 토론이 무르익자 여성들은 '말하는 주체'로 등장했다. 사건의 발단은 여성교육을 반대하는 측에서 "첫 인간 아담이 범죄한 것에는 첫 여인 하와가 사단의 유혹에 넘어가 남성까지 범죄를 하게 되었다"고 창세기 기사를 해석하며, 원죄를 하와의 탓 곧 여성의 잘못으로 돌린 데 있었다. 방청하던 여성들이 일순간 토론의 장에 개입하여 자신들의 생각을 개진하기 시작한 것이다. 〈조선그리스도인회보〉는 이날의 사건을 "교중 부인들이 말씀하기를 하와가 비록 죄를 지었으나 마리아가 아니면 예수께서 어찌 세상에 오셔서 죄를 대속할 수 있었겠습니까 하며 형제들과 자매들이 일장을 토론하였더라"고 보도하였다.[29]

삼종지도와 남녀칠세부동석의 관행이 뿌리 깊이 남아 있던 19세기 말, 토론의 승패를 떠나서 여성이 남성 인사들 앞에서 자기 의견을 발표하고 남성들과 동등한 위치에서 토론을 벌였다는 사실 하나만으로도 이는 획기적인 사건이다. 남성 앞에서 침묵을 강요당하거나 비합리적 결정이라도 따라야 한다는 순종의 규율을 깨고, 여성들이 공적 공간에서 자기 생각을 드러내고 가부장적 허위의식을 폭로하는 발화의 시작이었다. 이후에도 조이스회에서는 수차례 연설회가 열렸던 것 같다. 감리교 기관지인 〈협성회회보〉에는 "일전에 정동교당에서 우리나라 부녀들이 외국부녀들과 같이 연설을 하는데, 매우 유리한 말들이 많이 있으니 우리나라 부녀들도 교육만 하면 남의 나라 부녀들만 못하지 아니할세라"[30]며 여성의 공적 발화를 높이 평가하였다. 또한 서구 여성들처럼 교육 받을 기회가 제공된다면 한국 여성들도 유려한 연설을 할 수 있다며 고무하고 있다.

조이스회가 교회에서 시작된 최초의 사회적 여성 조직이라면, 교회 밖에서 전국적 차원의 네트워크를 구축한 최초의 여성 단체는 조선기독교여자청년회(YWCA)다. "구금과 압박의 깊은 구렁에서 부르짖지만 구원할 만한 여성기관이 없음을 개탄"하던 기독교 여성 엘리트를 중심으로 1922년 3

월 17일, 제1회 조선여자기독교청년회 첫 모임이 시작되었다.[31] '말하는 주체'의 등장과 관련하여 주목할 지점은 이 기관의 여성 지도자들이 매년 세계 YWCA 모임에 참여하여 민주적 토론 진행법과 발화 방법을 배우고 한국 여성 조직에 적용했다는 점이다. 김필례는 인도에서 개최된 WSCF(세계기독학생 총연맹) 총회 참석 후 그 대회의 세련된 프로그램과 진행 절차, 그리고 언어 선정을 둘러싼 민주적이면서도 치열했던 토론에 대하여 상세하게 소개하였다.[32] 그리고 국제회의에서 배운 민주적 절차와 토론 주제를 조선기독교여자청년회 운영에 적극 적용하였다. 또한 공적 매체에 투고하거나 인터뷰를 통해 널리 알림으로써 근대적 발화 양식의 확대에 한몫을 담당하였다. 조선기독교여자청년회 회원들은 오전에는 주로 명사들을 초청하여 당면한 사회적 민족적 과제들에 대한 강연을 듣고, 오후에는 그룹 토의나 좌담회를 실시하였다.[33] 이처럼 설립 초기부터 조선기독교여자청년회는 여성들이 공적 문제를 인식하고 토론할 수 있는 주요 공간을 제공하였다.

요컨대 기독교 여성교육 공간 및 기독교 여성 조직은 당대 여성에게 근대적 발화 양식을 가르쳐 줌으로써 할 말을 정확하고도 당당하게 할 수 있도록 돕는 '말하는 주체' 형성의 주요 장치 역할을 하였다.

IV. '말하는 주체'의 공적 발화

선교사 릴리어스 언더우드의 눈에 비친 조선의 여성들은 아름답지 못했다. 슬픔과 절망, 힘든 노동, 질병, 애정 결핍, 무지, 그리고 수줍음 때문에 몸과 마음이 상처투성이가 된 탓이다.[34] 조혼 풍습으로 인해 10세 초반의 어린

나이에 시집가서 갖은 노동과 구타로 하루도 편안할 일이 없던 조선의 여성들은 자신이 겪는 고통을 팔자 탓으로 여기면서 살았다. 그러나 기독교를 접하게 되면서 집안에서조차 발언권을 갖지 못하고 남편의 지시를 따르며 살아야 했던 여성들이 달라졌다.

기독교를 받아들인 여성들은 주일성수와 사경회 참석을 허락하지 않는 남편 및 시집 식구와 항상 협상을 해야 했고, 그 과정에서 사회성과 정치력이 향상되고 세상을 보는 눈도 달라졌다. 처음에는 자신들이 당한 고통과 서러움을 토로하는 수준에 머물렀지만 그녀들의 발화 행위는 점차 개인적 문제를 넘어서 사회 문제, 여성 문제, 민족 문제에 대한 것으로 고양되었다. 사회적 인식이 생기면서 자신들이 겪는 고통은 불운 때문이 아니라 조혼과 축첩 등 악습이 문제의 원인임을 깨닫게 된 것이다.

기독교는 수용 초기부터 전통 혼속인 축첩과 조혼을 반기독교적인 것으로 규정하였다. 축첩한 자는 단호히 출교하고, 교인들에게 조혼과 단절하도록 강권하면서 기독교적 정체성을 강화하였다.[35] 당시에는 축첩과 조혼으로 인해 고통에 시달리던 기독교 여성들이 많았다. 탁월한 전도부인이었던 전삼덕이 선교사를 찾게 된 계기도 남편의 축첩 때문이었다. 초기 여성들의 간증 중에는 조혼과 축첩으로 인해 파괴된 관계를 신앙의 힘으로 회복했다는 이야기가 많다. 전통 혼속 문제는 종교적 발화 양식인 간증으로 표출되었을 뿐 아니라 사회적 공론장에서도 중요한 주제로 다루어졌다. '말하는 주체'로 선 여성들은 축첩 반대를 피력하며 집단시위를 이끌었다. 이를 주도한 것은 YWCA를 비롯한 기독교 여성 단체들이었다. 이처럼 당시 기독교 공간은 그 어느 곳보다도 인권 감수성이 높았으며 시민의식을 깨우는 역할을 감당하였다.

당시에는 축첩과 조혼 이외에도 신여성을 중심으로 자유연애와 자유 이혼에 대한 담론과 실천이 확산되었다. 자유연애를 동경한 남성 지식인은 조혼의 당사자이면서도 종종 연애 소동을 일으켰다. 조혼의 구습과 자유연애의 신사조가 뒤섞이면서 탄생한 착종적 존재가 제이부인(第二婦人)이다.[36] 사회적 풍기를 문란하게 한 '불온한 존재'이자 혼인의 법적 지위를 갖지 못했기에 '불법의 존재'인 이 여성들은 신문과 잡지 등의 공론장에서 자신들의 신세를 토로하곤 했다. 《조선일보》의 독자 상담란에 19세 여성이 "결혼 후 보니 남편에 아내가 있더라"며 고민을 토로하자, 담당 기자는 "남편의 처분을 기다리라"[37]고 답하였다. 신문물을 가장 빨리 접하는 일간지 기자도 구시대의 윤리에서 단 한 발짝도 나가지 못한 답을 한 셈이다.

그러나 기독교 여성은 유사한 사안에 대해 전혀 다른 답을 제시하였다. 기독교 신여성인 김필례는 만일 한번 실수하여 법률에 위반된 결혼임을 알았으면 잠시라도 지체할 필요는 없다고 단호하게 말한다. 마음이 더 상하고 몸이 더 쇠하며 명예가 더 떨어지기 전에, 냉정한 두뇌로 제대로 살핀 후 용맹하게 행동할 것을 주문하면서 "남의 사정을 돌아보고 그 애원에 이끌려 주저하지 말자. 나를 구원할 자는 나 자신밖에 없는 것을 자각하지 않으면 망한다"고 경고한다.[38] 당대 윤리가 삼종지도의 굴레에 고착되어 있을 때, 여성 자신을 구원할 자는 바로 여성 자신임을 일깨운 것이다. 자기 삶의 주인은 남편이나 가족, 사회가 아니라 바로 자기 자신임을 단호하게 발화하고 있는 것이다. 기독교 공간에서 당당한 주체 의식을 갖게 된 김필례는 공공 집회에서 남녀를 분리히던 커튼이 없어지자 "여성들도 혼성의 청중들을 대상으로 연설할 수 있게 된 새 세상"이 도래하였음을 선포하였다. 또한 가정에서 이전의 여성들이 무임금의 종신 노예의 삶을 살았다면, 이제는 새로운

가정에서 재량권을 가지고 가정의 문제를 함께 의논하도록 고무시켰다.[39]

공론장에서는 근대적 권리의 하나로서 여성의 재산권에 대한 연설도 종종 행해졌다. 재산권이 오직 남자에게만 있기에, 아무리 딸이 많이 있어도 아들이 없다면 재산 상속을 위해 첩을 얻는 풍조에 대해 여성 주체들은 신랄하게 비판하였다. 이는 남자의 일과 여자의 일이 가치로 말하면 조금도 다를 것이 없는데도 남자와 여자가 분업으로 이룬 가정의 권리, 재산권, 치리권 등 모든 것이 오직 남자에게만 있는 상황에 대한 근본적 문제 제기다.[40] 요컨대 여성들도 온전한 인격체가 되기 위해서는 교육권과 재산권을 보장받아야 한다는 것이다.

기독교 여성들은 교회 밖 공론장에서 연설과 강연, 저술 등을 통해 젠더 불평등 문제를 제기하는 한편, 교회 안의 불평등한 상황에 대해서도 고발하였다. 앞서 보았듯이, 기독교 교육 공간은 여성을 '말하는 주체'로 세웠지만 남녀평등 사상을 고취시키는 곳은 아니었다. 오히려 남녀 교인들과 교회 당국의 여성 이해는 시대의 한계를 넘어서지 못한 채 가부장적 여성관과 크게 다르지 않았다. 영향력이 큰 남성 목회자들은 성서 속의 가부장적 구절을 인용하며 여성의 묵종과 젠더의 위계화야말로 자연의 법이자 하느님의 질서라고 가르쳤다. 남녀 간의 위계 구조를 불평등으로 보지 않고 하느님의 이름으로 정당화하는 분위기는 당시 교회 안에 만연하였다. 이러한 경향에 대하여 여성들은 문제를 제기하고 나아가 여자라는 이유로 물질 및 업무와 관련하여 부당한 대우를 받게 되면 공론장에 투고하는 방식으로 의사를 분명히 표출하였다.

이처럼 기독교 여성들이 여권을 강조하고 이에 대한 활발한 토론이 펼쳐지자 기독교 남성들을 중심으로 반격(backlash)이 일어났다. 감리교의 김인

영 목사는 "근일 부녀 사회는… 외조주의를 구가하는도다… 결국은 남성화를 하려 하도다. 이는 천도의 역리요 인류 사회의 질서를 문란하게 하는 것이라"[41]고 말했다. 요컨대 여성운동은 하늘의 뜻과 다르며, 사회 질서를 혼란하게 하는 것이라는 주장이다. 이 논리에 따르면, 하늘의 뜻을 따르고 질서를 바로잡을 수 있는 길은 여성의 가정 복귀다. 가정이야말로 부인들이 있어야 할 공간임을 강조하면서 여권 운동을 단죄한 것이다.

이러한 남성 중심 문화의 반격에도 불구하고 공론장에서 여성의 고발은 이어졌다. 특히 교회 안에서 성차별을 경험한 여성 전도인들은 교계 신문에 투고하는 방식으로 자신들의 부당함을 공론화하였다. 정마리아는 '여전도인의 불평과 희망: 최후 승리까지'라는 글에서 자신이 전도인으로 20년 동안 시골 교회에 가서 한글과 성경은 물론이고 근대적 양육법과 가정관리를 가르치고, 나아가 장례식과 결혼식에 두루 다니며 전도인의 책임을 다하였음을 밝힌다. 그런데도 여성들이 교회의 의사 결정 구조에서 철저히 배제되고 있는 현실에 대해 불만을 토로한다. 나아가 남성 목회자에 비해 여성 전도인이 턱없이 부족한 사례를 받는 것에 대하여 생생하게 묘사하였다.[42]

기독교 교육 공간을 통해 '말하는 주체'로 등장한 여성들은 민족운동의 장에서도 중요한 역할을 담당하였다. 삼일운동 당시 운동의 주동자로 지목받은 여성 중 기독교인의 비율이 압도적으로 높았던 것은 이 때문이다. 미션 여학교의 학생과 교사, 전도부인은 태극기나 독립선언서의 복사 및 전달만이 아니라 시위와 관련해서도 큰 역할을 하였다. 그 결과 시위 도중에 체포되거나 추후 검거된 기독교 여성이 많았다. 전설적인 전도부인으로만 기억되는 주룰루도 삼일운동의 주모자로 곤욕을 치렀으며, 애국부인회의 총재로서 운동의 구심점이 되었던 오신도 역시 전도부인이었다. 이처럼 여성들은 기독교를 매개로 국민의 일원임을 인식하고 민족적 정체성을 강화하였다. 선교사들은 일본 제국과의 관계 악화를 염려하여 소극적 태도를 보였지만 식민지 치하의 기독교 여성들은 민족운동에 깊이 관여하였던 것이다.

이처럼 무지와 문맹의 삶에 허덕이던 주변 여성들은 스스로 삶의 주인이 되고, 여성을 동등한 인격체로 여기지 않는 갖은 악습에 대항하며 다양한 발화 경로를 통해 사회적 문제를 제기하는 과정에서 여성들은 당당한 주체로 성장할 수 있었던 것이다.

V. 나오는 말

앞에서 한국 여성들이 기독교가 마련한 교육 공간을 통해 '말하는 주체'로 거듭난 경로를 추적하고 그 효과를 규명하였다. 초기 기독교는 문자 교육을 수반한 성경 공부, 연설과 토론으로 대변되는 근대적 발화 양식, 간증과 방언으로 대변되는 기독교 고유의 발화 양식 등 세 경로를 통해 여성을 '말하는 주체'로 세울 수 있었다.

첫째 경로는 농어촌 지역의 여성을 주 대상으로 한 성경 공부다. 기독교는 여자사경회, 여자성경학교, 여자고등성경학교와 같은 제도적 장치를 통해 여성들에게 성경을 가르쳤다. 성경 공부는 문자 해득을 전제로 하기 때문에 한글을 함께 가르쳤다. 이러한 과정을 통해 여성들은 무지와 묵종의 세계에서 벗어날 수 있었다. 초기 한국 교회의 선교와 성장 과정에서 중요한 공헌을 한 존재로 평가되는 전도부인은 이러한 과정을 통해 탄생한 '말하는 주체'의 전형이다.

둘째 경로는 기독교계 여학교나 여성 단체와 같은 제도적 공간을 매개로 등장한 연설과 토론이다. 당시 대표적인 토론 공간은 이화학당 내의 학생 동아리인 이문회(以文會)와 감리교 여자청년회인 조이스회(Joyce Chapter), 전국적 규모를 가진 여성 단체인 YWCA였다. 미션 여학교의 학생들은 대중 연설과 토론 수업을 통해 자신의 의사를 표현하는 법과 질문을 통해 사고하는 방법을 배울 수 있었다. 조이스회에서 주최한 토론은 먼저 공론할 만한 주제를 선정한 후 찬성하는 쪽과 반대하는 쪽의 패널이 나와서 각각 연설하고, 그 후 양 패널 사이에 격렬한 토론이 전개되었다. 양측의 입장이 발표된 후에는 청중에게 발언의 기회가 주어졌으며, 충분한 논의가 진행된 후에는 다수결에 부쳐 전체 결론을 도출하는 민주적인 의사 결정법을 택하였다. 학교 안에서 민주적 토론 방법과 웅변하는 법을 배운 여학생들은 학교 밖의 토론 모임에서도 기량을 발휘하였다. 북미 기독교 공간에서 탁월한 연설가로 활약한 박인덕과 국내에서 여성 명연설가로 이름을 날린 김활란 등은 대표적인 사례다. 여성들은 이처럼 토론과 연설을 통해 근대적 언어 구사의 테크닉을 배우는 과정에서 말하는 주체로 거듭날 수 있었다.

셋째 경로는 기독교 고유의 발화 양식인 간증과 방언이다. 남성 엘리트에게만 허용되었던 설교나 공중 기도와 달리, 간증과 방언은 성별이나 신분의 제약을 초월하는 발화 양식이다. 특히 부흥운동의 공간에서 여성들은 적극적인 간증 행위를 통해 자신의 존엄을 확인하였고 그 과정에서 신앙적 정체성이 강화되었다. 일종의 해체적 언술 행위인 방언도 남성 지배 문화에서 고통받고 소외된 여성들에게 해방의 언어로 기능하였다. 인식의 언어 너머의 원초적 언어인 방언은 초월적 권위에 기대어 말할 권리를 행사하는 장치다.

이러한 경로를 통해 탄생한 말하는 주체의 활동 영역은 점차 개인적 문제를 넘어서 사회 문제, 여성 문제, 민족 문제로 고양되었다. 선교사들이 한국 여성에게 근대적 여성 의식을 가르쳐준 것은 아니었다. 교육 선교사들은 성별 분업과 아이 양육을 하느님이 여성에게 주신 신성한 의무로 믿고 현모양처 교육에 목표를 둘 정도로 가부장적 구조에 대한 비판적 인식이 없었다. 그럼에도 불구하고 기독교가 마련한 교육 공간을 통과했던 여성들은 교육권과 재산권을 주장하는 여성 주체로 거듭났다. 여성들이 겪는 고통이 운명이나 하늘의 뜻이 아니라 사회 구조나 오랜 악습이 원인임을 자각하는 여성들이 늘었다. 그 과정에서 근대적 권리를 주장하고, 희생과 봉사 개념으로 묶인되어 왔던 교회 안에서의 성차별 문제도 공론화하였다. 삼일운동에서 체포된 여성 중 절대적으로 다수였던 기독교 여성은 민족운동의 장에서도 중요한 역할을 담당하였음을 보여준다.

19세기 말에 수용된 기독교는 이처럼 여성을 말하는 주체로 세웠지만 오히려 오늘날 기독교 공간은 성차별적 공간으로 인식된 지 오래다. 교계 한 기관의 조사에 의하면, 교회 출석 기간이 짧을수록 연령이 낮을수록 성평등 의식이 높은 반면, 교회에 오래 다니면 다닐수록 여성 의식이 약해지고 비민주적인 가치관을 지니게 되는 것으로 나타났다. 양성평등이 법적 제도적으로 보장되고 여러 전문 분야에서 여성들이 도약하는 오늘날, 여성의 잠재력이나 다양한 은사를 사장시키는 교회 문화가 변화하지 않으면 교회의 존립 자체가 어려워질 수도 있다. 이를 증명하듯 젊은 여성들의 교회 이탈 현상은 심각하다. 130여 년 전, 한국 여성의 삶을 고양시켰던 초기 기독교 공간을 '말하는 주체의 탄생'이라는 렌즈로 조망하는 일은 기존의 근대 여성 연구의 지평을 확장하는 동시에 오늘날 기독교 교육 공간을 성찰하는 데 지렛대가 될 수 있다.

— 2장 —

연설 공간
기독교 여성 지식인의
혼종적 주체와 연설

I. 들어가는 말

초기 기독교는 창조주의 눈에는 모든 사람이 가치 있는 존재임을 가르쳤고, 전통의 이름으로 행해지던 여성 혐오의 악습을 끊어내었으며, 여성교육 공간을 확장하였다. 이런 점에서 근대 초기의 교회와 미션 여학교는 기독교 신여성의 등장에 중요한 토대가 되었다. 평등과 자유의 세례를 받은 기독교 여성 지식인들은 역사의 수난기마다 가부장주의와 제국주의의 지배 질서에 저항하거나 타협하면서 한국 사회에 큰 영향을 끼쳤다.

기독교 수용 이전의 전통 사회에는 여성을 길들이는 다양한 장치들이 마련되어 있었다. 현명한 시집살이를 위한 삶의 기술로 전수된 "벙어리 삼년, 장님 삼년, 귀머거리 삼년"이란 속담은 가부장적 질서에의 무조건적인 묵종을 지시하는 대표적인 기표다. 유교뿐만 아니라 대부분의 가부장 문화에서 발생한 종교 전통은 여성의 말할 자유를 통제해 왔다. "여자는 조용히 복종하는 가운데 배워야 합니다. 나는 여자가 남을 가르치거나 남자를 지배하는 것을 허락하지 않습니다. 여자는 침묵을 지켜야 합니다"[43]라는 바울의 권면이 보여주듯, 기독교 역시 여성의 언권을 통제함으로써 가부장적 질서를 유지하였다.

아이러니하게도 개항기 한국 여성들은 기독교를 통해 '말하는 주체'(speaking subject)가 되었다. 초기 교회는 선교 사업의 동력자로 여성을 호명하는 과정에서 여성의 언권을 보장할 수밖에 없었다. 선교의 공간에서 종교 행위인 공중기도, 성경 공부, 방언, 간증은 물론이고, 외국인 선교사와 민중의 소통을 돕는 통역 행위를 통해 많은 여성이 '말하는 주체'가 되었다. 이러한 맥락에서 볼 때 초기 기독교는 여성 주체의 탄생에 큰 기여를 하였다.

19세기 말 개항과 더불어 한국 사회에 처음으로 연설 공간이 마련되었다. 독립협회를 필두로 배재학당이나 이화학당과 같은 미션 학교에서 공개 연설과 토론회가 열린 것이다.《독립신문》의 투고란에는 연설을 통해 새로운 것을 배우면서 연설에 흥미를 느끼게 되는 사람이 늘어나고 있다는 기사가 자주 실렸다.[44] 최초의 연설 공간은 독립협회가 기획한 만민공동회다. 이 공간에서는 풍전등화와 같은 민족의 현실을 일깨우고 구국을 위해 민중을 계몽시켜야 한다는 메시지가 주로 전달되었다. 이에 반해 배재학당이나 이화학당과 같은 미션 학교에서는 서구에서 유입된 여성교육이나 남녀평등의 이슈를 둘러싼 논쟁의 장이 형성되었다. 묵종의 덕목을 새겨야 했던 한국 여성에게도 연설의 기회는 제공되었는데 특히 기독교 여성 지식인들은 연설 공간을 통해 자신들의 잠재력을 발휘하면서 '말하는 주체'로 우뚝 설 수 있었다.

이 글은 1920년대 후반에서 1930년대 중반에 이르기까지 구미에서 여성 연설가로 활약한 박인덕의 연설, 그리고 1930년대 후반과 1940년대 초반 일본 제국주의의 호명에 응답한 기독교 여성 지도자의 연설에 주목한다. 요컨대 해방 이전 가부장제와 제국의 지배 논리에 저항/갈등하거나 협력/순응하면서 형성된 기독교 여성 지식인의 혼종적 주체를 연설이라는 렌즈를 통해 추적한다.

식민지 시대의 질곡을 통과하는 동안 기독교 여성 지식인들은 신앙과 민족의 지도자로 추앙되거나 그와 반대로 신앙과 민족을 저버린 변절자로 평가 받아 왔다. 물론 이러한 상반된 평가에는 민족주의 담론이 강력하게 작용하고 있다. 연설을 매개로 구성되고 강화된 여성 주체의 특성을 살피는 이 글은, 민족주의의 회로에서 벗어나 다채로운 여성의 삶의 자리를 조망하고자 한다. 이러한 작업은 여성을 특정 표상으로 환원시킴으로써 대상화하는 한계를 넘어서려는 노력의 일환이다.

II. 해외 선교의 여성 연설 공간

1. 연설 공간

이 장에서는 1920년대 후반에서 1930년대 중반, 북미 지역의 해외 선교를 위한 학생자원운동(Student Volunteer Movement for Foreign Mission, 이하 SVM으로 표기)에 의해 제공된 연설 공간이 박인덕으로 대표되는 한국의 기독교 여성 지식인에게 어떠한 의미가 있었는지 살펴본다.[45]

SVM은 19세기 말에 창립되어 1936년까지 활발한 활동을 했던 선교 단체이다. 창립 목적은 북미 대학생에게 해외 선교에 대한 책임감을 불어넣는 것이었고, 이를 위해 매년 새해 첫날 북미 지역의 기독학생들을 초청하여 강연회와 총회를 개최했다. 1928년 1월 1일 SVM은 당시 미국 유학 중이던 박인덕에게 "예수 그리스도는 나에게 무엇을 의미하는가"라는 주제의 연설을 제안했다.

> 내 마음 가장 깊숙한 곳에 자리 잡은 이 주제에 대해 수천 명의 젊은이에게 말할 수 있는 기회가 온 것을 알고 기뻐서 울 뻔했다. …그들에게 19세기 말에 이루어진 모든 발견 중에 아시아를 대표해서 한국의 여성성의 발견이 가장 대단하다고 생각한다고 말했다. 이 발견은 기독교 덕분이었으며 나의 어머니도 기독교를 통하여 새로운 삶의 방식을 시작할 특권을 받게 되었고 그리고 그 어머니를 통해 나도 역시 그 축복을 받게 되었다고… 증언했다.[46]

SVM이 마련한 이 연설 공간에서 그는 대중 연설가로서의 자질을 깨달은 것으로 보인다. 그의 회고에 의하면 여러 대륙에서 온 수천 명 앞에 섰을 때에도 별다른 두려움이 없었고, "필요할 때마다 말이 흘러나오는 것"을 느꼈다고 한다.[47] 그 이후 SVM이 제안한 2년 계약의 순회 연사직(secretary)을 수락하면서 그는 연설가로서의 새로운 길을 걸었다.

그가 순회연사로 활동하던 당시의 SVM은 미국 사회의 비판적 지식인들이 제기한 선교제국주의론과 SVM 내부의 갈등으로 인해 자체 분열의 조짐이 있었다. 당시 미국에서 반기독교적 정서가 확산되고 있음은 박인덕의 말과 글에서도 엿볼 수 있다. 귀국 후 어느 잡지사와 가진 인터뷰에서 그는 구미 각국에서 종교를 배척하는 소리를 들었다고 고백했으며,[48] 1936년 SVM 총회 강연자로 초청받았을 때는 그 자신이 "미국에 선교사 자격으로 파송되는 느낌"[49]이었다고 고백했다. 이러한 시대적 흐름 속에서 해외 선교의 열기는 급속히 식어 갔고 결국 SVM은 1936년 인디애나폴리스총회를 끝으로 해체되었다.

SVM의 해체 후에도 박인덕은 20여 개월 동안 스스로 연설 공간을 만들며 활동을 지속했다. 1954년, 1965년, 1977년에 영문으로 집필한 세 권의 자서전[50]에는 그가 행한 연설의 요점과 청중의 반응, 연설 장소에 대한 구체적 묘사, 의뢰인과 나눈 대화가 생생하게 기록되어 있다. 연설할 때마다 기록한 메모의 상당 부분을 자서전 집필에 반영했기 때문이다. 그의 자서전과 연설활동을 보도한 당시 미국 대학신문 및 지역신문 기사,[51] 한국의 신문기사,[52] 그리고 생전의 인터뷰를 토대로 1920년 후반에서 1930년대에 이르는 시기 구미 지역에서의 박인덕의 연설 공간을 정리하면 다음과 같다.

1차 연설 공간은 1929년에서 1930년 사이에 SVM이 제공하였는데 이 시기에 그는 북미 지역의 대학교를 돌아다니며 해외 선교 지원자 모집을 위한 순회연사로 활동했다. 2차 연설 공간은 1931년 귀국길에 들른 영국과 아일랜드의 23개 대학 기독교 동아리다. 3차 연설 공간은, SVM의 초청이 계기가 되었지만 순회연사 시절에 맺은 인적 네트워크를 통해 스스로 마련하였다. 이때 그는 미국 전역의 대학과 고등학교, 교회 남성 단체와 여성 클럽을 무대로 20개월 동안 642번의 연설을 하였고 10만㎞ 이상을 이동하였다.[53]

2. 연설 내용

기독교 신여성인 박인덕은 누구를 대상으로 어떠한 연설을 하였을까? SVM 최초의 동양인 순회연사가 된 그의 역할은 북미 지역 각 캠퍼스의 해외 선교 동아리를 방문하여 격려하고, SVM 선교위원회가 교육시킬 신입회원을 모집하는 것이었다.[54] 그러하기에 강연 내용은 기독교 해외 선교의 당위성과 필요성에 초점이 맞춰져 있다.

강연의 주된 소재는 한국 종교, 한국 농촌 상황, 한국/한국인/한국문화였다.[55] 먼저, 한국 종교는 기독교 선교의 필요성과 당위성을 주장하기 위해 비판적으로 소개되었는데, 대표적인 비판 대상은 불교, 유교, 샤머니즘이다. 각 종교에 대한 비판의 논점은 다르지만, 기독교의 세례를 받은 그에게 한국의 전통 종교들은 더 이상 의미가 없는 종교, 즉 폐기되어야만 하는 낡은 종교로 이해되고 있다.

> 불교는 수동적인 종교가 되어… 일상에서의 탈출을 통해 자기 자신만의 구원을 얻으려 한다.… 불교는 내 어머니에게나 나에게나 우리나라 사람들에게 별로 도움이 되지 못하였다. 일본의 통치로 인해 궁핍해진 민족에게 불교는 무엇을 줄 수 있겠는가? 불교는… 어떠한 해결책도 제시해 줄 수 없었다.[56]

그의 연설 공간에서 재현된 한국 불교는 수동적이고 무력한 종교다. 이와 대조적으로 기독교는 긍정적이고 역동적인 '힘의 종교'로서 한국이 직면한 모든 문제의 해결에 도움을 줄 수 있다. 따라서 이웃사랑을 강조하는 기독교 선교사들이 한국 사회에 필요하다는 것이다. 그에 의하면 유교에서는 왕과 신하, 부모와 자식, 남편과 아내, 형과 아우의 관계에서 하위자가 독립적으로 행동하거나 판단할 기회가 없이 무조건 순종해야 한다.[57] 따라서 유교는 억압적 도덕에 근거하여 순종적 주체를 만드는 반근대적 종교에 지나지 않는다. 이와 달리 기독교는 당당한 주체를 세우는 근대 종교로 간주된다. 샤머니즘 역시 하나의 반문명적 종교로 소개된다.

샤머니즘은… 인생에서 겪는 많은 불행은 나쁜 영에 의해 생겨나는 것들이었고 그러한 영을 달래야만 그러한 화를 막을 수 있다고 생각했다.… 이러한 종교를 믿으면서 살면, 즉 나쁜 악령에 둘러싸여 살아가는 사람은 지속적인 두려움, 의심, 불안함 속에서 살 수밖에 없다.… 이러한 이교가 한반도가 개화되면서 점점 쇠퇴하고 있다.[58]

이처럼 그는 불교와 유교 등 한국 전래의 종교를 무지와 미신, 반문명과 반근대의 종교로 묘사하고 이러한 부정적 이미지를 서구 청중에게 그대로 전달하였다. 한국 종교에 대한 이러한 폄하는 "희망과 결단력과 열망 곧 삶을 주었던"[59] 기독교와 대비되며 한국은 이러한 '생명의 종교'를 통해서만 위기에서 벗어날 수 있음을 강조하기 위한 담론 전략의 산물이다.

연설 내용의 핵심적 주제의 하나는 한국의 농촌 상황이다. 그는 선교가 단지 '말로만 복음을 전하는 것이 아니라 사람을 억압하는 모든 봉건적 요소를 타파하는 '문명화'임을 청중들에게 강조하였다. 문명의 시선으로 조선을 볼 때 가장 낙후된 쪽은 농촌이고 또 여성이었다. 1937년 미국에서의 두 번째 연설에서 그는 자신이 관여한 농촌 사업을 소개하고 직접 겪은 한국 농촌과 여성 농민의 비참한 삶의 현장을 묘사하면서 미국 교회의 물질적 도움을 요청하였다.

연설의 소재는 모두 비참한 한국인 농부와 그 가족들이었다. 내가 4년 동안 들인 노력을 설명하였다. 우선 물질적인 도움이 주는 것이 정신적이고 경제적인 수준을 향상시키는 가장 좋은 방법 중의 하나라는 것을 알게 되었다고 했다.… 대개 연설을 한국의 농가에 한 마리의 공동 소를 주는 것이 천

마디의 말보다 더 많은 도움을 줄 수 있다고 하며 끝마쳤다. 이 여정에서…
33마리의 소가 한국의 농촌에 지원되었다.… 플로리다에 사는 폭스 부인은
700달러를… 그녀의 자매들도 100달러를 주었다. 그들의 지원금으로 한국
에서 〈농촌지도자양성센터〉를 시작할 수 있었다.[60]

가는 곳마다 교회 참석률이 현격히 떨어져 사양길에 접어든 미국 교회[61]임에도 불구하고, 그의 연설에 대한 미국 청중의 반응은 뜨거웠다. 문명과는 거리가 먼 비참한 한국, 15달러로 열 명의 가족이 사는 한국인을 구원하기 위해서 기독교 선교가 절실하다는 식민지 여성의 생생한 육성은, 문명과 복음을 전해야 한다는 미국 기독교인들의 사명감을 일깨우는 데 나름의 효과가 있었던 것으로 보인다. 이때 모금한 돈으로 귀국 후 그 누구의 도움도 없이 그는 농촌여성 교육사업을 추진할 수 있었다.

한국/한국인/한국문화도 박인덕의 연설 공간에서 빠지지 않는 중심 내용이다. 그가 자주 구사한 서사 전략은 조선의 봉건적 가부장성에 대한 폭로였다. 그는 야만의 상징이 된 조혼과 축첩의 악습, 그리고 남녀칠세부동석과 남존여비의 풍속에 속박된 여성의 현실을 고발하고 여학교의 필요성을 강조하였다. 조선의 반문명적 상황을 부각시키는 이러한 전략은 '아시아 여성들을 이교적 전통과 관습으로부터 속히 구원해야 한다'는 사명감을 서구 청중에게 불러일으키는 데 효과적이었다. 이국적이고 생경한 풍속도 청중의 이목을 끄는 주요 소재로 연설에서 자주 활용되었다. 당시에 박인덕의 연설을 취재한 지역 신문이나 대학신문의 기사에 조선의 의복문화, 음식문화, 주거문화는 물론이고 민속놀이, 세로로 글을 읽는 독서법 등이 빠지지 않고 등장한 것은 이 때문이다.[62]

III. 식민지 조선 여성의 연설 공간

1. 연설 공간

일제의 강압적 제도 권력은 기독교 여성 지식인을 연설 공간으로 호출하였다. 3.1운동 이후 문화통치를 표방했던 조선총독부는 중일전쟁을 기점으로 전시체제의 구축을 위하여 한층 강력하고 치밀한 통치술을 구사하였다. 조선과 일본은 하나라는 기치 아래 신사 참배, 황거 요배, 한국어 금지와 일본어 사용 강제, 창씨개명 등을 통해 일상적 삶을 통제하였다. 태평양전쟁이 터지고 전쟁이 장기화될 가능성이 보이자 조선 청년의 징병 필요성이 제기되었다. 1930년대 중반만 하더라도 조선인을 전쟁에 투입한다면 그 총구가 일본인을 향할 수 있다는 우려가 지배적이었다. 그러나 전국적 차원에서 모두가 일본인이 되자는 기치 아래 애국반 활동이 체계적으로 자리 잡히고[63] 각종 보국운동이 전국적 차원으로 확산되면서, 조선총독부의 다나카 다케오(田中武雄) 정무총감이 주장한 조선인의 징병 반대론은 퇴조한다.[64] 조선인 징병이 내선일체의 일환으로 대중에게 인식되기까지는 식민지 조선의 지식인, 명망가, 종교인의 역할이 컸다. 조선인 징병의 정당성과 당위성을 알리는 연설, 특히 여성 대상의 연설 공간에서는 기독교 여성들이 적극 호출되었다.

1938년 교계 인사 60여 명이 경성기독교연합회 발회식에서 "40만 십자군 병들아, 다같이 일어나 총후보국의 보조를 맞추자"는 슬로건 아래 황거요배, 황국신민서사 제창, 성서 낭독의 순서로 의식을 거행함으로써 한국기독교는 본격적인 친일의 길을 걷기 시작하였다.[65] 처음에는 경성기독교연합회의 의원 임명 형식으로 다수의 기독교 여성 지식인이 동원되었지만, 이후 이들이 연설가로 활약하면서 적극적인 친일의 길을 걷게 되었다. 기독교 여성 연설가들은 '부인회'로 개칭된 여선교회를 비롯하여 방송선전협의회(1937)와 조선부인문제연구회(1937) 등을 매개로 점차 지배권력이 추진하는 정책의 선전자 역할을 순회 연설의 공간에서 수행하였다.66

2. 연설 내용

이 시기의 연설 공간에서 기독교 여성 지식인들이 어떤 내용의 연설을 수행하였는가를 보기 위해서는 당시 상황을 되살펴볼 필요가 있다. 장기화된 전쟁으로 강제적 공출이 더욱 심해지고 식민지 조선인의 삶의 질은 한층 열악해졌다. 그러자 지배권력은 내선일체의 기치 아래 각종 형태의 보국운동으로 위기를 극복하고자 했다. 이때 여성 지식인들은 연설을 매개로 지배체제의 내선일체 기획을 성공시키는 역할을 부여 받았다.

> 이제부터는 충성을 다하고 황국신민의 생활을 하여야 합니다. 내지 여성들의 정신과 생활을 배우는 데는 국어를 한 마디 두 마디씩이라도 배우는 것이 또한 길이 됩니다. 말을 배우므로 자연히 일본정신에 이끌려짐을 나 자신의 경험으로 압니다.67

보국운동 중 가정보국(家庭報國)은 일종의 생활개량운동이다. 주로 의식주 영역에서의 효과적인 절약법에 대한 강습과 연설로 보국운동은 전개되었다. 기독교 여성 지식인들은 전국의 각 지역을 맡아 운동이 뿌리를 내릴 수 있도록 도왔다. 연설의 내용은 주로 먹거리 문제 해결을 위한 국 한 그릇, 찬 하나 준수 등의 식사 간소화, 혼상례의 간소화, 전통적으로 행해 왔던 허식의 잔치 폐지 등이었으며 이러한 실천이 나라를 위한 일임을 강조했다. 식량 문제 해결을 위해 증산법을 홍보하기도 했다. 절미(節米)의 방법으로 칠분도미와 채소죽을 만드는 법이 고안되고, 이에 대한 강습도 행해졌다.[68]

의복의 경우, 전통 복식을 실용성의 잣대로 비판하고 가정보국에 적절한 복식문화를 널리 선전하였다. 또한 '순조선' 의복의 흰색과 불편한 디자인을 비판하며 가능한 한 실용적으로 입을 것을 촉구하였다.[69] 1940년에 이르러서는 여성 의복에 대한 통제가 한층 강화되었는데, 모든 학교는 국민총력조선연맹이 발표한 국민복령(國民服令)에 따라야만 했다. 이화여전의 경우, 학생생활지도 항목에 한복 착용의 전면 금지와 '국민복' 착용의 의무가 기록되어 있다.[70] 어린 학생에게도 치마 대신 몸뻬바지(もんぺ)를 입게 하는 등 일상의 삶 전체가 전시 체제로 재편되었다.[71]

연설 내용을 미루어 볼 때, 제국의 가부장성으로 인해 끊임없이 '여성'으로 의미화되었음을 알 수 있다. 남성 지식인의 연설과 달리 여성의 본직으로 간주된 집안일과 가족 관리의 영역에서의 내용이 대부분인 연유다. 전쟁의 장기화로 인한 물자 보급 문제의 해결책으로 시작된 음식과 복식의 통제는 식민지인을 훈육하는 효과를 낳았고, 친일로 선회한 교회는 지배 당국의 생활개량운동을 확산하는 공간으로 기능하였다.

여성 연설 공간은 젊은 여성을 미래의 황민을 출산하고 양육할 모성적 존재로 호명하는 장치로도 기능하였다. 1938년 제3차 조선교육령은 여성교육의 목표를 양처현모의 자질을 함양하여 황국 여성을 양성하는 데 두었다.[72] 여성의 황국신민화를 위해 여성 연설가들이 동원되었는데 이들의 연설을 통해 "총후의 가정을 지키는 어머니의 노력은 남자의 출정에 지지 않는 최대봉공"[73]이라든지, "교육으로 미래의 군인의 아내나 군인의 어머니로 배출"[74]해야 한다는 메시지가 유포되었다. 특히 태평양에서 미국과의 전쟁이 발발하면서, 신여성은 친미 세력으로 분류되어 정신 개조 교육의 주 대상으로 간주되었다.

1943년 조선 청년의 징병제 실시를 앞두고 여성은 군국의 어머니로 호명되었다. 김활란은 지금까지 반도 여성은 그저 '내 아들, 내 남편, 내 집'이라는 범위에서 떠나 보지를 못했다며, 가족주의의 한계를 지적하고 자신의 생명은 국가에 속한 것임을 깨달아야 한다고 강변하였다.[75] 물론 이 연설의 맥락에서 말하는 국가는 일본 제국이다. "이제 우리에게도 국민으로서 최대 책임을 다할 기회가 왔고 그 책임을 다함으로써 진정한 황국신민으로서의 영광을 누리게 된 것"[76]이라는 대목에서는 징병이야말로 일본인이 되었음을 증명하는 영광스러운 것으로 간주된다.

모성 이데올로기와 결합된 '군국의 어머니'는 전시체제에서 이상적인 여성상으로 제시되었다. 이는 아들을 황국의 군인으로 교육시키는 것, 군인의 유가족으로 의연하게 사는 강인함, 다른 군인 가족에 대한 지원, 절약한 물건을 헌납하는 행동 등으로 구현되었다.[77] 조선여자기독교청년회연합회(YWCA)의 창설자인 유각경은 조선인 징병을 앞두고 조선의 어머니들도 이제는 자기 아들을 자기만의 자식으로 여겨서는 안 된다고 하면서 일본 여성을 본받을 것을 주문한다. 또한 "군인의 어머니로서 '야마도 다마시'(大和魂)를 몸소 인식한 후 이 정신을 장래 군인이 될 어린아이에게 뼈가 되고 살이 되게 교육시켜야"[78] 한다고 역설했다. "우리의 아들은 지금부터 우리 개인의 소유가 아니요 천황폐하의 적자요 국가의 것"[79]이라는 연설의 이면에는 지원병제나 징병제에 맞선 조선 어머니들의 저항이 있었음을 추론할 수 있다. 징병제로 인해 갈등하는 모성을 다룬 최정희의 소설에서는 징병제 실시의 가장 큰 장애가 조선 어머니의 가족주의다.[80] 따라서 일제는 징집 정책의 실행을 위하여 대대적인 선전전을 기획하였다. 이러한 상황에서 "사랑하는 아들을 국가에서 요구할 때에 돌려야 하며 이것을 다할 때 그 명예는 어머니에게 돌아간다"[81]와 같은 기독교 여성 지도자들의 연설은 애국적 어머니상을 유통시키는 주요한 운반자 역할을 하였다.

IV. 연설의 효과: 혼종적 주체의 탄생

북미 지역에서 박인덕의 연설은 '계몽된 주체'라는 자의식을 지닌 서구 청중에게 '계몽된 자로서의 사명감'을 불러일으키는 것이 그 목적이었다. 그의 연설은 미몽에 빠져 있는 조선인에게 복음과 문명을 전하는 것이 서구인의 사명임을 그들에게 주지시키고자 기획된 것이다. 여기서 서구인은 '구원의 주체'로, 조선 여성은 '구원의 대상'으로 설정되어 있다. 이는 "황인 남성으로부터 황인 여성 구하기"(saving brown women from brown men)라는 서구 선교사의 아시아 여성 선교 담론과 연동되어 있다.

탈식민주의의 시선으로 볼 때, 박인덕의 강연에는 구원의 대상인 조선의 억압적 이미지와 구원의 주체인 미국과 기독교의 해방적 이미지가 대립되어 있다. 스피박이 식민지 지식인들에게서 보았던 것처럼,[82] 구미에서의 박인덕의 연설 공간은 토착 정보를 제공하는 장치로, 그 자신은 제국을 선망하는 '식민지적 주체'의 전형적인 모습을 띠고 있다. 그러나 좀 더 깊이 들여

다보면, 제국을 선망하는 식민지적 주체로 단순히 폄하할 수 없는 차원이 그의 삶에서 발견된다. 당시 대부분의 근대 지식인들이 그러했듯이 그 역시 미국 선교사들이 설립한 미션 여학교를 통해 복음과 근대적 지식을 얻었다. 그에게 있어 미국 기독교란 봉건사회의 구조와 식민지 현실 속에서 억압의 주체였던 일본 제국이나 조선의 가부장적 문화와는 전혀 다른 차원의 존재였다. 그곳은 자신의 잠재력을 구현시켜 주는 공간이자 조선 여성의 척박한 삶의 조건을 개선시켜 줄 자원을 가진 공간이었다.

식민지 여성 지식인들은 자신과 조선 여성을 위해 어떻게 근대를 실천 가능한 지향으로 만들어 낼 것인가를 깊이 고민하였다. 이러한 맥락에서 박인덕을 비롯한 기독교 여성 지식인들이 얼마나 서구를 욕망하고 모방했는가를 질문하는 것은 무의미하다. 그보다는 무엇을 비판하고 무엇을 수정하기 위하여 기독교와 서구를 준거점으로 삼았는지를 질문하는 것이 더 유익하다. 왜냐하면 그들에게 기독교와 미국은 어떤 의미에서는 식민지 조선 여성의 현실을 넘어서기 위한 지렛대였기 때문이다.[83] 당대의 미국은 조선보다는 훨씬 나았지만 완전한 평등이 실현된 사회는 결코 아니었다. 그럼에도 불구하고 그가 미국을 평등의 나라로 상정하고 조선의 모델로 삼은 것은, 조국을 식민지화한 일본을 넘어서려는 무의식의 반영으로 읽을 수 있다.

스스로 인정하듯이 박인덕은 미국을 폭넓게 이해한 최초의 한국 여성이자 서구의 여러 나라에서 현대적인 삶을 이해할 기회를 가졌던 선구자적 여성으로서의 자의식이 강했다. 또한 조선 여성을 위해 자신이 무엇을 할 수 있을 것인가를 진지하게 고민하는 여성 지도자로서의 정체성이 뚜렷했다. 그런데 전근대와 근대가 착종된 식민지 사회에서 그려진 자신의 삶의 궤적으로 인해 그를 지지해줄 국내의 인적 물적 자원은 거의 없었다. 그러한 상황에서 미국 기독교인과 선교 단체의 심적 물적 지원은 그를 다시 당당한 여성 주체로 세우는 데 매우 유용한 자원이었다.

연설이라는 장치를 통해 생각을 공유하고 감정을 교감한 미국 청중들에 비해 그에 대한 한국 사회의 반응은 양면적이었다. 한편에서는 서구인들에게 강연을 한 한국인이자 국위를 선양한 지식인으로 높이 평가하면서,[84] 다른 한편에서는 구미 사회에서 한 그의 강연이 조선의 치부를 드러냈다는 남성 지식인들의 비판과 질책이 있었다. 조선 남성의 축첩 문화를 폭로한 박인덕의 영국 강연을 현장에서 들었던 조선의 남성 지식인은 노골적인 불쾌함을 표시했다.[85] 식민지 남성 지식인들과 민족주의자들은 민족의 통합과 저항의 구심점을 확보하기 위해 '우리의 것'에 대한 수세적 태도를 취하는 경우가 왕왕 있다. '우리'라는 정체성의 정치를 추구하는 남성들은 그들이 상정한 '우리'에서 이탈하는 여성주의자들에게 불편함을 느끼며, '반역자'의 표상을 부여하기도 한다. 서구의 청중에게 축첩을 비롯한 가부장적 문화의 문제점을 폭로하는 기독교 여성 지식인의 연설에서 남성 지식인들은 '우리 조선'이 아닌 '그들 서구' 여성과의 연대를 읽었다.

따라서 구미에서의 활동을 접고 귀국한 박인덕에게 조선은 "쓸쓸하고 딱딱하고 재미없는 곳"이며, "많은 포부를 가지고" 왔으나 "내 포부를 알아주지 못한" 땅이 되었다. 1936년 SVM 총회 연설을 하기 위한 출국에 앞서 기고한 글에는 한국과 미국에 대한 그의 느낌이 격하게 표현되어 있다. "과거 3, 4년간을 한국 땅에 쑥 박혀 있는 동안 너무나 정신상의 피로를 느꼈던 것이며, 또한 모든 것에서 뒤떨어진 듯한 감을 느꼈다."[86] "굴러가는 기차도 나의 심정을 알아챔인지 어서 이 땅을 떠나자는 듯이 최고 스피드로 질주"한다. 반면, "로산젤스, 쉬카고, 미산간호여!"를 부르며 도착한 미국은 "따뜻한 날개"를 가진 곳으로 묘사된다.[87] 미국 청중의 열광과 조선 지식인의 냉정 사이에서 부유하는 박인덕의 삶은 "나는 영원한 손님이었고 내 주된 관심은 내 다음 번 집 여주인의 생활을 방해하지 않는 것"[88]이라고 고백했듯이, 그 어느 곳에서도 완전히 정착하지 못한 '경계인'의 삶이었다.

1930년대 후반기의 식민 체제에서 기독교 신여성의 입지는 매우 불안했다. 태평양전쟁으로 일제와 미국이 적대 관계로 돌아서면서 미국 선교사들이 귀국하자 친미성향이었던 기독교 여성 지식인들의 입지가 위협받게 되었던 것이다. 이러한 정황에서 일제는 기독교 여성 지식인을 연설 공간으로 호출하였고 그들은 일제의 총동원 체제에 협력하는 식민 주체의 역할을 하게 되었다. '황국신민'과 '총후여성'은 연설 공간에서 구성된 대표적인 식민지적 주체다. 총 뒤편을 뜻하는 총후의 여성이란 후방에서 전쟁을 도와줄 여성 주체를 말한다.

식민 체제는 식민지 주민들을 통치의 대상만이 아니라 식민지적 주체로 만들려고 진력하였다. 근대적 질서와 규율을 내재화한 주체, 자유와 권리에 따르는 책임과 의무를 다하는 주체가 전제되지 않고서는 제국의 확장이 불가능하기 때문이었다. 지배권력은 애국반을 조직하여 매일 아침 배례를 검열하였으며, 새로운 내용의 규율을 제정하여 반복적인 실천으로 몸에 각인하도록 유도하는 등 일상의 내면화를 통한 자율적인 식민 주체 형성 장치로 각종 규율을 고안하였다.[89] 이러한 내면화 작업은 식민지 지식인의 협력을 이끌어냄과 동시에 식민지적 주체 형성에 심대한 영향을 끼쳤다.

일제하 기독교 여성 지식인에게 제공되었던 연설 공간은 기독교 선교, 가부장주의, 식민주의, 서구 문화 제국주의, 일제 등 다양한 세력이 교차하는 공간이었다. 이 거대한 세력들은 자신들의 프레임에 부합하는 여성을 호명했다. 그러나 기독교 여성 지식인은 이러한 호명에 수동적으로 끌려간 것이 아니라 협상과 제휴, 혹은 갈등과 탈주를 통해 자신의 자리를 만들고 나름의 여성 주체를 구성해 갔다.

V. 나오는 말

할 말을 당당하게 하도록 격려하는 것은 주체를 키우는 일이다. 여성에게 말을 통제하는 것은 존재 억압이 언어 탄압에서 시작되기 때문이다. 이러한 면에서 연설은 기독교 여성 지식인을 주체로 세운 중요한 언술 행위의 하나로 볼 수 있다. 해외 선교의 공간에서 행한 박인덕의 연설은 일종의 '간증'이다. 그의 연설은 분산되어 있던 사건과 경험을 하나의 줄거리로 엮고 이를 간증의 형식으로 청중에게 선포하는 모습을 취했는데, 이 과정에서 그는 새로운 주체로 거듭났다. 이때 그는 식민지인이면서도 제국의 시선으로 자신의 경험을 재서술하는 과정에서 식민지적 무의식을 노정하였다. 1930년대 후반-1940년대 중반의 식민 체제가 마련한 여성 연설 공간을 통해 기독교 여성 지식인이 지배체제에 복무하는 현실을 추적하였고, 기독교 여성 지식인의 연설이 주조해 낸 혼종적 주체에 주목하였다.

굴곡진 근현대의 역사를 통과하면서 기독교 여성 지식인들은 한국 사회에 심대한 영향을 끼쳤다. 그들은 여성운동과 계몽운동의 선구자로, 때로는 서구(문화) 제국과 일제에 공명하면서 한국 현대사의 긍정적/부정적 유산으로 기억되고 있다. 어떠한 모습으로 재현되든 기독교 여성 지식인에게 기독교는 그들을 근대 세계로 이끄는 통로였고, 무한한 잠재력을 현실화하는 공간이자 삶의 위기를 겪을 때마다 좌절을 딛고 일어서게 하는 동아줄이었다.

이 글에서 주목한 기독교 여성 지식인 박인덕은 기독교를 통해 '말하는 주체'로 설 수 있었으며, 기독교는 그의 여성 의식을 고양시키는 통로였다. 그가 이해한 기독교는 인격의 신성함과 개인의 자유를 존중하는 종교였기 때문에 그는 기독교 신앙인으로서 여성과 민족이 당면한 현실을 극복하고자 했다. 그러하기에 그의 신앙은 현실 도피의 방편이 아니라 끊임없이 자신을 윤리적 주체로 호명하는 장치였다. 그는 누구나 귀하게 여김을 받는 사회를 꿈꾸었고 그러한 사회는 자신이 하나님의 피조물로서 존엄한 존재임을 의식하는 것으로부터 시작된다고 믿었던, 철저한 신앙인이자 근대적 주체였다. 여성을 전통적인 부덕의 이름으로 통제하려는 가부장적 문화에 저항하면서 수많은 저항 담론을 생산한 그는 당당한 여성 주체였다. 그의 연설 행위는 묵종을 부덕으로 강요한 전통 윤리에 대한 저항의 몸짓이자 '말하는 주체'로 서게 하는 장치였으며 주체화의 도정이었다.

그의 치열한 삶과 사회운동이 개량적이거나 본질에서 벗어난 지엽적인 활동으로 폄하된 적도 있다. 그러나 제3세계 출신의 유색인종 여성 연설가라는 다층적 마이너리티로서의 삶의 자리는 새로운 주체의 탄생을 야기하였다. 서구에서 행한 그의 강연을 탈식민주의의 잣대로 들여다본다면, 서구를 향한 강한 선망과 욕망을 발견할 수 있다. 그러나 전근대적 가부장주의와 식민지의 모순을 온몸으로 겪고 있던 식민지 여성이라는 삶의 자리를 고려한다면, 서구에 대한 그의 욕망을 비난하기보다는 그가 무엇을 비판하고 무엇을 수정하기 위해 서구를 의식했는지를 물어야 옳다. 자기 자신과 조선 여성을 위해 근대를 꿈꾸었던 그는 근대가 안고 있는 근본적인 문제로부터 자유로울 수는 없었기 때문이다.

〈표〉 박인덕의 연설 공간과 연설 내용

차수/기간	의뢰기관(자격)	강연 장소	연설 목적	연설 내용
1차 1929-1930	SVMF(순회비서)	미국 캐나다	선교사 지원자 모집	1)해외 선교의 필요성/당위성 2)한국의 전통종교와 가부장 문화에 대한 비판적 소개와 기독교를 통한 문명화의 당위성 3)개인적 차원의 신앙 간증
2차 1931	영국과 아일랜드 기독학생회(연사)	영국 아일랜드 23개 대학	한국 소개 및 신앙 간증	1)한국의 전통 종교에 대한 비판 2)한국 사회에서 기독교의 해방적 역할 3)한국문화의 소개와 가부장 문화의 폭로
3차 1932-1934	기독교기관/학교/(여성)계몽단체/신문사 등 (연사)	일제강점기 한반도	구미 문화 소개/여성과 청년 의식 고양	1)구미 여성의 삶과 문화 소개 2)신앙 간증 3)여성/청년 의식 고양
4차 1936-1938	1)SVMF(한국대표) 2)교회 및 선교단체 (초청연사)	미국/캐나다 교회 및 선교단체	한국농민을 위한 기금 마련	1)한국 농촌과 농민의 비참한 삶의 현장 소개 2)귀국 후 5년 동안 그가 수행한 농촌 사업에 대한 설명과 계속적 지원의 필요성
5차 1941-1945	조선교화단체연합회(부인계몽독려반 회장)	전시체제한 국학교/기독교기관/여성단체	내선일체의 홍보	내선일체 사상의 전파와 일제에 대한 협력 촉구
6차 1945-1946	미군정 대민정보부 정치교육과 (애국부인회장)	라디오 청취자/시골 부인/주한미군	여성 유권자 투표교육과 강의	1)주1회 라디오방송을 통해 민주주의 사회에서 여성의 새로운 기회와 책임감 고취 2)미군에게 한국/한국인/한국사/한국관습 강연
7차 1946-1947	1)1차 국제여성모임/세계기독교 여성금주연합회(한국 여성대표) 2)교회/선교단체(연사)	북미 전역	한국 여성운동 소개/미군정의 이미지 고양	1)한국 여성과 여성운동 소개 2)한국 어린이들의 생활 소개 3)한국 사회에서의 미군정의 역할 소개
8차 1947-1976	하지 장군의 요청 (민간사절사) /북미의 교회 및 선교단체(연사)	북미 전역 VOA방송	1)미군 주둔의 필요성 2)한국베리아 설립기금마련	1)미국인 대상의 한국/한국인/한국사/한국관습 소개 2)해방 후 혼란한 한국 사회에서 미군정의 필요성 설명 3)한국에서의 미군 활약 소개. 특히 어린이와 여성을 비롯한 약자들에게 사랑을 베푸는 미군의 이미지를 부각시킴 4)VOA(voice of America)에서 전시 중 한국 상황을 각국에 알림 5)전쟁 이후에 참상 설명과 현실적 도움 요청 6)'한국의 베리아' 설립의 필요성

〈박인덕 연설 보도 기사(영문)〉

http://idnc.library.illinois.edu/cgi-bin/illinois?a=d&d=DIL19281104.2.132

3장

종교 공간
방언과 간증

I. 들어가는 말

한국 기독교의 흐름 속에는 복음적 경건주의 신앙과 사회개혁적 신앙, 그리고 성령운동[90]이 공존하고 있다. 이 신앙 전통들은 누가 더 참된 기독교인지 그 진정성을 놓고 상호 갈등하기도 하고 상호 혼융되기도 하면서 한국 기독교의 성격을 주조해 왔다. 특히 성령운동의 전통은 그 경험적 독특성과 강력한 영향력으로 인해 끊임없는 논란의 대상이 되어 왔다. 한편에서는 한국 교회의 양적 성장의 원동력으로 간주되어 '모방 대상'이 되는가 하면, 다른 한편에서는 기독교의 왜곡된 신앙 형태의 원형으로 인식[91]되어 '비판 대상'이 되어 왔다.

한국 교회의 역사 속에서 성령운동은 교인의 심성에 뿌리내리고 있다가 일정한 주기를 따라 발현하는 듯한 모습을 보여주고 있다. 최근 한국 기독교에서는 교파와 교단을 막론하고 이러한 신앙 전통을 나름의 방식으로 '전유'하려는 다양한 움직임이 나타나고 있다. 'Again 1907'이라는 슬로건 아래 평양 대부흥운동의 신앙 전통을 전유하려는 기독교 교계와 단체들의 움직임은 그 대표적인 실례라 하겠다.

한국 교회사의 흐름을 보면, 여성들이 능동적이고 적극적인 활동을 하였음에도 불구하고 여성의 이야기는 늘 지워지거나 주변화되어 왔다. 이의 당연한 귀결이겠지만 성령운동에 관한 일련의 연구에서도 여성들의 목소리는 거의 들어 있지 않다. 여성의 이야기가 존재한다 해도 그 이야기는 남성의 언어를 매개로 한 경우가 태반이다. 여성들에게는 자신들의 목소리를 제대로 낼 수 있는 장치나 기회가 부여되지 않았으므로, 여성에 대한 혹은 여성에 의한 기억이 없는 것이 어찌 보면 당연한 현상인지도 모르겠다.

이 글은 한국 교회의 신앙 형태에 중요한 영향을 끼쳐온 성령운동을 젠더의 관점에서 읽어 보려는 시도의 일환이다. 이러한 시도는 한국 교회 여성의 삶에 대한 새로운 역사 쓰기에 필수적으로 요청되는 작업이다. 사실 새로운 역사 쓰기는 사적 자료가 새로이 발굴되어야만 가능한 것이 아니다. 모든 역사는 당대의 주도적인 관점 혹은 담론에 의해 포착되기 때문에 누구의 시선으로 역사를 보느냐, 어떠한 해석적 지평에 서 있느냐에 따라 얼마든지 새롭게 써질 수 있기 때문이다.[92]

남성 연구자들에 의해 수행되어 온 기존의 성령운동 연구는 대부분 성령운동을 '여성성'과 연결시켰다. 여기에서 말하는 여성성이란 성령운동의 부정적 표상, 즉 미신성, 기복성, 반합리성과 같은 부정적 함의를 지닌 메타포들이다. 이 글에서는 성령운동 중에 일어난 주요 현상의 하나인 '방언'과 '간증'을 여성주의의 관점으로 읽고자 한다. 이때 여성주의의 관점에서 성령운동을 본다 함은 기존의 역사 기록에서 배제되거나 침묵을 강제 당해 온 여성의 목소리를 드러내는 것만이 아니라 이를 넘어서서 새로운 패러다임으로 해석함을 뜻한다. 요컨대 한국 기독교사에서 등장한 성령운동에 관한 남성 중심적인 교권의 시선을 비판적으로 검토하면서, 방언과 간증으로 대표되는 여성의 언술 행위를 젠더 정치와 연관시켜 파악한다.

II. 한국 교회와 성령운동

1. 성령운동의 역사

한국 교회의 주요 신앙 전통의 하나인 성령운동은 민족적 사회적 위기로 인해 공동체와 개인의 삶이 파편화되고 고통이 심화될 때 더욱 활기를 띠어 왔다. 따라서 한국 교회의 성령운동의 변천 과정은 크게 네 시기로 나눌 수 있다. 최초의 성령운동이자 한국 교회 신앙의 '범례'로 평가되는 1907년 평양 대부흥 성령운동, 이용도를 중심으로 한 1930년대의 신비적 성령운동, 전쟁직후인 1950년대에 강력한 종교적 카리스마들에 의해 주도된 소종파적 성령운동, 그리고 산업화 시기인 1970년대의 오순절 교회를 중심으로 한 성령부흥운동이 그것이다.

1907년 성령부흥운동이 불처럼 일어난 평양은 홍경래 난 이후 민심 이반이 두드러진 지역이자 동학농민혁명과 청일전쟁, 러일전쟁의 격전장이었다. 지역민들은 전쟁의 참화로 실의와 좌절을 경험하였으며 회복할 수 없을 정도의 막대한 물적 인적 피해를 겪었다. 생존의 위협까지 받은 암울한 상황에서 많은 사람들은 위로와 희망을 찾아 교회로 몰려들었다. 그 결과 1906년경의 평양은 교회당 수가 급증하고 부흥 집회에는 놀랄 만한 인원이 참석하였으며 입교인들도 늘었다. 이러한 열광적 분위기의 형성은 교회 외적인 동인만으로 설명할 수는 없다. 당시 교회의 지도력을 장악하고 있던 선교사와 교회 지도자들은 교회의 부흥을 열망하면서 성령운동의 필요성을 절감하고 있었기 때문이다.[93]

1920~30년대 초반 사이에는 평양 대부흥운동과는 성격을 달리하는 또 한

차례의 성령운동이 일어났다. 당시 한국 교회는 경직된 제도화가 야기한 교파 간의 갈등과 마찰, 선교사와 한국 교인 사이의 갈등, 사회주의 계열의 교회 비판, 지방색이 가미된 교권 분쟁 등으로 생명력을 상실해 가는 징후를 보이고 있었다.[94] 또한 일제는 교묘한 통치술로 본격적인 수탈 체제를 구축하였고 민중들의 삶은 이로 인해 더욱 피폐해졌다. 따라서 암울한 현실 속에서 패배주의적인 절망감에 사로잡힌 민중들은 실현 불가능한 이 세상의 물질적 축복보다는 내세의 정신적 축복을 점점 더 갈구하였다. 곳곳에서 내세적 신비적 신앙이 발현되고 새로운 성령운동의 바람이 일어났다. 사회적·정치적·문화적 질식 상태에 대한 하나의 저항적 몸짓으로 등장했다고 볼 수 있는 이 시기의 성령운동은 종교적 카리스마에 주로 의존하였는데, 신유와 기적을 수반한 부흥 운동가 김익두, 신비주의적 부흥 운동가 이용도, 내세지향적 부흥 운동가 길선주가 대표적인 인물이다. 이들은 현실 교회의 실패 원인을 신앙생활이 성령을 받지 못한 탓으로 진단하면서 성령 충만을 강조하고 영혼구원에 집중하였다. 그런데 이러한 성령운동들은 전통 종교인 불교나 무교의 영향으로, 때로는 스웨덴보리나 선다싱과 같은 외래 신비운동의 영향이라는 부정적 평가를 많이 받았다. 그리고 실제로 이들이 주도한 성령운동의 일부는 주류 세력에 의해 이단으로 정죄되었으며, 설령 정죄되지는 않았다하더라도 소위 정통주의자의 비판적인 시선으로부터 자유로울 수 없었다.

    1950년에 발발한 한국전쟁 직후에도 성령운동은 불붙듯이 일어났다. 협소한 지정학적 공간에서 벌어진 장기간에 걸친 동족끼리의 잔혹한 전쟁은 사회적 경제적 문화적 제반 조건을 송두리째 붕괴시켰을 뿐만 아니라 회복하기 어려운 정신적 상흔을 남겼다. 깊은 상처와 아픔을 겪으면서도 당장의 끼니를 걱정해야만 했던 이들은 영육의 의지처를 갈구했고 이들의 욕망에 부합하는 새로운 형태의 의례와 신앙 체계들이 등장하였다. 예수 이름으로 병도 고치고 물질적 축복도 받으며 정신적 위로를 추구하는 성령집회는 우후죽순처럼 등장하였다. 이들을 이끄는 다수의 종교적 카리스마들은 전쟁으로 모든 생존 기반을 상실한 이들에게 "열심히 믿으면 현세에서 복을 누릴 수 있다"는 희망의 메시지를 제공하였다. 물론 성령운동의 열풍에 위협을 느낀 교회의 주류 세력은 수용과 배제의 전략을 통해 그 과도한 흐름을 제지하고자 하였다. 그 결과 성령운동의 일부는 주류 교회에 '순치'되어 교회 성장의 밑거름이 되었지만, 순치되지 않은 성령운동은 '이단'으로 정죄받고 소종파 운동으로 귀착되었다.

  1970년대에 등장한 성령운동 역시 시대 상황과 긴밀한 연관을 맺고 있다. 산업화로 인한 노동자 계층의 급격한 증가와 도시화에 따른 이농 현상은 정서적 기반의 상실을 비롯한 열악한 삶의 조건들을 감내해야 하는 사람들을 대량으로 산출하였다. 이러한 사회적 상황을 배경으로 오순절 교파의 하나인 '순복음교회'를 필두로 성령부흥운동이 폭발적으로 등장하였다. 순복음교회는 신유와 방언을 '성령 세례'의 증표로 강조하고, '영혼의 평안' '만사형통' '육신의 건강'을 의미하는 이른바 '삼박자 축복'을 중심 메시지로 선포하였다. 이러한 현세구복적인 메시지와 독특한 조직 체계로 인해 순복음교회는 폭발적으로 성장하였다. 이러한 70년대의 성령운동은 아픔을 겪는 많은 이들에게 위안처 역할을 하였지만, '삼박자 축복'으로 대표되는 '현세이익적' 신앙 형태는 사회 개혁을 추구하는 세력에 의해 부정적 평가를 받았다. 내세적 구원을 강조하던 지난 시대의 성령운동과 달리, 이 새로운 성령운동은 현실의 물질적 축복에 집착하고 종말론적 하나님 나라에 대한 비전이 없다는 점에서 몰역사적이라는 비판을 받았던 것이다.

2. 교회 권력의 불온한 시선

복음적 경건주의 신앙 전통과 사회 개혁적 신앙 전통이 성령운동에 부여한 미신성과 기복성, 반지성과 비합리성이라는 부정적 표상들은 한국 기독교사 속에서 '반기독교성' 및 '여성성'의 등가물로 간주되어 왔다.[95] 한국 교회사 속에서 성령운동은 신앙 체험을 강조하면서 대중적 지지를 받으며 축제의 공간을 펼쳐 왔지만, 강력한 교권의 시선에 의해 그 체험이 해석, 재단, 평가되면서 그 힘이 반감되곤 하였다. 신과의 만남을 독점하고자 하는 종교 엘리트들은 제도적 장치를 통하지 않고 직접 신을 만나려고 시도하는 성령운동을 검열과 박해의 대상으로 삼았다. 가부장적 하나님의 이미지를 생산하고 가부장적 위계질서를 구축하여 온 종교 권력으로서의 교권은 성령운동을 추동한 힘이 '성령'인지 '악령'인지를 규명하고자 하였으며, 성령운동에 나타나는 다양한 차원의 이질적 요소들을 정통/이단의 양분법에 의해 끊임없이 걸러내고자 하였다.

한국 교회의 '신앙적 원형'으로 선포되고 있는 1907년의 대부흥운동도 당시에는 엇갈리는 평가를 받았다. 즉 부흥의 열기가 달아올라 걷잡을 수 없는 속도로 전 교회와 미션계 학교로 확산된 대부흥운동[96]을 바라보는 당시의 시선은 긍정적이지만은 않았던 것이다. 기독교 외부는 물론이고 내부에서도 이에 대한 의미화 작업은 다양한 형태로 진행되었다.

선교사를 포함한 당시 교회 지도자들은 점증하는 집회 참석자들이 '진정한 기독교인'으로 거듭나야만 교회가 살아날 것이라고 판단하였다. "참고

인이 되려 하면 교회에 이름만 바쳐도 넉넉하지 않으며 신주와 귀신만 없이 하여도 넉넉지 않으며 도(道)만 공부하여도 넉넉지 않을지니… 그 영혼이 깨어 변해서 성신의 열매를 맺어야 참교인이 될지니…"[97]라는 글에서 보이듯, 당시 교회는 다양한 욕망으로 몰려드는 사람들을 가려내어 '참교인'으로 만들려고 부심하였다. 따라서 죄 고백을 통한 하나님과의 영적 차원에서의 만남을 강조하는 성령부흥운동을 '진정한' 교인을 생산하는 긍정적 장치로 생각했다. 대부흥운동에 대한 선교사들의 수많은 선교 보고서에 따르면, 당시의 선교사들은 부흥운동을 신앙적 동기 이외의 욕망으로 입교한 교인들을 정화시킬 최적의 장치로 판단하고 있음이 자명하다.

그렇다고해서 모두가 성령운동 현상을 긍정적으로만 본 것은 아니다. 다른 한편에서는 이 부흥운동이 과연 기독교적인가 하는 의문을 제기하였기 때문이다. 이 운동이 확산될 무렵 죄를 고백한 교인을 출교시키려 했던 선교사가 있었는가 하면,[98] 부흥회 개최를 반대하는 교회 지도자들도 있었다. 반대의 표면적인 이유는 죄책 고백의 진정성 문제를 들었지만, 실은 이러한 현상이 근본적 차원에서 기독교적인지에 대한 의구심 때문이었다. 당시 교회 권력자들의 눈에는 고함치고, 신음하며, 엉엉 울며, 데굴데굴 구르며, 거품을 입에 무는 것과 같은, 무의식의 극에 달하는 현상들이 과연 성령의 힘에 의한 것인지 악령에 씌어서 하는 것인지 의심스러웠던 것이다. 이러한 현상의 배후가 성령의 힘이 아닌 귀신에 사로잡힌 것으로 판단한 교회 지도자들은 부흥회 자체를 반대했다. '점잖은' 교회 지도자들은 이러한 광란적 현상에서 '무당짓거리'를 연상하였던 것이다.[99]

이러한 상반된 평가에도 불구하고 1907년의 대부흥운동은 이후에 등장한 성령운동들에 비해 이단성 시비로부터는 비교적 자유로웠다. 그 이유는 교권과의 상관성 속에서 찾을 수 있다. 대부흥운동기에는 교회의 제도화가 본격적으로 진행되지 않았던 상황이었기에[100] 이 현상을 재단하고 평가할 강력한 종교 권력이 부재하였던 것이다. 반면 교권이 확립된 이후에 등장한 성령운동들은 늘 '이단'의 혐의에서 자유로울 수 없었다. 따라서 교권의 시선에 포획된 성령운동이 취할 수 있는 길은 '순치' 혹은 '저항'밖에 없었다. 교권의 지배 논리에 순치되지 않은 성령운동은 이단으로 추방되어 소종파로 사라져 갔다.

1920~30년대 이용도가 연루된 성령운동은 교단 목사가 교권에 의해 이단 판정을 받은 최초의 사건이다. 이 시기에 신학 담론을 주도하던 박형룡은 성령운동에 해당하는 '경험파'를 다음과 같이 규정하였다.

> 교회와 개인의 현재의 신앙생활의 부진 상태에 불만을 품고 좀 더 철저한 경험, 좀 더 신비한 경험을 추구하다가 그 추구의 작법이 과격에 흐르고 사상의 방향이 미망에 빠지며 오류에 들어가게 되어 이단 사상을 산출 혹은 인수하는 자들….[101]

그는 1907년의 사건은 이상적 부흥운동이지만 그 열기가 식으면서 '신비군'과 '무교회군'으로 대표되는 불건전한 '경험파'가 득세하게 되었다고 진단하였다. 특히 이용도가 연루된 원산 여집사들의 종교적 행위에 대해서는 "동해안의 일 지방에서 주의 신을 접하야 예언을 말한다는 한 여자… 정신 이상의 소사이든지 기껏해야 근년 서양 제국에 유행하는 소위 강령술의 준비적 현상"으로 폄하하였다.[102] 그는 성령운동이 강조하는 초자연적 계시는 성경적 근거가 없고 성경에 위배되는 것이며, 경험적 사실과도 맞지 않고,

새로운 계시의 원천을 판단할 표준이 없으며, 나쁜 결과를 많이 산출한다고 비판하였다. 이처럼 그는 "대다수의 정통 학자와 프로테스탄트 제 교회는 신비경험을 장려하지 않는다"고 하면서 성령운동의 확산을 막고자 하였던 것이다.[103]

박형룡의 글에서 언급되었듯이 이 시기에 등장한 성령운동에서는 여성들의 활동이 특히 눈에 띈다. 많은 여성들이 성령체험을 통해 부흥운동에서 주도적 역할을 하였다. 그러나 교회 조직이 정비되어 제도화된 권력을 체계적으로 행사할 수 있게 된 교권은 여성의 활동을 철저하게 규제하고자 하였다. 당시 여성의 언권을 바울서신의 성서적 권위로 불허한 사건은 대표적인 사례다.[104] 이러한 교권의 힘은 성령운동의 역동적인 흐름을 가로막고 한국 교회의 성차별주의적 이데올로기를 더욱 강화시켰다.

1950년대에 생산된 수많은 이단 종파들과 1970년대 순복음교회의 성령운동 역시 등장 초기에는 욕망해서는 안 될 반신학적 신앙의 표본으로 여겨졌다. 특히 1970년대에 확산된 오순절파의 성령운동은 사회 개혁적 신학 전통의 집중적 포화에 시달려야만 했다. 사회 참여와 사회 개혁을 통한 '하나님 나라의 건설'을 신앙의 궁극적 목표로 삼고 있는 기독 지성인들의 눈에는 오순절 계통의 성령운동이 탈사회적이고 현실에 매몰된 신앙으로 보였기 때문이다.

민중신학자 서광선은 한국 교회의 성령운동에 대해 좀 더 균형적 시선을 유지하고자 하였다. 요컨대 그는 성령운동의 '양가성'을 포착한다. 1970년대의 성령운동 연구에서 '성령 없는 하나님'을 강조하는 주류 교권과 '하나님 없는 성령운동'으로 한국 교회의 신앙적 흐름을 대별한다. 전자가 유교적 문화에 이식된 정통적 신앙 전통을 표상한다면, 후자는 무속에 이식된 성령운동의 흐름을 지칭한다. 그는 무속적인 자유와 생동감을 가진 성령운동을 형식화되고 관료화되어 가는 폐쇄적인 교회 기구와 구조로부터 해방되려는 몸부림으로 보았지만, 이 운동이 무한대의 물질적 세속주의와 결탁한 점에 대해서는 날카롭게 비판하였다.[105]

지금까지 살펴보았듯이 한국 교회사의 흐름 속에서 성령운동은 교권에 의해 '반기독교적'이라는 의심의 눈초리를 끊임없이 받아 왔으며 '이단의 온상'이라는 부정적 이미지에서 결코 자유롭지 못했다. 그런데 이를 뒤집어서 보면, 성령운동 속에서 오히려 교권의 시선에서 자유로운 새로운 해방의 공간을 상상해 볼 수 있다. 실제로 성령운동의 흐름 속에서는 자유롭고 자율적이며 경계를 넘나들면서 이질적인 것을 품어주고 나아가 치유하려는 경향성이 자주 엿보인다. 요컨대 성령운동은 아무것도 가진 것 없는 자들, 세속적 잣대에 비추어 가치 없는 자들, 소외와 고통으로 아무런 희망도 갖지 못한 자들에게 새 세상을 꿈꿀 수 있는 공간을 제공해 왔다. 이 공간에서는 기존의 가치 체계가 뒤집어지고, 분열된 것이 통합되고, 상처가 봉합되는 일이 빈번하게 일어난다. 상처를 봉합하는 대표적인 현상인 '신유'(神癒)는 몸과 정신을 분리하여 사유하는 현대 의학의 치료법과는 달리, 몸과 영혼의 조화 속에서 치유하려고 하기 때문에 기댈 곳 없는 주변인들에게 큰 의지처 역할을 자주 한다. 또한 성령운동 속에는 율법주의와 형식주의로 인해 소외된 이들일지라도 하나님과 직접 교통할 수 있다는 메시지가 들어있다.

따라서 이러한 성령운동은 제도화된 교회 권력에서 소외되어 주변인으로 존재하는 부류의 하나인 여성과 친화성을 지니게 된다. 앞서 살펴본 한국 교회의 성령운동들에서 공통적으로 드러나는 현상의 하나는 여성들의 활동과 지도력이 돋보인다는 점이다. 1920년대 말의 유명화를 비롯한 원산교회 여성 집사들로부터 1970년대 이후의 최자실, 현신애 권사에 이르기까지 수많은 여성 성령운동가들이 성령운동의 장에서 치유와 탁월한 지도력을 발휘해 왔다. 사회적으로 억압되고 완전히 무력화된 방외인에게 허락된 '영적 권능'은 크나큰 매력이요 그 자체가 하나의 '구원 사건'이다.[106] 그러면 한국교회의 성령운동의 장에서 여성들이 어떠한 몸짓을 통해 교권에 저항하고 새로운 해방의 공간을 창출해 갔는지, 그리고 그것은 어떠한 한계가 있었는가를 구체적으로 추적해 보자.

III. 성령운동의 젠더 정치학

1. 성령운동과 여성의 공간

한 선교 보고서는 한국 여성들이 "지식 소양에 있어서는 남성들보다 열등하지만 신앙의 단순성, 종교적 체험, 신앙의 깊이에 있어서는 훨씬 우월하다"[107]고 서술하고 있다. 이는 한국 여성의 종교적 심성의 특성을 잘 지적하고 있는데, 이러한 여성의 특질은 성역할 구분이 확고한 위계로 고착된 제도 교회보다는 성령운동의 장에서 좀 더 적극적으로 표출되었다. 수많은 경계를 교란시키는 성령운동의 공간은 다양한 차원의 속박에서 벗어날 수 있는 기회를 제공하기 때문이다.

참석한 부인들이 시작 전부터 이 집회에 얼마나 기대를 걸고 있는지는 마지막 날까지 빠지지 않고 참석하여 공부하는 진지한 자세에서도 확인될 수 있었는데 이들은 저녁 집회 때마다 무거운 짐을 갖고 나와 서로 자백하곤 하였다. 죄를 자각하고 고백하는 현상은 집회 시작 때부터 나타나 시간이 흐를수록 죄를 자백하는 횟수가 늘어나고 죄를 자각하는 농도가 짙어졌다.[108]

여성들이 특히 성령체험을 욕망한 것은 첩첩이 가로놓인 차별의 벽 앞에서 자신들의 신앙심을 증명하고 구원을 확신할 수 있었기 때문이다. 사실 성령운동은 여성의 활동을 고무시키는 성서적 근거가 있다. 초대 교회의 오순절 강림 사건에서 베드로는 "하나님이 말씀하신다. 마지막 날에 나는 모든 사람에게 나의 성령을 부어 주리니 너희 아들 딸들은 예언을 하고…"[109]라고 선포하였다. 성령운동에서는 성별이 권위의 지표가 되는 것이 아니라 성령을 받은 자가 권위를 가지기 때문에, 남녀를 불문하고 누구나 예배 도중에 갑자기 성령을 받고 방언기도를 하거나 예언을 할 수 있다. 여기서는 성 평등이 수사적 표현에 그치는 것이 아니라 온전히 실천된다. 따라서 성령을 받았다고 확신한 여성들은 성령운동의 현장에서 방언과 간증이라는 언어, 그리고 치유의 은사를 통해 주도적인 역할을 수행해 왔다.

1907년 평양 대부흥운동에서도 이러한 현상들이 목격된다. 어느 날 저녁 집회 때는 설교 시간에 한 여인이 설교자의 말을 중단시키면서 일어나 말하기를 전에는 몰랐던 죄를 설교를 듣던 중 깨달았다고 하면서 고백하였다.[110] 뿐만 아니라, 1906년 2월 부흥회에서는 신버시라는 부인이 "집안에서 질투하던 죄와 아이를 괴롭힌 죄"를 회개한 후 그날 저녁에 그 부인이 "덧저고리를 벗어던지며 죄를 이와 같이 다 벗읍시다 하고 열심을 내여 연설함으로 형제자매가 더욱 감동되어 모두 슬피 죄를 자복하는"[111] 일도 있었다.

봉건적 질서와 분위기가 완전히 청산되지 않고 온존하던 당시의 교회 안에서 여성이 남성 인도자의 설교를 도중에 끊고 발언한다든지, 덧저고리를 벗어던지며 연설에 몰입하여 남녀 청중을 감동시키는 일은 매우 놀라운 사건임에 틀림없다. 교회의 상투적인 권위가 작동하지 않는 성령운동이라는 초일상적인 공간이었기 때문에 이러한 파격적 행위가 가능했던 것이다. 여성들이 이처럼 성령운동의 장에서 다양한 방식을 통해 가부장적 질서를 교란시키는 행위는 빈번하게 보고되고 있다.

이러한 성령운동에서 나타나는 여성의 저항적 몸짓, 즉 젠더의 정치를 좀 더 명확하게 파악하기 위해서는 먼저 그들이 사용하는 언어와 그것의 의미에 주목할 필요가 있다.

젠더의 관점에서 볼 때 언어란 의사소통의 수단을 넘어서 여성의 역할에 대한 규정이자 감시 체계이다. 가부장적 성격이 강한 공동체일수록 여성은 공적 언어/문자언어보다 일상적 말하기에 익숙하다. 종교적 율법이 엄격한 사회는 여성에게 침묵을 강요하고 여성의 발언을 인정하지 않거나 평가절하하는 경향이 있다. 삼종지도(三從之道)로 대표되는 유교 여성의 덕목은 묵종 곧 '말없이 따름'이다. 개항기에 수용된 기독교 전통에서도 묵종은 여성의 덕목이었으며, 교회 공간에서는 이를 내면화하는 제도적 장치가 있었다. 이러한 눈으로 볼 때, 여성에게 부과된 덕목은 실상은 억압적 질서의 미화에 다름 아니며, 여성의 '말없이 따름'은 가부장 사회의 유지를 위한 절대적 필요조건이었다.[112]

가부장 사회 속에서 언어는 언제나 남성의 전유물이었고, 여성의 말은 언어라기보다는 '수다'나 '앵앵거림' 혹은 '바가지 긁기'[113] 등으로 평가절하되어 왔다. 언어는 기본적으로 남성적 노력의 산물이기에 역사적으로 남성이 공식 언어에 대하여 주도권을 행사해 왔다.[114] 특정 공간에서는 일상적인 발언

마저도 남성과 연장자의 허락을 얻어야 할 정도로 여성들은 언어생활에 심한 규제를 받아 왔다. 규제를 무시하고 발화되는 여성의 말은 권위는커녕 조롱의 대상이 되거나 심지어는 정죄의 대상이 되기도 하였다. 이러한 조롱 혹은 정죄의 위험성을 느낄 때 여성은 침묵을 선택하곤 한다. 침묵 곧 '말없음'이 여성다움으로 칭송되는 가운데 여성은 공적 언어에 적합하지 않은 자로 굳어져 갔다.

가부장적 헤게모니가 작동하는 교회 공간은 여성의 언권을 제한하는 대표적인 공간이었다. 여성은 지식 언어의 생산자이기는커녕 설교나 가르침 그리고 각종 공적 언어 활동에서 소외당해 왔다. 누구는 말할 권리를 갖고 누구는 그 권리가 배제되는 그러한 구조는 발화자가 서 있는 자리와 긴밀한 연관이 있다. 자기의 마음과 뜻은 언어로 표현되면서 남에 대한 권력이 된다. 곧 권력이란 "할 말을 할 수 있는 힘"이다.[115] 그런 점에서 여성의 언권 통제는 권력에의 접근 금지와 맞물려 있다. 언어의 차별성을 규범화하여 제도화하는 것은 여성을 통제하는 가장 효과적인 방법이다. 종교의 가장 핵심적 표상인 '신'을 남성으로 표상한다든지, 소수 남성들이 설교권을 장악하고 여성에게 설교를 불허하는 근거를 경전에 의존하는 것은 그 실례가 된다.[116]

여성에 대한 통제가 언어와 깊이 관련되어 있는 것은 '존재의 억압'이 '언어의 탄압'에서 시작되기 때문이다. 주체란 자기가 할 말을 당당하게 하는 존재이다. 할 말을 당당하게 하도록 하는 것은 주체를 키우는 것이다. 그러하기에 조용히 복종하라는 요구는 주체성의 부인과 동의어이다. 이렇게 볼 때 발화 행위는 자기표현의 출구이며 자기표현은 종속에 대한 거부다. 제도적 교회와 달리 성령운동의 공간은 우리에게 익숙한 합리적 언어가 아닌 또 하나의 언어의 세계를 펼쳐 보여준다. 여기에서는 울부짖는 통성기도와 '간

중' 그리고 원초적 소리를 담은 '방언'이 있다. 여성에게서 터져 나오는 원초적인 방언과 자기 진술은 '아버지의 법' 아래에서 습득된 기호들을 무시하고 가부장적 위계를 교란시킨다. 여성이 언어의 주체로 등장하는 이 현상을 발견하는 일은 젠더 연구의 중요한 과제이다.

2. 방언

방언 현상은 그리스도교 형성 초기에까지 거슬러 올라간다. 기독교 경전은 "방언을 말하는 사람은 성령의 힘으로 신비한 일을 말하는 것이므로 아무도 알아들을 수 없습니다. 그러므로 사람에게 말하는 것이 아니라 하나님께 말하는 것"[117]이라고 방언을 정의한다. 방언 현상이 최초로 기록된 「사도행전」은 "그때 갑자기 하늘로부터 세찬 바람이 부는 것 같은 소리가 나더니 그들이 앉아 있는 온 집안을 가득 채웠습니다. 그리고 혀 같은 것들이 불길처럼 갈라져서 그들에게 나타나 각 사람 위에 머물렀습니다. 그러자 모두 성령으로 충만함을 받고 성령이 시키는 대로 다른 나라 말로 말하게 되었습니다"[118]라고 보도한다. 초대교회에서는 이러한 방언 현상이 빈번하였던 것으로 보인다.

한국 교회 전통에서도 방언 현상은 성령부흥운동에서 빈번하게 목격된다. 서광선은 1980년대 초 순복음교회가 주도하는 성령운동을 참여 관찰한 후, "호소할 곳 없는 민중이 말로 할 수 없으니까 유식한 말로 조리 있게 똑똑하게 말할 수 없으니까 방언으로 한을 풀고 있는 것이다. 얽히고설킨 복잡한 감동, 분노와 함께 용서, 회의와 함께 확신, 불안과 함께 평화, 도망치고 싶으면서도 안기고 싶고, 슬프지만 기쁘고 저주와 감사가 뒤섞인…"[119]이라고 방언 현상을 이해하고 있다. 그래서 그는 방언을 민중의 언어로 읽는다. "병에 시달리고 사업에 실패하고 살림에 쪼들리고 시어머니의 미움과 남편의 수모를 받고 사는 여인네들의 맺히고 쌓인 깊은 한을 기도로 울면서 하나님께 호소하는 가운데 방언이 터져 나오게 되는 것"[120]으로 이해한 것이다.

민중의 언어인 방언은 여성 친화성을 띠게 된다. 성령운동에서 발화되는 방언은, '아버지의 법' 안에서 미리 설정된 부호에만 익숙한 이들에겐 해석 불가의 영역이다. 연결되지 않는 발성들, 반복되는 수다스러움, 저 깊은 곳에서 터져 나오는 울부짖음, 독해 불가능한 은밀한 암호들, 말이 아닌 말들 등이 성령운동에서 발화되는 방언의 겉모습이다. 서광선은 이러한 여성/민중들의 방언 능력이 사회적 언어 구사 능력을 배양하지 못하며, 언어 구사 능력의 부족으로 교회 분규와 분열을 일으키는 측면이 있음을 지적한다. 성령부흥운동에서 방언 현상이 교회 성장의 중요한 요소로 작동하는 측면이 있지만 오늘날 한국 교회가 직면한 심각한 문제 중의 하나로 간주되기도 한다.[121]

초대교회의 사도 바울도 여성의 지도력과 방언 현상이 코린트 교회를 혼란시킨다고 파악하여 문책성 편지를 보내기도 하였다. 그는 편지에서 "여자들은 교회에서 잠잠하시오. 여자에게는 말하는 것이 허락되지 않습니다. 율법에서 말한 대로 여자들은 복종하십시오"[122]라고 명령한 바로 뒷 절에, 예언자와 신령한 자에 대한 경고,[123] 그리고 하나님-그리스도-남자-여자의 위계를 강조하는 구절 등을 통해 예언과 방언을 하는 여성 지도력을 경계하고 있다. 이처럼 여성과 친화성을 보이는 방언은 공동체의 분열을 야기할 가능성 때문에 자주 경계의 대상이 되어 왔다.

바울은 "만일 내가 방언으로 기도한다면, 기도하는 것은 내 심령뿐이고 내 이성은 작용하지 않습니다"[124]라고 하면서, 심령뿐만 아니라 이성의 기도가 필요함을 강조한다. 기도는 발화되기 이전에 이성적 성찰의 단계를 거치지만, 방언은 바울의 지적대로 이성을 통하지 않아도 된다. 그래서 방언은 이성적이며 지적인 말씀의 해석과 설교나 예언보다 권장할 것이 못 되며, 더욱이 이 일로 교회가 분열되어서는 안 된다고 바울은 경고하고 있다. 이렇듯 현대 신학자들에서 초대교회에 이르기까지 방언이 공동체의 통합을 저해한다고 보는 관점이 지배적임을 알 수 있다.

어떠한 눈으로 방언을 보느냐에 따라 그 평가는 달라질 수 있다. 공정한 평가를 위해 과연 방언은 어떠한 통합을 저해하며 어떠한 분열을 야기하는지 질문할 필요가 있다. 교권과 교회 위계를 수호하려는 입장에서 볼 때 방언은 사뭇 일탈적이다. 권위적 언어를 따르지 않고 통합을 저해하는 저항의 언어이기 때문이다. '아버지의 법' 안에서 습득된 언어 규칙을 무시하고, 통제당한 언권을 행사하는 방언의 해체적 언술 행위는 새로운 세상을 열어주기도 한다. 방언에서 발견되는 해방의 힘은 언술 행위가 억압되고 있는 주변에서 생긴다. 주변은 공동체에 속한 구성원이라면 따라야 할 그 무엇으로부터 자유로운, 즉 '열린 공간'이다. 속성이 변화하는 지점, 즉 '경계'이다. 변화를 지향하는 경계이자 열린 공간인 성령운동은 모든 분열된 것을 아우르는 힘을 가지고 있다. 성령인지 악령인지 구분되지 않는 모호한 힘이 작동하고, 성별 역할 규범이 허물어지고, 계급적 위계가 의미를 상실하는 그런 공간이다. 그러한 공간에서 주객 대립이 소멸되는 경험을 통해, 원초적 소리 즉 방언을 통해, 여성은 다시 주체로 선다.

인간의 내면 깊은 곳에 잠재해 있는 종교성을 일깨우는 성령운동은 언어적 차원에서도 인간 언어의 한계를 벗어나고자 한다. 언어가 어떤 실재의 참된 의미와 중요성을 전달하는 데 근본적인 한계를 보일 때, 인간은 신비주의의 극단적인 형태 속에서 새로운 표현의 탈출구를 찾아 왔다. 때로는 그것이 내면의 언어에 몰입하는 침묵으로 나타나기도 했다. 인식 언어 속에서 위축되어 그 표현이 제한되고 고갈될 때, 교인들은 자신들의 은밀한 소망이 성령에 의해 일시적으로 해방적 기쁨의 언어로 바뀌는 경험을 하게 된다.

성령은 전심전력으로 매달리는 사람에게 언제나 열려 있다는 점에서 상당히 '민주적'이다.[125] 그리고 신성을 만나는 데 있어, 성경이나 교권 등 그 어떤 중재자도 요구하지 않는다는 성령운동의 특징 때문에 방언기도가 존속된다. 방언기도는 신앙 공동체 안에서 언어의 한계를 넘어 기도할 수 있는 방법의 하나이다. 마음은 간절하나 지배 언어, 이성적으로 정돈된 언어, 학습이 요청되는 남성 언어로는 신성과의 소통이 불가능한 사람들에게 방언은 언어의 문법적 고리를 벗어나 발화하게 하는 하나님의 '은총'으로 이해된다. 그리하여 방언은 비성서적이며 무질서하고 종교 혼합주의적 현상이라는 부정적인 비난을 받으면서도 성령운동을 통해 끊임없이 지속해 왔던 것이다.

3. 간증

성령운동에서 빼놓을 수 없는 언술 행위의 하나가 바로 '간증'이다. 제도적 교회에서는 특정인만이 발화할 권위를 독점하고 그들 이외 사람들의 접근을 차단한다. 특히 정교한 권력이나 지식 언어의 매체인 '설교'는 오직 권위를 획득한 사람에게만 허용될 뿐이다. 반면에, 초일상적인 성령운동의 공간에서는 성령을 체험한 사람이라면 누구든 자신의 삶을 종교 경험의 빛에서 해석할 수 있다. 누구에게나 열려 있다는 점에서 방언과 더불어 간증의 언술 행위는 평등적이고 민주적이다. 아무런 인간적 권력과 매개체, 형식에 구애받음 없이 신의 말을 예언/ 증언할 수 있다는 것에는 여성들도 예외가 아니다. 말하기의 두려움에도 불구하고 여성이 입을 열고 자신의 삶과 경험을 이야기할 때 새로운 세계가 열린다. 말은 세계를 만들기 때문이다.

성령체험이란 사건 자체도 무의미한 삶에 강렬한 의미를 주지만, 체험을 진술하면서 여성은 자기를 발견하게 된다. 여기저기 흩어져 있는 사건과 경험을 일관되게 하나의 줄거리로 엮는 작업은 삶의 에피소드를 무의미로부터 구출한다. 분절된 경험들을 엮어내는 간증은 인간을 무의미로부터 구출하는 창조적 작업이다. 이는 아우구스티누스의 시간 이해와 상통한다. 그는 과거-현재-미래가 연결되는 시간 체험이야말로 분산된 실존을 극복하고 통합하려는 노력으로 간주하였다. 이러한 맥락에서 리쾨르는 시간이 이야기로 진술되는 한에 있어서 인간의 시간이 되며, 반면에 이야기는 시간 경험의 특징들을 그리는 한에 있어서 의미를 갖는다고 한다.[126] 요컨대 분산된 시간 자체는 인간의 시간이 될 수 없듯이, 흩어진 사건들은 나의 이야기를 구성하지 못한다. 무의미 속에서 인간의 자기 이해와 주체는 생길 수 없다.

'서술적 정체성'을 말한 리쾨르는 인간은 이야기를 하면서 자기를 이해한다고 보았다. 자기 이해는 언어를 매개로 이루어진다는 것이다. 자기 정체성을 깨닫는 중요한 장치가 언술 행위라는 점에서 간증은 여성에게 매우 중요하다. '자기가 진술하는 이야기를 스스로 듣는' 것과 '자신의 이야기가 남들에게 인정받는 것을 보는' 두 차원을 가지고 있는 간증의 언술 행위를 통해, 여성은 주변화되고 억압된 젠더 경험을 넘어서서 '말하는 주체'로 스스로 자리매김하기 때문이다. 물론 간증을 듣는 이들은 여성이 하는 언술 행위가 보잘것없는 여성의 능력에서 나오는 것이 아니라 신의 능력에서 나오는 것으로 여긴다. 설령 그 능력을 인정받지 못한다고 하더라도 제도 종교의 공간에서 자신의 목소리를 내지 못한 여성이 '자신의 이야기를 하는' 권리를 갖게 된 것은 참으로 중요한 사건이다.

물론 간증이 전적으로 여성 해방적이라고는 단언하기 어려운 점이 있다. 간증의 내용이 종종 가부장적 덕목 및 제도와 공모하는 지점이 있으며, 남성 중심 담론에 순치된 경우가 많기 때문이다. 그러하기에 여성의 언술 행위가 이루어진다는 사실만으로 성령운동을 해방적 공간으로 단언할 수 있을까 하는 의문이 제기된다. 이 지점에서 프랑스 페미니스트 이리가레이(Irigaray)의 통찰은 우리의 논의에 도움이 된다. 그녀는 "여성들은 여성성이 담론 내에서 스스로 결정되는 방식, 즉 여성적인 것이 결핍, 결함, 또는 흉내꾼 그리고 역전된 주체의 재생산으로서 드러나는 방식을 반복하고 해석함으로써 그들이 여성의 편에 서서 남성적 논리를 능가하고 교란시키는 것이 가능함을 보여 주어야 한다"[127]고 함으로써 가부장제의 논리에 균열을 가하는 전략의 하나로 남성 담론의 '흉내내기' 혹은 '모방'을 제시한다. 중세 여성 신비가들은 온 몸과 마음을 다해 고통받는 그리스도의 이미지를 그대로 재현하는 방식으로 그리스도를 모방하고자 했다. 이리가레이는 이러한 중세 여성의 극심한 자기 고통의 실상은 남성 담론의 모방임을 밝힌다. 여성 신비가들이야말로 남성 중심적 담론을 '과도하게 흉내내는' 방식을 통해 그 담론의 효과를 해체했다는 것이다.

이리가레이의 독법을 따르면, 가부장제의 담론을 모방하는 것도 남성 중심주의의 위계 효과를 해체하고 그 족쇄에서 벗어나는 방법이 되는 것이다. 이리가레이가 포착한 여성들의 전략이 상당한 의미가 있기도 하지만, 항상 긍정적인 효과를 발휘하는 것은 아닐 것이다. '흉내내기'는 남성적인 것의 부조리를 조롱하는 것이 되지 못하고 동일성 논리의 완벽한 재생산으로 전락하는 위험을 항상 지니고 있기 때문이다. 요컨대 남성 중심적 담론의 흔적이 강하게 남아 있는 간증을 여성의 이상적인 언술 행위라고 단언할 수는 없다. 그러나 신성에 대한 철저한 복종으로 경험하게 되는 구원과 해방은 비록 가부장 사회에서 여성들이 양육되어 온 방식과 유사하다 할지라도, 신 앞에 선 모든 인간이 (죄인으로서) 평등하다는 믿음이 인간의 산물인 가부장적 질서를 상대화하고 해체하는 힘으로 작용하는 효과를 간과할 수는 없다.

IV. 나오는 말

이 글은 한국 기독교사에서 등장한 성령운동의 흐름을 단계별로 조명하면서 교권의 시선에 의해 성령운동이 어떻게 재단되어 왔는가를 검토하였다. 가부장적 헤게모니가 강력하게 작동한 한국 기독교 종교 권력은 성령운동을 미신성, 몰역사성, 반지성으로 특징지어 왔는데 이러한 부정적 표상들은 여성성과 긴밀한 관련을 맺고 유통되어 왔다. 즉 한국 기독교의 지배담론은 성령운동을 여성성으로 표상하면서 타자화시켜 왔던 것이다.

그러나 이 글에서는 한국 교회의 주류 담론에 의해 이처럼 부정적으로 평가되어 온 성령운동에서 오히려 가부장적 권력에 균열을 가할 수 있는 저항의 지점들을 포착하고자 하였다. 즉 가부장적 구조에서 소외되고 주변화되었던 여성들이 성령운동이라고 하는 역동적인 장을 통해 어떻게 새로운 주체로 부상하면서 기존 체제에 대한 전복의 가능성을 던져주었는가를 탐색하고자 하였다.

특히 가부장적 지식 체계에 의해 유아적이고 반지성적 언어라는 혐의를 받아 온 '방언'을 가부장적 권력 구조의 산물인 '아버지의 법'을 거부하는 전복적 언술 행위의 한 통로로 보았다. 성령운동에서 자주 등장하는 '간증'이라고 하는 신앙고백 행위도 여성들로 하여금 주변부의 위치에서 벗어나 말하는 주체로 우뚝 서기 위한 언술 행위의 하나로 보았다. 즉 한국 교회의 주류 담론이 폄하해 온 성령운동, 그중에서도 '방언'과 '간증'이라고 하는 말짓이 지배적인 남성 언어가 휘두르는 지시 기호의 횡포로부터 벗어나고자 하는 여성들의 숨구멍이었던 점을 부각시키고자 하였다.

물론 그렇다고 해서 성령운동이 전적으로 여성해방적 운동이라고 주장하려는 것은 아니다. 모든 현상이 그러하듯이, 성령운동에도 인간 해방의 측면에서 부정적 지점과 해방적 지점이 공존하고 있다. 초일상적 경험의 순간에도 일상의 경험이 묻어날 수밖에 없다. 따라서 신과의 직접적 소통을 대망하는 성령운동에서도 여성들은 이미 각인된 가부장적 이념과 코드로부터 완전히 자유로울 수 없다. 비일상적 공간에서 벌어진 해방의 축제가 오히려 일상의 공적 공간에서의 억압을 유지하게 하는 측면도 있다. 따라서 성령운동을 여성해방적이라고 단언할 수는 없지만, 앞서 살펴보았듯이, 우리는 거기에서 가부장적 종교 권력의 공고한 기반에 균열을 가할 수 있는 다양한 지점들을 발견할 수 있다.

제2부

종교적 주체 - 되기

— 1장 —

죄인과 성도
종교적 정체성과 타자만들기

I. 들어가는 말

현재 한국 교회의 대부분의 여성들은 가부장적 교회 문화와 그것에 근거한 성차별적 위계를 자연스러운 것으로 받아들이고 있다. 교회 여성들은 남성 헤게모니에 의해 구축된 젠더의 위계화를 창조의 질서로 받아들이고 있으며 이 질서에 순종할 때 구원과 축복을 받을 수 있다는 종교적 신념을 지니고 일상의 삶을 살아가고 있다.

그동안 한국 여성신학은 가부장적 질서에 쉽게 순응하는 교회 여성들의 이러한 의식 구조를 개혁하기 위해 적지 않은 노력을 해 왔다. 여성신학자들은 교회 여성의 주체성 회복, 즉 여성 스스로가 인식과 행위의 주체로 우뚝 서는 것을 무엇보다도 중요한 과제로 제시하였다. 그러나 교회 여성들에게 뿌리 깊게 나타나는 가부장적 질서에 대한 자발적 순종의 태도가 어디에서 기원하며 어떠한 메커니즘을 통하여 어떻게 작동하는가에 대한 구체적 연구는 상대적으로 결여되어 있었다.

이 글은 교회 여성의 순종적 태도가 정체성(identity)과 밀접한 관련을 맺고 있다고 전제한다. 즉 가부장적 질서에 자발적으로 순응하는 교회 여성의 태도를 그들의 정체성의 '효과' 혹은 '산물'로 이해한다. '나/우리가 누구인가'라는 정체성 물음은 자기 자신(들)이 어떠한 행동을 해야 하고, 무엇을 해야 하는지 그 구체적인 실천 방향을 묻는 물음과 직결되어 있다. 즉 정체성은 개개인에게 어떠한 행위 코드를 지시하는 체계이기 때문이다. 이러한 전제에서 교회 여성의 정체성 형성에 지대한 영향을 미친 죄담론과 성도 담론의 성격과 그 담론의 작동 방식을 규명하고자 한다. 이를 위해 한국 기독교인 정체성의 성격이 형성되기 시작한 개항기와 일제 시기에 주목하여 이 시기에 발간된 다양한 기독교계 잡지에 등장한 죄담론과 성도 담론을 중심으로 살펴본다.

II. 죄인 정체성

1. 새로운 죄 만들기

개항기에 수용된 기독교는 전통 종교와의 비교를 통해 자신의 정체성을 강화하였다. 유교의 죄 관념에 대한 집중적인 비판 역시 자기 정체성 강화와 관련이 있다. 선교사와 교계 지식인들은 형식 윤리를 중시하고 사농공상의 위계질서가 뚜렷한 유교는 문명성이 결여되어 근대사회의 보편 윤리가 될 수 없다는 점을 강조하였다.[1] 유교의 기본 윤리인 삼강(三綱)이나 오상(五常)은 불평등의 도덕이며, 삼종지도와 칠거지악 등은 자유평등·공정·공영·협동의 도덕적 기초 위에 설 수 없는 폭론으로 비판되었다.[2]

기독교 엘리트들의 눈에 비친 유교는 형식 윤리 그 자체였다. 밖으로 드러난 행동을 통해 그 행위자의 마음을 가늠하거나 제의 법도와 순서를 중시하는 것도 형식이 내면을 반영하기 때문으로 보았다. "너무 인생의 표면만을 관찰하는 것 같고 인생의 진정한 중심인 정신 방면은 제외"[3]하는 유교는 종교로서의 자격을 갖추지 못하고 있다는 비판으로 이어졌다. 요컨대 행위로 외화된 형식을 중시하기 때문에 삶의 중심이 되는 정신, 영혼, 내면에 대한 이해가 부족하여 물질적인 세계 저 너머에 있는 진리를 믿지 못하게 한다는 것이다.[4] 유교에 대한 비판은 죄 인식의 문제에까지 연결되는데, 내면과 영혼에 대하여 무관심한 유교는 내면의 죄를 간과하고 있다는 것이다. 내한 선교사는 유교의 한계를 일곱 가지로 분류하고 있다.[5] 요컨대 불가지론적 입장을 취해 신앙의 능력을 상실하였고, 인간의 본성은 본디 선하다고 가르쳐 교만에 빠지게 했다는 것이다. 무엇보다도 최고 덕목인 효만 지키면 여타 죄들은 용서가 되는 인식은 결과적으로 여성을 노예나 하녀로 격하시킴으로 전체 사회의 도덕 구조를 약화시켰다고 본다. 특히 1907년의 대부흥운동이 있기 전까지는 영적인 의미의 죄 관념은 전무하였으며, 부흥운동을 통과하면서 영적인 차원의 죄 관념이 생겼다는 것이 기독교의 자기 인식이었다.[6]

2. 죄인 만들기

유교를 내면과 영혼에 대한 무관심한 종교로 비판한 기독교 엘리트들은 다양한 매체를 통해 적극적으로 기독교의 특성을 설파하였다.

> 예수교의 특색을 말하자면 죄에 대한 교훈이 제일이니… 죄란 인간의 행위와 상관된 것뿐 아니라 인간의 마음과 성품과 크게 관계 있으니 사람의 본 성품은 사악한 것이다. 사람이 죄인이 된 것은 원시조가 범죄했기 때문

에… 죄를 분명히 깨닫지 못하는 인생이 구원하는 이치를 알지 못할 것은 분명한데….[7]

근대 기독교는 당시에는 생경했을 원죄 교리를 가르치기 위해 부단히 노력했다. 최병헌은 세상의 법률은 드러난 것만을 죄로 알고 마음속에 있는 죄는 알지 못하지만, 하느님의 법을 지키는 사람은 죄의 근본을 다스린다고 강조했으며[8], 길선주 역시 죄의 뿌리는 마음속 깊은 곳에 있다고 설교하였다.[9] '외적인 행위의 죄'와 '마음속의 죄'를 구별하고 원죄를 내면화하는 가운데 교인들은 죄인 정체성을 형성할 수 있었다.

당시 기독교 엘리트인 윤치호와 김활란, 이광수의 일기와 자서전에서 우리는 내면과 내면의 죄를 발견하면서 기독교인의 정체성이 형성되는 과정을 목격할 수 있다. 윤치호의 경우, 개종 이전에는 '심약(心約)'[10]을 생활의 규율로 삼아 실천함으로써 능동적인 자제를 통해 자신을 만들어가지만 개종 이후에는 '신의 시선'을 통해 자신의 내면세계를 감시하게 된다. 요컨대 개종 전에는 '마음의 약속'에 해당하는 '심약'을 통해 외적 행위의 점검에 집중하였지만, 개종 이후에는 내면의 세계에 대한 점검으로 초점이 이동한다.[11] 이러한 내면세계의 관찰은 곧바로 '내면의 죄'의 발견으로 이어진다. 내면의 죄의 발견은 죄의 내면화 과정을 거쳐 기독교인의 정체성 형성의 핵심 장치가 된다. 김활란은 자서전에서 자신이 신앙적 정체성을 갖게 된 경험을 다음과 같이 기록하고 있다.

선교사로 와 계신 선생님께 기독교 훈육을 줄곧 받았을 뿐이다. …매주 주일마다 공주회(King's Daughter's Circle)선생님과… 빠지지 않고 모임을 가졌다. …나는 종교의식에 어느 틈에 젖어 있었다. … "너희들의 죄를 고백하라! 하나님 앞에 죄를 고백하고 용서와 자비를 구하라!" … 목사님은 계속해서 죄를 고백하고 용서를 받아야 하며 기도를 통하여 자기의 죄를 인식해야만 한다고 거듭 강조했다. … "하나님이 계시다면 나의 죄가 무엇인지 깨닫게 해주십시오. 또 우리가 모두 예수님의 구원을 받아야만 할 죄인들인가를 가르쳐 주십시오." 오직 그 일념으로 철야기도를 하기로 작정한 것이다. … 이러한 경험 후에 고집과 교만과 일본에 대한 증오까지도 죄임을 비로소 깨달았다. … 나는 나의 죄까지도 의식하게 된 것이다.[12]

김활란의 경우, 죄의 고백을 권유받고 철야기도라는 형식을 거치면서 자신의 내면세계를 발견한다. 죄를 고백하라는 선교사에게 처음에는 반발심을 갖지만, 지속적이고 거듭된 권유를 받아들여 자신의 죄를 알아내고자 장기간 기도에 몰입하고, 마침내 반복되는 기도를 통해 내면의 타자와 대면하는 경험을 한다. 이때 그녀가 발견한 죄는 교만과 증오 등과 같은 '내면의 죄'다.

이처럼 근대 기독교는 '마음의 죄'를 걸러내기 위해 신자들에게 끊임없이 내면을 주시하도록 요구하였다. 이때 신의 시선을 의식하며 스스로의 마음을 점검하는 주요 기제는 '기도'이다. 가정 기도의 효과는 "신자에게 매일 기쁘고 즐거운 마음으로 일하게 하며 사업에 도움이 되며, 직무에 더욱 성실하고 또 범사에 결심하여 하느님께 영광을 돌리게 한다.… 보이지 않는 신령하신 이가 신자 편에 있는 줄을 깨닫게 함이니 이는 부정한 사상과 사물에 대적하여 이기도록 하신다"[13]고 설명하고 있다. 이러한 기도는 정체성을 형성하는 주요 기제로 작동한다. 기도야말로 내면의 타자성을 만나는 대표적 형식이다. '보이지 않는 신'이 마음속에 있음을 알고 부정한 생각을 이기게 된다는 것은 보이지 않는 타자의 시선에 의해 주체가 형성되는 과정과 동일하다. "마음에 성신(聖神)이 없기 때문에 우리 정신이 강건치 못하고, 모든 일이 어렵게 된다"[14]라는 표현 역시 '성신'이라는 타자의 시선에 의해 주체가 형성되고 있음을 보여준다.

기독교의 자장 안에 있었던 이광수는 자서전에서 "길을 가다가 무거운 짐을 실은 구루마를 끌고 가는 것을 보면 뒤에서 몰래 밀어주었다. 언덕을 다 밀어올린 뒤에 내가 모른 체하고 가면 뒤에서 '고맙습니다' 하는 소리가 들렸다. 이 말을 들을 때에는 기쁘고 안 들을 때에는 섭섭하였다. 그러나 나는 은밀한 중에 보시는 하나님이란 말씀을 생각하고 내 마음이 깨끗지 못함을 뉘우쳤다"[15]고 고백하고 있다. 마치 푸코가 팬옵티콘을 통해 근대적 주체 형성의 한 장치인 시선의 권력을 읽었던 것처럼, 이광수에게도 역시 '은밀한 중에 보시는 하나님'은 내면의 순수성을 감시하는 시선으로 작용하고 있다.

이러한 내면의 발견은 내면의 죄를 인식하는 바탕이 되었고 대부흥운동 과정에서 집단 의례를 통해 새로운 죄담론이 급격하게 확산되었다.[16] 선교 보고서에 따르면, 대부흥운동으로 인해 죄에 대한 개념이 미약했던 유교 문화와 달리 기독교는 마음속 깊이 죄의 사악함을 깨닫게 하는 등 죄와 의에 대한 의식을 한층 심화시켰다.[17] 내면의 죄에 대한 성찰은 공개적인 죄의 고백 현상에서 분명하게 드러난다. 이미 죄를 고백했던 사람들도 '세상 욕심'과 '탐욕' '증오' '시기' '사랑이 없었던 죄' 등과 같은 마음의 죄가 드러났다는 선교사의 보고서도 있다.[18] 이러한 죄 인식은 유교의 죄 관념과의 근본적인 차이를 드러낸다. 뿐만 아니라 자기의 죄를 공개적인 장소에서 고백하고 통회하는 현상은 기독교 수용 이전의 한국 문화에서는 보기 힘든 현상이었다.[19] "과거의 비밀이 탄로난다는 것은 수치스럽고 사회적으로나 물질적으로나 영적으로 멸망을 초래하는 것"[20]이었고, 집안이나 가문, 문벌 등 공동체가 중시되었기에 개인이 저지른 죄라고 할지라도 개인 차원에 국한되지 않았다. 그러하기에 부흥운동 과정에 나타난 이러한 죄의 고백 현상은 강한 혈연 중심의 집단적 의식에서 벗어나, 한 개인이 탄생하게 되는 한 계기로 볼 수 있다. 특히 여성들의 경우에는 내면적 죄를 발견하면서 가부장 질서의 피해자이자 가해자로 역할했던 자신의 삶을 돌아보고 공개적인 죄의 고백장치를 통해 말하는 주체(speaking subject)가 될 수 있었다. 구약성서의 룻기를 공부할 때, 특히 시어머니들이 감화를 받아서 며느리들을 학대하고 미워했던 죄를 울면서 고백하였다는 스왈렌의 선교 편지는 대표적인 사례다.[21]

대부흥운동에 대한 선교 보고서나 편지에서 발견되는 "너희들의 죄를 고백하라! 하나님 앞에 죄를 고백하고 용서와 자비를 구하라!"는 대목을 미루어볼 때, 죄의 고백이라는 형식 또는 집단적 분위기가 고백해야 할 내면 혹은 '진정한 자기'를 만들어 낸 측면도 있었다.[22] 요컨대 한국 문화에서는 낯설었던 새로운 죄 담론이 대부흥운동을 통해 유통되었고, 기독교인들의 죄인 정체성이 형성되는 주요 장치로 작동했다.

III. 성도 정체성

1. 성도 만들기

근대 초기의 기독교인들은 관습적 습속을 과격한 방식으로 거부하고 유별난 결속력을 과시함으로써 지역 사회로부터 냉대를 받았지만, 스스로는 구원받았다는 일종의 선민의식이 있었다. 특히 이들의 종교적 정체성 형성에서 중요한 역할을 한 '하느님의 백성'[23]이라는 표상은 세상으로부터 자신을 구별하는 효과를 낳았다. 이와 더불어 '성도'와 '외인'의 이분법도 종교적 정체성에서 중요한 역할을 하였다. 기독교인들은 스스로를 성도라 하고 그 외의 사람을 모두 '외인'으로 호명하였다. '이방사람,' '이교도,' '우상섬기는 인민,' '불신자' 등은 외인으로, '교중 형제 자매,' '믿는 자,' '하느님의 백성,' '신자,' '교민'(敎民) 등은 성도로 분류되었다. '성도'와 '외인'이라는 이름 짓기를 매개로 '순수한 우리'와 '타락한 그들'의 이분법이 작동되었다.

> 열어 놓은 파고다 공원 같은 동산이 아니요, 하나님께 속한 비원이라. 개방한 동산은 만인이 다 들어갈 수 있지만 비원에는 잡사람은 금하나니라. … 우리의 마음은 화조월석에 李朗을 보내고 金朗을 맞는 창기의 더러운 마음이 아니요, 동산에 담이 있어서 안과 밖이 구별됨으로 도시의 세속인이 함부로 들어오지 못함과 같이 우리 마음은 하나님께 속한 것이요, 세상과는 관계가 없나니 이것이 비원, 곧 잠근 동산이다.[24]

여기서 외인/성도의 이분법은 '파고다공원/비원, 개방동산/잠근동산, 만인출입/잡사람 출입금지, 창기의 더러운 마음/우리의 마음'이라는 다양한 이분법적 표상을 통해 더욱 강화되고 있다. 주목해야 하는 것은 외인과 성도의 관계이다. 외인과 성도는 마치 동전의 양면처럼 서로 뗄 수 없는 관계다. 외인이 없으면 성도가 무의미해지고 성도가 없으면 외인이 존재할 수 없기 때문이다.

근대 기독교의 성도와 외인의 구별 장치는 근대적 이분법의 메커니즘과 유사하다. 자기 자신 안에 이미 분리 체계가 내장되어 있다는 점에서 그러하다. 서구 근대의 인간 이해에는 합리적 주체를 항상 타자와 대립시키면서 자신의 정체성을 입증해 왔다. 여기에서는 타자가 없는 주체는 입증될 수 없으며, 주체가 입증되기 위해서는 타자가 끊임없이 생산되어야만 한다. 이런 경향은 인간 내부에까지 적용되어 자기 내부에서도 타자성의 영역이 설정된다. 이러한 근대성의 이분법적 원리는 당대 기독교 공동체의 성도와 외인의 차별 장치에도 그대로 적용되고 있다.

외부를 배제함으로써 '순수한 우리'가 구성되고, 우리 안에서의 '거짓 신자'를 걸러내는 이분법을 작동해 왔다. "이 세상을 대적하고 이 인생을 구원할 자는 오직 우리 주 예수 그리스도의 속한 우리 구세교 십자군 형제들뿐이요"[25]라든가 "예수 그리스도를 믿지 아니하면 영혼이 멸망함"[26]이라는 표현에서 드러나듯이, 성도와 외인은 '구원'과 '멸망'의 경계선을 따라 각자의 위치를 할당받는다. 나/우리의 외부와 내부에서 성도와 외인을 끊임없이 구별해내는 성도 정체성 속에는 매우 폭력적인 메타포들이 내재하고 있다. "한 군사의 날낸 칼로 불공대천 원수 사탄, 억만 마귀 버틸 때에 일명인들 용서할까, 승전하고 개가하세 기쁘고도 즐거워라…"[27]고 노래하는 이 찬미가에는 타자가 사탄, 마귀, 원수로 표상되고 있으며, 날카로운 '칼'로 쳐서 단 한 명도 살리지 않고 완전 승리할 것을 격려한다.

근대 기독교는 교회 밖의 세계를 '악'으로 규정하는 등 매우 경직된 태도를 취하였다. 성도들은 온통 '원수, 사탄, 마귀' 등의 악의 세력에 포위되어있다는 위기의식으로 "앞으로만 나아가자. 전쟁에서 이기자"고 전의를 불태운다. 이 구호에서 드러난 승리주의적 의식은 선교 활동에 내포된 전투적 성격을 은유적으로 보여준다. 자신을 '완전한 선'으로, 타자를 '완전한 악'으로 규정하는 인식론적 구조 속에서는 다원성이나 타자와의 공존이나 대화의 논리가 들어설 여지가 없다. 자기 폐쇄적인 주체와 배제되어야만 하는 대상으로서의 타자만이 존재하고 있기 때문이다.

2. 외인 만들기

근대 기독교가 '외인'으로 분류한 대표적인 외부의 타자는 한국의 종교와 문화다. 개항기에 수용된 기독교는 오래전에 뿌리 내린 종교 전통들과 어떠한 형태로든지 만날 수밖에 없었다. 만남의 과정에서 기독교는 타자 인식의 논리를 구사하며 성도 정체성을 강화하게 된다. 성도와 외인의 이분법 속에서 기독교의 타자 인식의 논리가 어떻게 작동하고 있는지를 살펴볼 필요가 있다. 한국 종교는 전통별로 다양성이 있었으나 기독교가 이들을 타자화하는 방식은 유사하였다. 그 대표적인 방식은 미신성 강조이다. 여기에서 미신은 각 종교의 신앙 형태를 '원시성' 또는 '전근대성' 그리고 '여성성'의 이미지와 결부시키는 역할을 하였다. 근대 서구인들이 비서구 사회를 타자화하기 위해 사용해 온 미개와 문명이라는 이분법적 도식을 기독교는 전통 종교에 적용하였다.

유교는 기독교의 선교 활동 과정에서 제일 큰 장애물로 여겨졌다. 유교를 지배 이데올로기로 삼았던 조선 사회는 이미 해체되어 가고 있었으나, 유교적 세계관은 지식인층과 민중 계층의 일상적 삶에서 지속적 영향력을 행사하고 있었기 때문이다. 이러한 위상을 가진 유교에 대해 다양한 차원의 비판과 공격을 가했는데, 조상 제사에서는 유교의 미신성을 찾았다. 선교사들은 조상 숭배를 가장 억압적인 형태의 정령 숭배이자 '최대의 저주'이며,[28] 샤머니즘의 정령 위로 의례(propitiatory sacrifice)[29]가 효 및 영혼 불멸 관념과 결합된 형태라고 보았다. 조상 무덤이나 위패에 절을 하는 행위는 '귀신예배' 혹은 '악마숭배'의 일종으로 간주되었다.[30] 한국인의 일상생활을 지배하는 미신적 요소인 조상 숭배야말로 "정복해야 할 투쟁의 요새"이기에 이것만 정복되면 승리가 보장된다고 보았다. 불교는 개항기 이전부터 이미 '민중의 미신과 높은 양반들의 악덕의 타협으로 가득 차 있는 가르침,'[31] '허구와 신비주의의 특성을 지닌 망할 종교'[32] 등과 같은 노골적 비판과 비난의 대상이었다. 기독교는 예불 행위를 미신 행위로 규정하였다. 불상 앞에 절하거나 제물을 봉헌하는 행위를 조상 숭배와 같은 맥락에 있는 우상 숭배로 비판하였다. 그리고 도교나 민간신앙의 신격들이 모셔져 있는 사찰 뒤편의 산신각 등도 미신적 요소라고 비판하였다. 신종교는 기성 종교의 교리를 짜깁기한 일종의 '모자이크 종교'로 순수성이 결여된 '혼합종교'[33]에 불과한 것이라고 재단되었다.

이처럼 기독교 이외의 한국 종교 문화 전통들은 성도와 외인의 이분법으로 파악되었고, 여기에는 종교와 미신의 이분법이 작동하고 있다. 요컨대 기독교의 타자 인식 속에는 타종교들을 이교도로 호명하면서 타자화하는 '배제의 정치학'이 작동하고 있다. 근대 기독교의 전통 종교 문화에 대한 인식은 종교적 오리엔탈리즘에 기대어 있다. 자신을 이상적인 종교로 규정하는 한편, 한국 사회의 종교들은 모두 순수함과 종교의 자격을 결여한 미신으로 표상하기 때문이다. 반면 기독교는 참종교로서 자기 정체성을 구축하게 된다. 성도 정체성은 이처럼 다른 종교를 타자화함으로써 강화되고, 미신을 믿는 외인들을 성도화하는 기독교의 전도와 선교 사업은 정당성을 얻었다.

비단 공동체 외부에서만이 아니라 그 내부에서도 끊임없이 타자를 생산하고 배제하는 특성을 보여 왔다. 이러한 타자의 생산과 배제의 작업에는 '순수의 정치학'(the politics of purity)이 작동한다. 교회 역사에서 순수의 정치학은 정통과 이단의 이분법으로 구체화되었다. 정통의 범주에는 참된 신자, 진짜 신자, 정통 신앙인 등으로 불리는 성도가 속하게 되며, 이단의 범주에는 가짜 신자, 거짓 신자, 이단자 등이 있다. 이러한 이분법은 항상 진리와 허위, 선과 악의 이분법과 짝을 이룬다. 정통은 항상 진리와 선의 표상으로 등장하며 이단은 허위와 악의 표상으로 간주된다. 이처럼 순수의 정치학은 동일성의 논리를 유지하고 확장하기 위해 그 내부에서 끊임없이 이질적 요소를 생산하고 주조해 낸다. 이질적 타자가 존재해야만 자기동일성과 자기의 순수성이 의미를 지니고 존속할 수 있기 때문이다.

근대 기독교의 역사에서 이질적 타자를 생산하고 주조해 온 주체는 근본주의다. 근본주의는 '전통'과 '정통'의 이름으로 헤게모니를 장악해 왔으며, 근본주의 신학은 성서에 대한 문자적 해석을 선호하는 동시에 특정 교리와 신조를 신앙의 시금석으로 설정해 왔다. 이러한 신앙적 특성을 지닌 근본주의는 자유주의 신학과 신비주의 신앙을 위험한 것으로 간주하면서 이들을 이단의 범주 속에 집어넣는 경향이 있다. 신학적 자유주의는 성서에 대한 문자적 해석보다는 성서 비평에 근거한 성서의 시대적 재해석을 시도하고, 신비주의는 교리와 신조의 철저한 준수보다는 신과의 직접적 만남을 중시하고 있다. 그 결과 신학적·신앙적 경향성이 다른 근본주의는 신학적 자유주의와 신비주의를 이단시하였다.

근본주의가 기독교 공동체 내부의 이단을 만들며 순수의 정치학을 구사

했던 대표적 사례는 1930년대 중반에 있었던 자유주의 신학에 대한 정죄와 비판이다. 여성 안수를 비롯한 교회 여성의 권리, 창세기 저작설, 아빙돈 주석 사건 등이 이단 프레임에서 자유롭지 못했다. 한국 기독교의 주류 세력을 형성하면서 성서무오설을 신봉하던 근본주의 신학은 '정통교회도 세속에 오염되는 것을 두려워해야 한다'는 제목으로 여성 안수가 가능하지 않는 근거를 "사도도 남자요, 장로도 남자요, 안수집사도 남자이기 때문"이라며 교회에서 여자는 잠잠할 근거를 성서에서 찾았다.[34] 여자가 교회 안에서 교회 일을 협조하는 것은 정당하지만 치리권과 언권만은 남자들의 소관이라며 교회 안에서 여성이 이등 성도임을 강조한 것이다. 제목에서도 드러나듯이 '세속에 오염'과 같은 용어는 순수의 정치학으로 내부의 타자를 걸러내는 데 사용되고 있다. 교회 권력은 여성의 권리 주장과 옹호를 이단의 소행으로 정죄하는 방식으로 헤게모니를 장악하였다.

근본주의는 자유주의를 배격함과 동시에 신비주의도 위험한 신앙으로 간주하고 있었다. 한국 기독교의 역사에서 신비주의로 지목된 대표적 흐름은 스웨덴보리 및 인도의 선다싱(Sundar Singh) 등의 극단적 신비주의와 소위 강신극 소동과 관련된 유명화와 그 일파의 신비주의가 있다. 1927년 원산 감리교회의 여신도 유명화는 자신에게 예수가 친림(親臨)하였다고 주장하면서 부흥회에서 강신극을 행하였다. 당시 존경받던 감리교의 이용도 목사가 연관되면서 교계와 언론의 주목을 받게 되었다. 이용도의 신비주의는 1932년부터 전국 교회를 부흥회와 신비적 경건의 분위기로 이끌며 제도권 교회와 구별되는 독자적 교회 창설로 이어졌다.[35] 그러나 주류교단으로부터 "이용도파와 같이 여자에게 주님이 입류한다 칭하여⋯ 이 신비적 좌경은 급성 이단"[36]이란 비난을 받으며 기독교의 공적 담론 영역에서 배제되어 갔다.

이처럼 근본주의는 자유주의 신학과 신비주의 신앙을 내부의 주적(主敵)으로 규정하면서 양자를 신학적 담론의 영역에서 배제하고자 하였다. 이는 자기동일성을 보존하고 강화하려는 내적 욕망의 산물이다. 근본주의는 항상 자신의 순수성을 보존하고 강화하기 위해 정통과 이단의 양분법을 작동시키며 이를 통해 끊임없이 이단을 만들어 낸다. 이단의 제조와 배제를 통해서만 자신의 존재가 확인될 수 있기 때문이다. 순수의 정치학에 의존하고 있는 근본주의는 외인의 타자화를 통해서만 존속할 수 있는 성도 정체성의 효과라 할 수 있다.

IV. 종교 주체와 젠더

1. 죄인과 젠더 위계화

근대 기독교의 죄담론은 여성의 종교적 정체성 형성에 중요한 영향을 끼쳤다. 초기부터 한국 교회 여성들에게 소극적/부정적 의미의 순종적 주체를 형성하는 데 결정적 역할을 하였기 때문이다. 최병헌은 『죄도리』에서 죄를 원죄와 본죄로 나눈다.[37] 앞서 보았지만, 죄 분류 체계는 당시에는 매우 낯선 개념이었다. 그런데 여기서 주목할 사실은 원죄와 여성의 관련성이다. 성서의 타락 신화는 남성과 여성 모두를 죄인으로 규정하지만 여성에게 더 강한 죄의 책임을 묻고 있다.

우리 여인의 죄를 생각하면 남자보다 더 많으니 하느님께 정성을 더하여야 할지라 왜 그러한고 하니 태초에 아담이 먼저 하느님께 범죄한 것이 아니오 하와가 먼저 죄를 범한 것이라 전에부터 오늘까지 마귀를 숭본하여 굿하기와 불공이며 미륵과 산천으로 쫓아다니며 여러 귀신들을 섬기는 것이 다 부인의 좋아하는 바니 어찌아니 남자보다 여자가 더 죄를 짓는 사람이 아니뇨.[38]

구약성서의 타락 신화에 근거하여 여성은 남성보다 먼저 죄를 지었으며 오늘날까지도 그 죄성은 다양한 형태로 나타나고 있음을 강조하는 글이다. 가부장적 시선으로 채색된 경전의 신화 해석은 종교 교육을 통하여 여성에게 죄인 정체성을 심어 준 원천이었다. 요컨대 여성 평등의 요구는 가정과 교회를 위협하는 행위이며[39] 남편에 대한 아내의 순종은 "절대불변의 영구한 순종"임을 강조하면서, 가부장적 질서에 순종하지 못하는 여성을 죄의 표본으로 각인시켰다.[40]

여성과 관련된 죄담론은 여러 통로를 통해 유통되었는데, 부인성경학교(성서학원)를 비롯한 여성교육 기관, 부인 사경회, 교회 교리교육, 기독교 신문 회보 등이 대표적이다. 이러한 종교교육 기관에서 여선교사들이 가르친 내용은 주로 죄, 회개, 천당, 지옥, 사탄 등에 관한 단순한 설명과 학습 및 세례교인을 위한 교리문답, 예수의 생애, 성경구절의 암송이었다.[41] 특히 죄에 관련된 가르침에는 유교 문화권에서 형성된 죄 개념은 물론 '흠'이나 '탓' 또는 수치와 같은 개념들도 포함되었다. 어느 지역에 사는 누가 죄를 자복하고 복을 받았다는 간증 형식의 이야기들이 기독교 신문에 마련된 '교중회보' 난을 통해 널리 확산되었다. 매주 혹은 매월 발행되는 교계 신문과 월보에는 죄에 대한 자복 소식들이 매회 2-3건 실렸다. "부인들이 죄를 용서함 받은 기쁨과 주님의 영적 계시를 받은 행복감에 충만함을 체험했다"[42]는 원산 지방 여자 사경회 보고에서도 알 수 있듯이 사경회나 부흥회는 죄담론을 유통시키는 주요 장치였다. 시부모를 마음속으로 미워했던 죄, 남편의 외도에 대해 집안에서 질투했던 죄, 힘든 생활에서 생긴 불만을 아이들을 괴롭혔던 죄, 사랑이 없었던 죄 등을 발견한 여성들은 "인도자가 설교 중인데도 여자들이 여기저기서 일어나 죄를 고백"[43]하였다. 여성 교인들이 고백한 죄의 내용은 남성 교인들과는 차이가 있다. 여성들은 가족을 마음 깊이 사랑으로 대하지 못한 것은 고백하도록 허용되었지만, 성적 자율권과 관련한 죄는 고백되어서는 안 되었다. 1930년 초에 한 신여성이 이혼 고백장을 썼을 때, 그녀의 죄의 고백은 회심으로 받아들여지지 않았고 결국 가정과 기독교 공동체로부터 철저하게 외면당했던 사례는 이를 말해준다.

2. 성도와 젠더 위계화

기독교의 타자 만들기는 성(sexuality)을 매개하는 경우가 허다하다. 교회 안팎의 가부장적 질서에 순종적·희생적이지 않는 여성은 신의 뜻을 위배한 외인으로 분류되었다. 신의 뜻은 남성 지배 체제를 옹호하는 것으로 이해되었기 때문이다. 이러한 배경에서 여성이 성도가 되기 위해서는 희생적이어야 하며 허드렛일도 마다하지 않아야 한다. 이러한 역할이 강요되는 교회공간에서 여성은 이등 성도다. 권력의 불평등한 분배는 '성도' 혹은 '교중 형제자매' 등의 호명으로 비가시화되고 있다. 구성원들 간의 평등을 상상하게 만드는 집단 정체성은 교권주의나 남성 헤게모니가 야기하는 불평등의 문제를 은폐하는 역할을 한다. 성도 정체성은 내부(우리)와 외부(타자)를 구분하는 장치이자, 내부를 본질화·총체화하는 결집력을 만들어 낸다는 점에서 중요하다. 성도를 단일한 주체로 구성해 내는 정체성 담론은 교회 내부의 다층적 목소리에 대해 억압적 권력을 행사한다. 요컨대 여성의 목소리를 억압한다.

> 지금 그렇게 부녀교권-여권-언권을 주장하며 내세우는 그이들이… 현재 조선의 격에 맞지도 않는 교육을 받은 소위 신여성들이 쏟아나오는 것을 보며… 부녀의 길… 자기가 져야 할 짐, 허락하시는 십자가를 지지 아니함은 다른 곳에 가서 다른 것으로 그 이상 큰 짐, 고난을 지고 갈지라도, 그는 잘못이요, 또 질서를 문란케 하는 자이다. 진리의 반역자이요 죄악이다. 멸망의 길이다.[44]

신앙의 영역에서 여자가 져야 할 짐은 곧 가부장적 질서에 순종하는 것이 된다. 여권을 주장하며 가사노동이란 천직을 따르지 않는 것은 질서를 교란하게 하는 일이고 진리를 반역하는 일이며, 죄악을 저지르는 것이기에 결코 성도가 해서는 안 되는 일이다. 가부장적 성역할 분업은 남성뿐만 아니라 여성들의 적극적인 지지와 동조도 받았다. 기독교 여성 지도자들은 여성들에게 합리적인 가사 일을 할 것을 주장하였으며, 그것이 여성들의 자리임을 강조한다. "우리의 근본적 사업 즉 가정사업… 이것은 하나님께서 우리에게 주신 특권… 이것은 힘 있는 남자가 빼앗지 못할 우리의 고유한 사업이"[45]라며 현모양처야말로 여성의 고유한 일이라고 강조하고, 경제 문제 등은 팔뚝이 튼튼한 남자에게 맡기도록 여학생들에게 가르치자는 주장까지 나온다. 이는 가부장적 논리를 그대로 수용한 것으로, 가사를 여성 고유의 사업이라고 단언하고 있다.

한 개인에게서 희생자의 모습과 자발적 동조자의 모습을 동시에 발견할 수 있다고 한 여성사학자 주디스 베네트의 지적처럼[46] 우리는 한국 기독교 여성들에게서 가부장제에 의한 수동적인 희생자의 모습뿐 아니라 가부장제의 유지를 위해 노력하는 동조자의 모습을 발견한다. 기독교 여성들이 교권과 남성에 대한 예속을 강조하는 가부장적 성역할 구분을 적극적으로 옹호하게 된 것은 여성을 타자화하고 열등시하는 성서의 가르침을 하느님의 계시로 스스로 내면화하고 여성성에 대한 가부장적 문화와 종교의 가치를 내면화해 온 결과다.

교회 안의 여성들은 가부장적 덕목이나 규범을 벗어날 경우, 성도로서의 자질이 미비한 것으로 간주되어 교회 권력에서 배제되었다. 물론 이러한 규범을 따른다고 해서 여성의 권리가 확보되는 것은 아니다. 교회의 덕목이나 규범은 여성의 '욕망'을 근본적으로 탈각시키고 있기 때문이다. 그러한 담론과 제도 속에서는 오직 욕망을 버리고 희생적인 삶의 태도와 정신을 가진 여성만이 높이 평가된다. 이처럼 자신들에게 부여된 덕목을 따를 경우, 자발적으로 가부장적 질서에 순응할 수밖에 없고, 가부장적 질서에 대항할 경우에는 성도로서의 자격이 미비되어 배제되는 딜레마에 봉착하는 것이다.

여성을 성도와 외인으로 구별하는 중요한 범주에는 성역할뿐만 아니라 성적 태도도 있다. 성도와 외인을 구별하는 범주는 순수/오염의 경계를 통해 여성들 사이를 양분화시킨다. 즉 순수의 범주에 속하는 여성은 성도로, 오염의 범주에 속하는 여성은 배제되어야 할 대상이 되는 것이다.

…교회 안에도 확실히 있다. 머리에 향유나 바르고 얼굴을 들고 눈을 휘드

르며 다니는 그 사람의 속에 정결한 것이 조금도 없다.… 얼굴에 분칠을 하고 거들먹대고 다니는 여자는 아무리 보아도 그리스도의 신부스럽지는 않다. 이것이 이세벨의 딸이다. 그리스도는 분바르고 향내나는 얼굴을 부끄럽게 여기시고 마음이 거룩한 자를 찾으신다. 얼굴의 분은 영혼이 썩어진 증거요 향기는 영혼이 썩어지는 냄새이다. 이것은 곧 회칠한 무덤이다.[47]

순결을 상징하는 신부/정녀와 부정을 상징하는 음녀는 여성의 이중 범주화를 표상하는 전형적인 메타포다. 그 메타포는 가부장적 문화의 산물인데, 성적인 태도에 대한 규준이 남녀에게 동일하게 적용되는 것이 아니라 여성에게만 일방적으로 적용되기 때문이다. 가령 "많은 사람들이 계시록에 나타난 음녀(17:1)를 천주교라고 말하지만 천주교나 기독교를 막론하고 세속화된 교회를 음녀, 곧 적그리스도라고 보는 것이 옳다"[48]는 주장을 보자. 여기에서는 여성과 전혀 관련없는 세속화된 교회에 대한 평가를 하는데, 성적으로 문란한 여자라는 의미의 음녀(淫女)라는 메타포가 사용되고 있다. 뿐만 아니라 이 음녀는 그리스도의 적이라는 인식 역시, 비록 성서에서 차용된 것이라 하더라도 남성 중심적이며, 여성에게는 매우 배타적임을 읽을 수 있다. 게다가 음남(淫男)이라는 용어 자체가 없는 것을 보면, 성적 태도를 나타내는 정(貞)이나 음(淫)의 개념이 남성과는 아무 관련이 없다고 할 수 있다.[49]

결국 순결과 음란은 여성의 성적 태도를 평가하는 개념이며, 이 두 집단의 여성은 서로 넘나들 수 없는 분리된 영역에 속하게 되고 상호 반목한다. 기독교의 가부장적 담론이 여성을 분류하는 이원화의 범주에는 중간 영역이 없다. 어떤 여성이건 어느 한쪽에 전적으로 속하게 된다. 그런데 문제는 전적으로 순결한 여성과 전적으로 음탕한 여성이 현실 속에서는 존재하지 않는다는 데 있다. 여성의 성을 통제하고 관리하기 위해 만들어진 이 인위적인 경계는 수 천년 동안 가부장적 사회의 여성들을 분열시켜 왔으며, 여성들은 범주의 외부를 사유할 수 있는 능력을 상실해 왔다. 가부장적 제도를 강화시키는 이분법적 은유는 여성들 사이의 위계화를 설정함으로써 서로를 이간하는 데에 강력한 영향력을 행사해 왔다.[50] 한국 기독교는 그 어떤 종교나 사상보다도 더 여성의 성에 대해서 엄격하며 보수적이었다. 때문에 기독교에서는 여성의 몸을 통제하고자 하는 가부장적 담론이 더욱 강력한 힘을 발휘한다.

근대 기독교는 여성 교인들이 따라야 할 성도의 특성으로 정절을 제시하였다. 그 결과 여성들은 순결 이데올로기의 희생자가 되었으며, 만일 자신의 성적 자율권을 주장할 경우에는 성도 공동체의 일원으로 소속되기 어려웠다. 나혜석이나 김명순, 김원주 등 기독교 신여성이 자신의 성적 자율권을 주장하고 실천하는 여성해방론자의 정체성을 강하게 드러낼 때는 기독교 안에서 수용될 수 없었다. 남성 헤게모니가 작동하던 교회에서 교회의 구성원으로, 성도로 존재하기 위해서는 여성으로서의 권리나 자유를 주장하지 말아야 했으며, 그렇지 못할 경우에는 교회를 떠날 수밖에 없었던 것이다. "정조는 취미다. … 우리의 해방은 정조의 해방으로부터 할 것"[51]을 주장하는 신여성은, 남성헤게모니가 여성의 성을 통제하는 기독교의 공간에서 배제되었던 것이다.

자유연애 사상과 실천으로 사회의 질시를 받은 일군의 기독교인 신여성과 달리, 대부분의 기독교 여성(지도자)들이 그러한 스캔들에서 자유로웠던 것은 남성 지배 담론이 생산한 정조관을 깊이 내면화한 것에 기인한다. 가부장적 기독교의 성윤리와 유교의 정절 이데올로기를 내면화한 기독교 여성들은 남성지배 사회의 성담론에 공모하였던 것이다. 성도가 되기를 욕망하는 기독교 여성들은 기독교의 가부장적 성 담론을 내면화하며, '화냥끼 있는 여자들'로 매도되었던 신여성들과는 달리 성적 욕망을 표현하지 않음으로써, 선교와 교육의 공간에서 지도자로 등장하여 활약할 수 있었다. 대부분의 교회 여성은, 유교와 기독교의 정절 이념을 수용한 기독교의 강력한 순수·부정의 분리 체계로 인해 성에 대한 부정적·소극적 이해를 내면화하였다.

V. 나오는 말

기독교의 죄담론이 내포하는, '누구나 죄인이다'라는 전제는 권력에 대한 비신성화를 유도하는 측면이 있다. 신·구약 성서에 나타나는 죄담론 역시 인간을 해방시키는 한 측면이 있다. 기독교 역사 속에서도, 죄담론의 고유한 정치성이 드러난 적이 많다. 황제 숭배를 거부하고 인간이 저지른 불의에 대해 비판할 수 있는 힘도 바로 여기에서 나오는 것이다. 하느님 앞에서 만인 평등은 인간이라면 다 같이 낮아지면서 동시에 다 같이 높아지는 부분이 있기 때문이다. 또한 원죄 담론은 인간이 안고 사는 구조악까지 밝혀내는 차원이 있다. 죄인으로서의 자기 인식은 아이러니하게도 인간을 주체로 세우는 기능이 여기로부터 나오는 것이다. 원죄 교리에는 죄의 책임 소재가 드러나고 있는데, 고통의 기원은 운명이 아니라 인간에게 책임이 있다는 내용이 들어 있다. 그래서 인간이 유한책임만을 지는 것이 아니라 무한책임을 져야 하는 윤리적인 에토스가 있는 것이다. 바로 이 점은 인간의 죄에 대한 민감성을 강화시키고 있다. 다시 말해서 원죄 교리는 인간을 책임적 주체로 세우는 차원이 있다.

그러나 근대 기독교에서 생산된 죄담론에서는 인간 주체를 세우는 차원은 보이지 않는다. 대부흥운동으로 외화된 죄의 회개와 고백은 주체로 서게 하는 편보다는 영혼 구원에 비중을 둠으로써 비정치화와 탈사회화의 성격을 강화시켰다. 이후 한국 교회의 지배적인 신앙 형태에 영향을 끼친 이러한 죄담론에는 비판 담론의 여지가 약해진 것이다. 권력 비판이 빠진 죄담론은 교회 여성의 정체성의 성격에도 영향을 미쳤다. 여성에게 각인된 죄인 정체성은, 가부장적 성서 해석, 신화·교리 해석 그리고 가부장적 하느님 표상 등과 죄담론의 상호관계 속에서 형성되었다. 결국 죄담론은 가부장제에 대한 강력한 순종 이데올로기를 생산해 내는 결과를 낳았다. 순종 이데올로기는 구체적인 생활 영역에까지 작동되었으며, 교회여성에게 소극적/부정적 의미의 순종적 정체성을 형성하는 데 결정적인 역할을 한 것이다.

성도 정체성의 형성 과정은 한국 기독교가 처한 종교적 상황과 일정한 관련이 있다. 대부흥운동기를 거치면서 교세가 확장되기는 했지만, 당대의 종교 지형으로 볼 때 기독교는 소수자 종교집단(minority group)에 지나지 않았다. 신생종교로서 기독교는 자신의 정체성을 분명히 하기 위해 기성 종교와의 차별성을 강조하였다. 이는 기독교 내부적으로는 '선택된 자' 혹은 '구원받은 자'라는 성도 정체성이 강화된 측면이 있지만, 한국 사회 전체의 눈으로 보았을 때는 한국 종교 문화를 타자화하고 배제함으로써 심각한 갈등을 야기하기도 했다.

구원받은 자의 의식은 공동체의 결속을 가져와 사회를 통합하는 기능을 하지만, 다양성이나 합리성을 수용하지 않는다. 이원론적 사유 방식에서 차이가 차별로 전환되는 것도 동질성에서 벗어나는 그 어떤 것에 대해서도 배타적으로 인식하기 때문이다. 성도 정체성은 자신의 공동체 외부에 존재하는 적과 공동체 내부의 적을 끊임없이 생산하여 분리해내는 양자택일의 이분법적 인식 틀을 강화시켜 왔다. 설교와 찬송가에 등장하는 전투적인 메타포들은 계기만 마련되면 언제든지 악을 완전 소멸시키는 전쟁에 뛰어들 수 있는 순교자의 신앙을 몸에 각인시켰다. 여기에는 복잡성, 다원성, 상호 의존의 논리가 들어설 수 없다. 다만 타자에 대한 관용이 설 자리를 잃고 자기 폐쇄적인 배타성만이 지속될 뿐이다. 양자택일의 전장 논리가 작동하는 이러한 구도 속에서는 자신 안에서 발생할 수 있는 오류를 성찰할 수 있는 그 어떤 장치도 존재할 수 없다. 이러한 메커니즘 속에서는 타자에게 해를 입히면서도, 자신의 가해성을 인식하지 못하게 된다. 오히려 진리의 이름으로 선을 행하는 정의의 사도로 자기 자신을 미화하고 찬양하는 데까지 다다르게 된다. 그러한 점에서 성도 정체성은 선명한 선/악 이분법과 타자 배제의 선교 정책에 자발적으로 동조함으로써 공모된 체제의 악에 대해 무감각한 태도를 갖는 데 일정 정도 기여하였다.

죄인과 성도, 이 두 정체성은 기독교가 배타적이고 성차별적인 성격을 강화하는 데 결정적 역할을 하였다. 죄인 정체성이 한국 교회의 가부장주의와 결합하여 여성들에게 순종의 이데올로기로 역할하였고, 성도 정체성은 타자 만들기를 통한 타자의 배제 메커니즘으로 작동해 왔다. 요컨대 성도 정체성은 교회의 안과 밖에서 끊임없이 이질적 타자를 생산해 내면서 그들을 공격하고 주변화하는 '배제의 정치학'(the politics of exclusion)을 작동시켰다. 교회 밖으로는 타종교들을 '이교도'로 범주화하면서 종교의 영역에서 배제하거나 주변화하고, 교회 안에서는 정통과 이단의 이분법을 통하여 끊임없이 '이단'을 주조해 내었다. 젠더의 영역에서는 여성을 '이등성도'로 타자화하고 남성의 보조자로 주변화하였다.

종교는 특정한 이데올로기를 더욱 공고화할 수도 있지만, 이를 혁명적으로 해체시키는 잠재성도 지니고 있다. 따라서 지금까지 성차별적 담론을 생산, 유통시켜 온 대표적인 공간이었던 교회는 주류 담론에 저항하는 새로운 대항담론의 거점이 될 수도 있다. 지난 반세기 동안 한국 기독교 여성의 저항적 정체성이 강화되어 온 과정을 보면 이러한 전망은 충분한 타당성이 있다. 한국 기독교의 죄인과 성도 정체성에 대한 우리의 비판적 시각은 여성해방을 위한 새로운 논의의 장을 마련하는 데 그 의의가 있다. 가부장제 이데올로기가 한국 기독교의 역사에서 얼마나 뿌리 깊은지를 밝혀내는 작업은, 그 뿌리를 뽑아내자고 하는 열망의 한 표현이다. 이 글도 그러한 점을 드러내고자 했다.

2장

순종과 저항
교회여성의 아비투스

I. 들어가는 말

최근 한국 사회는 미투/위드유 운동이 활화산처럼 타오르고, 동시에 그 반동으로 무고죄 등 피해자에 대한 역고소가 남발되면서 젠더 감수성에 걸맞는 새로운 법의 제정을 요청하는 목소리가 높다. 그러나 미투/위드유 운동의 종국적 목표는 관련법의 제정이나 가해자에 대한 강력한 처벌에 국한될 수는 없다. 여성 혐오 문제는 법적 프레임으로만 접근할 때 심각한 한계에 봉착한다. 젠더 불평등 사회에서 피해(자)/가해(자)의 이분법은 언뜻 명확한 듯 보이지만 실상은 경계가 모호하여 잘 작동되지 않는 경우가 허다하기 때문이다.

한국 교회의 사정도 별반 다르지 않다. 최근 한국 교회가 처한 심각한 문제의 하나는 교회 내에 만연한 성범죄이다. 목회자의 성범죄 사건과 관련된 자료 수집을 한 어느 교계 신문기자에 의하면 심각한 케이스에 한정해도 ㄱ 목사에서 ㅎ 목사에 이르고도 남을 정도로 많다. 경찰청 자료에 따르면, 2011년에서 2016년까지 약 5년 동안 성폭력 범죄 검거자 1,258명 중 종교인은 450명으로, 전문직업군 중 가장 많다.[52] 성적 순결을 강조하는 교회의 특성을 고려할 때, 통계로 포착되지 않은 범죄가 몇 십 배 더 많을 것은 자명하다. 각 교단의 여성들과 교회 개혁 NGO들은 성폭력 관련 교단법 제정을 촉구하며 교회 안의 젠더 정의 실현을 위해 노력하고 있다. 성범죄는 소수의 일탈적 개인에 의한 일시적 문제가 아니기에 가해자에 대한 처벌만으로는 근본적인 변화를 기대하기는 어렵다. 특히 성폭력의 피해를 수치심으로 치환하는 등의 뿌리 깊은 성차별적 문화가 존재하는 교회 안에서 발생한 성범죄의 경우, 스스로 피해자임을 선언하거나 가해자를 고발하는 일은 매우 드물다.

이 글은 피해자/가해자 이분법과 (피해자)보호/(가해자)처벌의 구도로는 남성 우위의 젠더 구조와 성차별적 문화를 극복할 수 없다는 문제의식에서 출발한다. 왜 교회 공간에서는 사회 각 분야에서 활발하게 일어나는 미투/위드유 운동이 활발하지 않고, 설령 움직임이 있다 하더라도 소극적 차원에 머무는지 그 심층적인 까닭을 추적한다. 이를 위하여 한국 교회 여성의 아비투스[53]에 주목한다. "같은 집단이나 계급 구성원 모두에게 공통된 인지, 개념, 행위의 도식 혹은 내면화된 구조의 주관적이지만 개인적이지 않은 체계"인 아비투스 개념은 교회 여성이라는 집단이 교회 권력에 순종적 태도를 취하는 행위 도식을 검토하고, 또 교권의 이익을 대변하는 집회에 개개인이 자발적으로 참여하지만 결코 개인적이지 않는 동원 기제를 해석하는 데 유용한 지렛대가 된다. 교회 여성들은 가부장제와 때로는 협력하고 때로는 갈등하면서 한국 교회의 확장과 유지에 큰 역할을 담당해 왔다. 이 글은 교회 여성들이 내면화한 순종 이데올로기와 가부장적 권력이 작동하는 교회 문화에서 여성들이 만든 저항의 공간에 대해 주목한다.

II. 순종적 주체

2000년대에 접어들면서 시청앞 광장이나 여의도 광장에서는 종교 집회나 우파 정치 집회가 자주 열렸고, 교회 여성들의 참여가 두드러졌다. 대표적인 두 사례를 살펴보자. 2004년 한 지상파 방송국의 시사 프로그램에서는 대형교회의 비리 문제에 대한 심층 보도를 예고하였다. 이에 한기총은 담임목사 세습 문제, 재정 비리, 목회자의 비윤리적 행태 등에 대한 취재 보도를 기독교 탄압이란 프레임으로 재단하며 격렬하게 저항하였다.

> 24일 오후 4시 서울 여의도 한국방송 정문 앞. 차가운 가을비가 흩뿌린 궂은 날씨였지만, 아스팔트 위론 수천명의 시위대가 모여들었다. … 한국기독교총연합이 주최한 〈KBS 기독교 탄압 방송 철회 촉구대회〉가 이틀째 열리고 있는 자리다. … '선교 120주년, 한국교회는 위기인가'편 방송(2일 KBS1TV 저녁 8시)을 막아내겠다며 모인 이들이다. 대다수가 40~50대 여성이고, 더러 젊은 남녀가 눈에 띄었다. … 한기총에서 만들었다는 80개의 펼침막이 집회장 곳곳에 펼쳐져 있었다. … "종교탄압 월권하는 KBS 사죄하라", "주여! 기독교를 살려주소서", "KBS 뒤의 마귀를 심판해 주소서"라고 잇달아 외쳤다.[54]

한국 교회는 탄압받는 피해자, 비리를 취재한 방송국은 가해자로 악마화한 집회는 수천 명이 참가하였다. 당시 집회 현장의 보도사진에 포착된 대다수는 40~50대 여성이었다. 그 이후에도 세계에서 제일 큰 규모의 교회 당회장 목사의 은퇴 번복을 종용하는 기도회에서부터 교회 재정의 투명성을 요구하는 교회 개혁 세력에 맞서는 집회, 사학법 개정 반대 집회, 주한미군 철수 반대 기도회, 인권 조례 폐지 및 반동성애 집회, 태극기 집회에 이르기까지 매우 다양한 이슈에도 항상 다수의 시위대는 여성들이었다. 2017년 삼일절, 박근혜 대통령 탄압 저지 집회에서도 여교인들이 동원되었다.

> 예배당 안팎에는 3.1절에 열리는 탄핵반대집회를 홍보하는 포스터가 붙어 있었고, 교회 사무처에서는 신도들이 집회에서 사용할 태극기를 무료로 나눠주기도 했다. 뿐만 아니라 교회 건물 밖에는 20여 대의 전세 버스가… 집회 현장으로 신도들을 실어 나를 버스였다.… 차에 탄 사람들은 대부분 60~70대 여성들이었다.… 버스에 탄 한 60대 여성은 "원래 우리 목사님이 시국 설교 절대 안 하시는 분인데, 이번에는 진짜 나라가 어려워서 매 주일 예배 때마다 말씀을 하신다"면서 "이분(목사님)이 떳떳하게 살아오신 분인데 이렇게까지 하는 걸 보면 뭔가 큰 문제가 있는 것 같아서 집회에 안 나갈 수 없었다"고 집회 참여 동기를 밝혔다.[55]

이러한 집회들의 공통점은 교회 권력의 총동원 지시가 있을 때마다 '믿음 좋은' 교회 여성들이 거리로 나가 열성적으로 응답하고 있다는 점이다. "목사님이… 이렇게까지 하는 걸 보면 뭔가 큰 문제가 있는 것 같아서 집회에 안 나갈 수 없었다"는 60대 여성의 인터뷰는 교회 여성들의 자발적 동원의 기제가 무엇인지를 드러낸다. 박근혜 정부 탄생의 주역이었던 보수 언론까지 국정 농단의 문제점을 연일 보도할 정도였음에도 불구하고, 교회 여성들은 그 어떤 뉴스 보도 매체보다도 '목사님 말씀'을 신뢰한 것이다.

교회 여성의 자발적 동원과 불가분리의 관계인 교회 권력은 신관에서부터 인간관에 이르기까지 강력한 가부장성을 보여준다. 가부장적 교회 권력의 가르침에 따르면 신은 영원한 아버지, 영원한 아들 등 남성적 존재로 계시되었다. 남녀 모두 존엄성을 지닌 인격적 존재이지만 창조시에 남성은 여성의 머리가 되도록 지음 받았다. 따라서 여성은 남성을 지도할 수 없다. 여성에게 총회장, 당회장, 성찬위원직과 같은 지위가 허용되지 않는 것은 이러한 성차별적 위계의 논리에 근거한 것이다.[56] 이처럼 여성을 부차적이고 종속된 성(性)으로 폄하하고, 공공연히 배제하는 데도 불구하고 교회 여성들은 왜 가부장적 교회 권력에 기꺼이 협력할까? 위력의 자기장 속으로 끌려가게 하는 자발적 동원의 장치는 무엇일까? '자발적 동원'이라는 말은 형용모순이지만, 이 용어는 한국 교회 여성의 아비투스를 잘 드러내고 있다.

교계 기관의 조사에서 드러났듯이 대다수의 한국 교회 여성은 남성 지배 문화가 만들어낸 남성의 우월성과 여성의 종속성을 창조의 질서로 받아들이고 있다. 심지어 가부장적 질서에 순종할 때 구원과 축복을 받을 수 있다는 믿음을 지니고 있다. 이처럼 한국 교회 여성의 일상을 지배하고 있는 핵심 덕목은 '순종'이다. 순종의 덕목이 여성의 몸과 정신에 각인됨으로써 순종의 태도가 자연스럽게 표출되며 이러한 교회 여성들의 순종적 몸짓은 한국 교회의 가부장적 에토스를 다시 강화한다. 이러한 한국 교회 여성의 신앙적 아비투스는 교회 권력의 동원 요청에 자발적으로 참여하는 방식으로 권력에 협력하고 공모하는 과정에서 잘 드러난다.

순종은 교회가 오랫동안 가르쳐 온 핵심 덕목의 하나다. 기독교는 순종의 모델을 예수의 삶과 가르침에서 찾는다. 특히 십자가 사건은 하나님의 뜻에 대한 예수의 순종을 잘 보여준다. 물론 이때 예수의 순종은 불의한 권력에 대한 불순종을 의미하지만 한국 교회에서는 교회 권력에 대한 순종의 의미로 전유해 왔다.

2017년 9월, 누리꾼 사이에 회자되었던 뉴스 보도가 있었다. 4년간 모은 천만 원을 분실한 할아버지와 그 돈을 주워간 어느 기독교인에 대한 이야기다. 있을 수 있는 사건임에도 이 뉴스가 주목받은 것은 "자신이 기독교 신자인데 너무 착하게 살아서 하나님이 상을 주시는 줄 알았다"는 피의자의 진술 때문이었다.[57] 남의 불행 '덕'에 누리게 된 자신의 행복을 하나님의 은총으로 고백하는 것은 일종의 코미디다. 이와 유사한 코미디 같은 간증이 한국 교회 공간에서는 낯설지 않다. 이러한 맹목적 믿음과 순종은 거대한 악으로 이어질 여지가 농후하다.

역사적으로 보면 가부장제는 남성과 여성을 지배/복종의 관계로 규정해 왔다. 이러한 관계 구도에서는 체계적으로 여성을 억압하고 통제한다. 여성을 배제하는 가부장제는 불의한 권력을 지탱해 온 대표적인 이데올로기다. 그리스도인의 참된 순종이란 결국 불의한 질서와 권력에 대한 불순종을 의미한다. 요컨대 신의 뜻에 순종하는 자라면 가부장주의에 저항하는 것이 논리적으로도 옳다.

문제는 우리의 삶에서 무엇에 순종하고 무엇에 저항해야 하는지를 명확히 구별하는 것이 쉽지 않다는 점이다. 가부장적 이데올로기는 예배는 물론이고 성경 속에도 깊이 스며들어 있기 때문이다. 무엇이 신의 정의이며, 무엇이 가부장적 문화의 구성물인지 분간하기 힘들 정도로 뒤엉켜 있다. 사회에서는 이미 난센스가 된 '그리스도에게 복종하듯 목회자에게 복종하라' 또는 '여자의 머리는 남자다'라는 말이 21세기 한국 교회에서는 여전히 강단에서 선포되고 있으며 작동하고 있다.

과연 언제부터 신을 향한 '순종의 영성'이 가부장적 '순종의 이데올로기'

로 굴절되었을까? 제도적인 차원에서는 1907년 창립된 독노회로 거슬러 올라간다. 평양신학교의 제1회 졸업생 7명의 안수와 함께 설립된 한국장로교회의 치리 기관인 독노회는 "목사와 장로는 세례받은 남자여야 한다"고 규정하였다. 이로 인해 출발부터 교회 안에서 여성의 역할은 제한되고 핵심적 정책 결정, 설교, 각종 지도력 행사에서 배제되었다. 1912년 조직된 조선예수교장로회 총회는 더 노골적으로 여성을 배제하였다. 여성 교역자의 사역을 '전도'하는 일에만 한정한 것이다. 설교하고 가르치는 일과 공동체를 이끌고 치리하는 자격은 허용하지 않았다. 교회의 제도화로 인해, 새로운 정책을 기획하거나 결정하고 설교권을 행사하는 것은 남성의 몫이 되고 여성은 교역자의 뒤치다꺼리나 하는 보조자 역할에 머물게 된 것이다.

이러한 역사적 과정을 거쳐 어느새 '순종'이 한국 교회 여성의 신앙적 아비투스로 고착되었다. 가부장적 교회 권력은 순종의 '덕목'을 설교, 교리 교육, 예배와 같은 다양한 제도적 장치를 통해 순종의 '이데올로기'로 변질시켰다. 교회 여성들은 아브라함과 마리아, 바울의 순종 이야기에서 순종을 최고의 덕목으로 배운다. 모세에게 순종하지 않은 미리암이 한센병에 걸린 이야기를 통해 순종의 교훈을 얻는다. 십자가 사건에서 입은 상처를 확인하려 했던 도마의 이야기를 통해 믿음 없는 자의 원형을 배운다. 의심이 들어간 믿음은 '순도(純度)'가 떨어진 나약한 믿음으로 폄하된다. 의심을 제거하고 순종의 결의를 다지기 위해 '죽기까지 순종하리'란 찬송을 부르며, 찬송을 부를 때마다 순종의 영성을 몸에 각인한다. 하나님은 어린아이와 같은 믿음을 더 기뻐하신다는 구절은 맹목적 믿음의 통로가 된다. 이렇듯 장기간에 걸쳐 교육을 비롯한 다양한 통로로 각인된 순종은 어느새 교회 여성의 신앙적 아비투스가 된 것이다.

유명 목사님의 설교라면 '아무말 대잔치'를 벌여도 '아멘'이란 추임새가 남발되는 곳이 한국 교회의 예배 현장이다. 남발되는 아멘에는 스스로 서지 않고 스스로 생각하지 않고 의심하지 않겠다는 굳은 믿음에 대한 의지가 담겨있다. 순종은 어느덧 자신의 의지를 포기하는 것으로 그 뜻이 변질되었다. 아무 이의도, 불편도, 내적 갈등도, 조금의 의심도 없이 '오로지 기쁜 마음으로 따름'으로 순종의 의미가 변질된 것이다.

앞서 언급한 어느 교계 기자의 조사에서 드러났듯이 현재 한국 교회의 성범죄는 심각한 수준이다. 교회 내 성범죄가 만연한 원인으로 교회 안의 권력남용과 그 권력에 대한 순종이 지목되곤 한다. 목회자가 과도한 권력을 행사하면서 이를 사역에 필요한 권위라고 합리화하고 정당화할 때 교회는 성범죄에 취약해질 수밖에 없다. 기독교성폭력상담소를 찾은 한 상담자는 목회자에게 성폭력을 당하면서도 저항할 수 없었던 자신을 자책하며 "죽으라면 죽는 시늉까지 하는 것이 순종이라 배웠기 때문에 너무 당황스러웠지만 우리의 믿음을 시험해본다 생각하며 순종했습니다."라고 고백하고 있다.[58] 순종의 이데올로기가 파생시킨 악의 뿌리는 이토록 깊다.

교회는 여성을 타자화·대상화하는 유무형의 폭력에 대하여 무력할 뿐만 아니라 이러한 폭력에 대해 사랑과 인내와 순종의 덕목으로 대할 것을 권면함으로써 여성에 대한 폭력을 조장해 왔다. 그럼에도 한국 교회는 여성 혐오와 무관함을 주장해 왔다. '교회가 왜 여성을 혐오하겠는가'라고 반문할 뿐이다. 사실 한국 교회는 순종적인 여성 교인이야말로 교회 성장의 주역이라고 치켜세우고 여성들의 무릎 기도가 자녀와 가정을 지킨다고 칭송해 왔다. 따라서 교회야말로 여성친화적이라는 것이다.

한국 교회의 여성 혐오는 동성애, 공산주의, 이슬람에 대한 노골적인 혐오와는 달리 이중적 방식으로 작동하고 있다. 여성 혐오는 물리적 폭력성으로 드러날 뿐만이 아니라 호의적 방식으로도 표출되기도 한다. 언뜻 칭찬하는 것같이 보이는 찬양/열광은 여성 혐오의 정서와 반대의 것이 아니라 오히려 뿌리 깊은 여성 혐오의 한 양상이다. 특히 젠더 정의가 지켜지지 않은 상태에서 여성 교인들에게 보내는 칭송과 찬사는 서구가 동양을 신비화하면서 착취하는 오리엔탈리즘의 구조와 닮았다. 남성 연대에 의해 독점된 교회에서 교육받고 성장하며 신앙생활을 한 교인들은 가부장적 가치를 자신도 모르는 사이에 받아들이게 되며 그 과정에서 여성은 열등한 존재이거나 유혹하는 존재라는 이데올로기를 내면화하게 된다. 이처럼 왜곡된 젠더관과 만연된 여성 혐오를 자각하고 성찰하지 않는 한국 교회는 여성 혐오의 사회와 문화를 공고화하는 원동력인 셈이다.

교회 안에 깊이 뿌리내린 남성 중심적 관행은 결코 남성들이나 목회자들의 책임만은 아니다. '순종'을 내면화함으로써 의존적 관계에 안주하고, 부차적 역할을 수동적으로 행함으로써 불의한 구조에 공모한 여성의 책임도 간과할 수 없다. '남성보다 열등한 여성'이라는 가부장적 지배 담론의 영향을 받은 여성은 자신은 물론이고 다른 여성들에게도 이러한 표상을 적용하여 여성의 지도력을 신뢰하지 못하고 서로를 인정하지 않는 결과를 초래한다. 여성 목회자에 대한 불신임이 대표적인 사례다. 이렇듯 여성 지도력을 부정함으로써 소극적이고 부정적인 형태로 가부장적 헤게모니를 지지하고 있다.

III. 저항의 영성

교회 여성들은 처음부터 순종 이데올로기의 덫에 갇힌 것은 아니었다. 한국 교회의 초기 역사에는 전통의 구습과 남성 중심의 교회 권력에 대한 교회여성의 저항적 영성의 뿌리도 깊다. 저항적 영성의 흔적을 탐구하는 일은 오늘날 순종 이데올로기를 성찰하는 하나의 지렛대가 될 것이다.

근대 초기에 교회를 찾아온 여성들은 극도의 빈곤과 어둠의 현실에서 벗어나려는 욕망이 강했고, 교회는 억눌린 이들에게 삶을 변화시킬 수 있는 용기와 희망을 제공했다. 부유한 노인의 첩으로 살고 있는 여인에게는 새로운 윤리적 삶의 길을 제공하였고, 기생으로 팔려가야 하는 소녀에게는 미선계 여학교에서 공부할 기회를 주었다.[59] 남편의 외도와 폭행, 시부모의 폭행과 구박, 지독한 가난과 같은 가부장적 사회의 온갖 억압을 인내하며 살아야만 했던 이 땅의 여성들은 "만물을 내시사 가장 귀한 자 사람이라···남녀의 분간이 없이 자유하는 것이 당연한 이치"[60]라는 기쁜 소식을 접하였고, 기독교인으로 개종하면서 유교 가부장주의 윤리로부터 다소 해방될 수 있었다.

한국 교회의 토대를 닦고 기틀을 세운 이들은 여성들이었다. 한 전도부인은 가가호호 방문하여 연간 6,730명의 여성에게 복음을 전하고 4,491권이나 되는 성서를 팔았다. 헌금할 돈이 없었던 가난한 여성들은 먹을 쌀을 한줌씩 성미로 모아 교회 재정을 꾸렸다. 성미마저 낼 수 없었던 여성들은 '시간의 십일조'를 내어 전도하고, 직접 흙과 돌을 져 나르면서 예배당을 세우는 데 크게 기여하였다. 이렇듯 각자의 형편에 맞게 각자의 은사에 따라 설교자로, 교사로, 지도자로, 전도자로 일하면서 교회를 확장시켰다. 여성들의 열성은 한국 교회 성장의 밑거름이 되었을 뿐 아니라 여성 자신의 잠재력과 능력을 개발하고 훈련하는 계기가 되었다.

1887년 첫 세례를 받은 여성[61]을 필두로 불과 몇 년 지나지 않아 많은 여성들이 이전에는 결코 허락되지 않았던 바깥세상으로 스스로 걸어 나왔다. 초기 여성 절제 운동을 이끌었던 한 여성 지도자는 양반집 여아로 성장하는 동안 고립되었던 삶을 회고하였다.

> 그때 세상은 여자의 외출을 엄금하였을 뿐 아니라 으레 함부로 바깥세상을 구경 못나가는 것인 줄 알았습니다.… 더구나 행세하는 집이라고 해서 가마를 타고 외출해 본 일밖에는 없었습니다. 그러므로 열 살 전후에는 동무 처녀라고는 이웃집 처녀도 구경한 일이 없고 남자라고는 두 오라버니밖에는 본 일이 없었습니다. 지금 생각하면 우습지만 세상에 처녀라고는 나뿐인가 생각했습니다.[62]

어둠이 완전히 내린 밤 8시경이 되어서야만 온몸을 가리고 외출하는 조선 여성들은 "중동의 회교권 여성에 결코 뒤지지 않는 은둔성"[63]의 표상이었다. 이사벨라 비숍은 한국 여행 동안 젊은 여성을 만날 수 없었다며, "하류 계층의 여성들을 제외한 모든 여성들은 젊거나 나이가 들었거나 막론하고 법의 강제력보다 더한 관습에 의해 집의 안뜰에 격리되어 있다.… 나는 한국에서… 여섯살 이상으로 보이는 중상류층 처녀를 보지 못했다"고 기록하고 있다.[64]

엄격한 구별의 공간 정치가 작동하는 당시 사회에서, 백주대낮에 가가호호 전도하러 다니는 교회 여성들의 행위는 가부장적 질서에 대한 명백한 도전이었다. 집 안과 밖의 경계선을 상시적으로 넘나들고, 공/사 영역의 경계를 교란시키는 일련의 행위들은 구습 타파의 효과를 가져왔다.

매서인과 전도부인은 안방에 머물던 여성을 집 밖으로 호출하는 주역이었다. 선교사들은 언어와 관습의 차이를 극복하지 못했고 남성 전도자들은 폐쇄적인 유교의 성별 문화로 인해 여성과 대면하기 곤란한 문화였기에 전도부인이 선교 사업에서 핵심적 위치였다. 뜨거운 열정과 능력을 십분 발휘한 전도부인들은 초기 교회의 기반을 닦았다. 지도자뿐만 아니라 평신도 여성들도 사경회를 비롯한 교회의 각종 프로그램을 통해 공개적이고도 합법적으로 자신들의 공간을 구축하였다.

> 여자들은 자유로이 교회에 출석하고 예배에 참여하는 것이 허락되었다. 그 이전에 여자들은 공공장소에 나타나는 것이 허락되지 않았지만 교회는 예외적 장소가 되었으며 많은 여자들이 교회로 몰려오고 있다.[65]

이 기록이 증명하듯, 은둔해야 할 여성에게 허용된 몇 안 되는 장소 중 하나가 교회였다. 또한 부흥 집회에서 여성들이 보여준 과도한 몸짓도 남성의 공간 정치를 교란시켰다. 몸은 특정 문화의 규칙, 규범, 의미 체계가 각인된 공간이다. 조신하고 복종하며 다소곳한 처신은 가부장적 사회가 여성의 몸에 새겨 놓은 예의 범절이다. 부흥운동의 장에서 여성의 과도한 몸짓과 격렬한 신체적 반응,[66] "덧저고리를 벗어 던지며 죄를 이와 같이 다 벗읍시다"[67]라며 열심을 내어 연설하는 행위, 군중 앞에서 전도하거나 죄를 공개적인 장소에서 고백하는 행위 등은 설령, 행위 당사자가 의도하지 않았더라도 여성의 몸에 새겨진 가부장적 코드를 해체하려는 움직임으로 해석될 여지가 있다. 가부장적 질서가 부여한 여성다움의 틀을 위반한 교회 여성들의 일련의 행위는 종교적 부흥운동이라는 일종의 비일상적 공간에서 주로 발생하였다. 하지만 일상의 삶으로 복귀한 후에도 기존 질서를 위협할 정도의 전복의 행위를 수행하곤 하였다. 통제와 억압의 지배 코드에 균열을 낼 수 있는 자들은 그 체제에 편입되지 않은 집단일 경우가 많다. 정치적·경제적·문화적으로 소외되거나 억압당하는 주변인이 대표적 사례다. 지배 체제에 완전히 동화될 수 없는 이질적 차이의 공간은 적당한 조건이 마련되면 언제든지 지배 체제에 대한 저항의 공간으로 전환될 수 있는 잠재력이 있다. 가부장적 사회의 주변인인 여성들은 부흥운동의 장에서 남성의 공간 정치에 저항하는 방식으로 전복의 공간을 만들어낸 주역이었다.

또한 여성들은 탈서열의 공간을 만들기도 하였다. 초기 내한 선교사였던 와그너(E. C. Wagner)는 한국 생활에서 견디기 힘들었던 것 중 하나가 아들 선호로 인한 여자 아동에 대한 학대였다고 밝힌다. 무엇보다도 속이 불편할 정도로 생경했던 것은 집안 남자들의 잔반을 여자들이 먹는 풍습이었다고 한다.

> 가장을 비롯한 가족의 모든 남자와 6-7세 이상의 사내아이들은 각자 자기의 방에서 품위를 지키면서 독상을 받는다. 딸들은 부인들과 함께 안채에서 식사를 하는데 거기에는 어떤 의식이나 존엄도 없이 남자들이 먹고 남긴 잔반을 먹는다.[68]

경제적으로 유복한 양반집에서는 비록 남자들과 겸상은 받지 못하지만 안채에서 따로 식사할 수 있었다. 가난한 양반층의 경우는 예의범절상 겸상도 못하고 그렇다고 해서 독상 받을 형편도 못 되기에 대개 남자들이 남긴 음식을 여자들이 먹어야만 했다. 서구 여성의 시선에는 참으로 비열한 성차별 문화로 보였던 것이다. 가부장적 이데올로기가 지배하는 곳에서는 어디든 음식과 밥상에 관련된 의례에 서열이 코드화되어 있다. 당시 사회에도 음식의 종류에서부터 식사 순서와 식사 장소에 이르기까지 남녀의 서열 체계가 있었고, 기독교 공간에서는 이러한 서열화를 전복하려는 시도가 있었다. 교계 신문의 소식란에는 각 지역 교회의 남녀 평등을 실천한 이야기들이 소개되곤 하였다.

> 지금은 성경 뜻을 안즉…동네 외인들이 흉볼지라도 이후부터는…밥 먹을 때에 부인들도 방에 들어와 남편과 같이 편안히 앉아서 먹기로 작정하고… 또한 내외간에 높고 낮은 말 하는 것도 좋지 않으니 서로 같은 말로 대접하기로 작정….[69]

내외법이 부부간에도 적용되어 일거수일투족이 통제 받았던 당시에 부부가 밥상을 마주하고 겸상한다는 것은 성별 서열화를 전복시키는 파격이자 동등한 주체의 탄생을 예비하는 행위다.

남녀부동석이 예의 범절이던 시절이었으나 부흥회의 열풍을 거치면서 예배 공간에도 변화가 있었다. 처음에는 예배당 출입조차 성별에 따라 달랐고 휘장을 친 상태에서 혼성 예배를 드렸으나 점차 휘장을 없앴다. 언제부터 남녀 혼성 예배로 진행되었는지는 단언할 수는 없으나, 부흥회 당시에는 비록 남좌여우 혹은 여전남후로 남녀석이 구분되어 있었지만 한 공간에서 예배를 드리는 일이 허다했고, 부흥운동이 끝난 후 얼마 지나지 않아 남녀반 사이의 휘장을 철폐한 교회도 등장했다는 기록이 있다.[70] 요컨대 부흥운동을 통과하면서 남녀부동석의 금기에 균열이 생겼음을 알 수 있다.

기독교는 신 앞에서는 누구든 모두 죄인이라는 메시지를 통해 교회야말로 남녀 평등과 민주의 공동체라는 환상을 부추겨 왔다. 제도 교회의 현실은 여전히 성차별의 에토스가 작동하기 때문에 이러한 메시지는 차별을 은폐하는 현혹의 수사에 불과한 경우가 허다하다. 그에 비해 성령의 강림을 특징으로 하는 부흥회는 신과의 '직접적' 만남을 강조하기에 여성과 같은 주변인들에게는 좀 더 민주적인 평등의 공간이 될 수 있다. 이러한 공간에서는 교회가 생산한 덕목이나 질서보다도 성령의 임재가 더 중시된다. 따라서 제도화가 덜 진행되었던 초기 기독교회나 부흥 집회에서는 가부장주의가 만들어낸 서열이 무시되곤 했다.

지독한 가난과 폭력에 내몰린 여성들은 자신들에게 위로와 존엄성을 일깨워준 부흥운동에서 해방 공간을 발견하였다. 부흥회와 사경회는 계층, 연령, 성에 따른 차별을 무력화시키는 민주적이고 평등한 공간이었기 때문이다. 성령의 임재를 경험할 수 있는 동등한 기회가 주어지자 많은 여성들이 자신의 잠재력을 실현할 수 있었다.

한국 기독교 역사 연구에서 대부흥운동은 우상숭배로부터의 해방의 경험으로 기억되어 왔다. "마귀를 숭봉하는 자는 오뉴월 염천에 물 마른 논에서 벼가 타죽듯 할 것"[71]이라는 교회 지도자의 극언에서 우리는 기독교인의 전통 종교 문화에 대한 지독한 혐오를 읽을 수 있다. 우상, 마귀, 악은 기독교의 타자화 전략을 보여주는 대표적 은유다. 초기 교회에서 마귀나 우상의 범주에 포함된 대표적인 것은 전통 종교와 전통적 습속이다. 선교사들은 초기부터 기독교인의 정체성을 전통 종교와의 단절에서 찾았다. 세시 풍습이나 당제와 같은 의례적 시간들을 우상 숭배적이고 전근대적이며 야만적인 시간으로 비판하면서 적극적 혁파의 대상으로 삼았다. 전통 절기나 종교적 관행과의 단절을 기독교인 정체성 형성의 주요한 기제로 활용하였다. 기독교인들에 의한 고사(告祀) 거부 사건[72]도 이러한 맥락에 자리 잡고 있다.

'진정한 기독교'를 추구하였던 가부장적 교회 권력은 수많은 경계를 나누고 위계화하였다. '참종교'와 '거짓 종교'를 나누고, '교인'과 '외인'을 가르며, 문명적 '선교사'와 그의 지도를 받는 '조선인'을 위계화하고, '남자'와 '여자'의 역할을 차등화하면서, 분수에 맞지 않는 행위나 이질적인 요소들을 축출해내는 장치로 부흥운동을 이해하였다.

반면 여성들은 남성 권력이 짜 놓은 수많은 경계를 넘나들면서 부흥운동 초기의 최고의 미덕인 화해와 치유와 해방을 가장 적극적으로 실천하였다. 선교사들과 교계 지도자들이 집안과 나라를 망치는 주범으로 미신을 지목하고, 조상 숭배를 완전히 철폐시킬 것[73]을 단언할 때, 여성들은 '야만'이나 '악'으로 배척하는 대신 전통 사회의 종교 체험 방식들을 기독교 신앙 안에서 포용하였다. 한국 여성에게 익숙한 새벽 치성은 새벽기도로, 신주단지는 주일에 헌물로 바쳐질 '주단지'로 전유한 것이 그 대표적 사례다.[74] 교회 권력을 장악한 가부장적 담론은 '참'과 '순수'와 '정통'과 '정화'의 미명 아래 자기와 타자를 끊임없이 구별하면서 타자를 배척하고 정죄하는 '배제의 정치'를 작동시킨 반면, 교회 권력의 주변에 존재하던 여성은 막힌 담을 헐고 권위의 성채를 흔들면서 서로를 소통시키는 동시에 아픈 상처를 어루만지는 '치유의 정치'를 작동시켰다. 여성들의 몸짓에 나타난 이러한 이질적인 것과의 친화성은 정통성, 순수성, 동질성의 남성중심 서사에서 '차이의 공간'을 만들어내는 에너지원이었다.

IV. 나오는 말

한국 교회 여성의 아비투스는 설교나 예배, 신앙 교육과 같은 다양한 교회의 제도적 장치를 통해 오랜 기간에 걸쳐 형성되었다. 이러한 종교적 아비투스는 교권의 부름에 자발적으로 응답하거나 동원되는 방식으로 표출되는데 이는 순종 이데올로기의 형태로 구체화된다. 교권에 의한 교인의 자발적 동원이 점점 더 교묘해지고 있다. 남성 목회자를 정점으로 한 개별교회보다 훨씬 체계적으로 동원 장치를 구축한 곳은 파라 처치로 분류되는 선교 단체들이다. 교회는 경제, 문화, 연령, 지역, 학력 등에서 다양한 교인이 모여 협력과 갈등을 통해 친밀성과 평등성을 경험할 수 있는 공간이다. 이와 달리 파라 처치는 동일한 목표와 열정으로 모여든 이들의 집합체로서 다름을 인정하지 않고 신의 이름으로 배제와 혐오를 정당화할 가능성이 매우 크다. 실제로 이러한 단체들은 기독교와 이슬람, 이성애와 동성애, 자유민주주의와 좌익용공을 이분법으로 대립시키며 전자를 선하고 올바른 것, 후자를 악하고 잘못된 것으로 규정하며 예수의 전사(지저스 아미)로서의 역할 수행을 촉구하고 있다.

그동안 한국 교회는 인내와 순종, 희생과 봉사 정신을 강조하는 신앙 교육으로 성차별적 교회가 유지되어 왔지만, 성평등이 법적 제도적으로 보장되고 '알파걸'이 등장하고 각종 전문 분야에서 여성의 도약이 눈부신 이 시대에는 그와 같은 가부장적 교회 구조의 지속이 어려울 것이다. 평등의식으로 무장한 여성들이 성차별적 교회와 교단에서 희망을 발견하지 못할 것은 자명하다. 이를 증명하듯 요즈음 젊은 여성의 교회 이탈 현상은 심각한 수준이다. 여성의 잠재력과 다양한 은사를 사장시키는 남성 중심주의 구조가 변화하지 않으면, 차별과 배제 이데올로기가 아니라 소통과 통합을 실현하는 열린 공동체로 전화하지 않는다면, 교회의 존립 자체가 불가능할 수도 있다.

    한국 교회 공간에서 여성의 자발적 동원 현상을 비판적으로 성찰하기 위하여, 먼저 한국 교회의 가부장적 아비투스가 공고화되고 교회 권력이 강화되는 장치로 순종 이데올로기를 살펴보았다. 또한 근대 초기 가부장적 교회 권력을 균열시키거나 전복하였던 여성의 저항적 영성의 뿌리를 살펴보았다. 기독교 담론에서는 하느님 앞에 평등한 인간과 자유로운 개인을 표방하고 있었지만, 근대적 가부장적 질서의 영향으로 사실상 남성을 주체로 하는 성별 구조와 실천들이 여성을 남성의 타자로 위계화하고 가부장적 이념 체계가 바라는 이상적 여성상을 부과하여 왔다. 여성의 사회 활동은 이념과 달리 실제에 있어서는 매우 제한되어 있었으며 여성들은 여전히 가정의 영역 혹은 사적 영역의 울타리를 벗어나지 못했다. 이러한 과정을 통해 길들여지고 순종하는 신체로서의 근대적·종교적 여성 주체가 형성되었다. 그렇다고 해서 기독교 신여성들이 수동적 존재로 전락한 것은 결코 아니었다. 교회가부장적 질서와 끊임없는 협상과 교섭을 통하여 해방적으로 전유하는 등 독자적 여성 공동체의 기반을 구축하였고 그 결과 여성 리더십을 발휘할 수 있었다.

제3부

성적 주체 - 되기

— 1장 —

단절과 통제
근대 기독교의 혼인윤리

I. 들어가는 말

19세기 후반에 수용된 기독교는 선교 과정에서 전통 사회 및 전통 문화와 적지 않은 갈등을 빚었다. 미신 타파, 우상 타파, 구습 타파의 이름으로 행해진 기독교의 다양한 몸짓은 한국 기독교의 성격을 주조하는 동시에 한국 사회와 문화의 변동을 초래하는 과정이기도 했다.

초기 기독교는 전통적인 혼인 풍속으로 온존해 온 조혼과 축첩의 폐해에 주목하면서 조혼 폐지와 축첩 철폐 운동을 적극적으로 펼쳤다. 물론 계몽 지식인들도 문명개화론의 시각에서 조혼과 축첩을 악습으로 규정하면서 폐지를 주창하였다. 기독교의 조혼 및 축첩 비판은 문명개화론의 비판 논리와 유사하면서도 다른 점이 있다. 이 글에서는 계몽 언론과 계몽 지식인들의 문명개화론에 나타난 구습타파 담론과 구별되는 기독교의 독특한 비판 담론의 성격에 주목한다.

전통의 혼인 습속을 비판하고 새로운 혼인 윤리의 준거를 제공한 초기 기독교의 혼인관에 대하여 꾸준한 연구가 있었다. 대개의 연구는 구습 타파 운동의 일환으로 혼인 문제를 바라보면서, 기독교가 그릇된 전통 혼속의 윤리 의식을 바로잡았다는 긍정적인 평가를 내리고 있다. 한편 이러한 기독교

중심적이고 근대 우월주의적인 평가를 넘어선 연구들이 있다. 개별교회의 당회록을 면밀히 검토하여 초기 교회와 교인들의 혼인에 대한 인식 변화를 추적한 연구[1]나, 독실한 교인이면서도 전통 혼속과 쉽게 결연할 수 없는 딜레마 상황에 봉착한 권서인 서상륜의 사례를 통해 축첩을 바라보는 당대의 다양한 시선을 드러낸 연구[2]는 초기 기독교 공동체와 혼인이란 다소 낡은 주제를 새로운 시선으로 접근할 수 있는 길을 제공하고 있다. 이러한 연구들이 기독교 내부의 자료와 관심에 제한하여 초기 기독교의 혼인 문제를 추적하고 있다면, 이 글은 당대의 사회적 맥락 속에서 기독교의 혼인 담론을 조망한다. 또한 전통 혼속과의 대결 구도에 집중한 기존 연구와는 달리 근대적 세속 문화와도 갈등하면서 생산된 기독교 혼인 담론도 연구 범위에 포함한다. 이를 통해 초기 기독교의 혼인 담론을 좀 더 입체적으로 조망할 수 있을 것이다.

주지하다시피 19세기 말 20세기 초 문명개화기 기독교 선교의 주요 과제가 '전통'과의 대결에 있었다면, 3.1운동 이후 기독교의 주요 과제는 '새로운 풍조'와의 대결에 있었다. 1920년대부터 본격적으로 등장하기 시작한 신사조는 신여성으로 대변되는 새로운 형태의 인간상을 출현시켰으며 이 과정에서 '자유연애'라는 새로운 형태의 혼인 담론이 확산되었다. 물론 이 시기의 기독교는 조혼과 축첩 폐지라는 과제를 여전히 풀어 나가고 있었지만 자유연애 담론의 확산이 신앙공동체에 미치는 파급 효과에 신경을 곤두세웠다. 그 과정에서 기독교는 자유연애의 위험성과 폐해를 부각시키면서 새로운 형태의 혼인 담론을 생산하였다. 언뜻 별개의 사안으로 보이는 조혼, 축첩과 자유연애의 문제는 사실상 상호 연관되어 있다. 조혼이 어떻게 자유연애 문제와 연동되어 있는지, 조선 시대 이래 만연된 첩문화가 새 시대를 맞아 어떠한 모습으로 재등장하는지를 고찰할 필요가 있다.

요컨대 이 글은 기독교가 조혼과 축첩이라는 전통 혼속과의 단절을 위해 '어떠한 지식'을 동원하였으며 자유연애를 어떠한 논리로 비판하였는지 검토하면서 조혼, 축첩, 자유연애 비판담론이 어떻게 상호 연동되어 있는지를 밝히는 것이 목적이다. 이 과정에서 생산된 기독교의 '이상적 혼인' 담론의 성격과 특성은 무엇인지가 드러날 것이다.

II. 조혼 비판 담론

문명개화기의 기독교는 한국인의 생활 세계에서 타파되어야 할 구습들에 주목하였다. 한국 교회는 전통적 혼인제도 및 성적 습속을 '악폐'로 규정하고, 교인들에게는 권고와 정죄를 통해 이러한 '악습'과 단절하도록 강권하였다. 조혼은 반기독교적이고 전근대적인 구습의 대표적인 것으로서 우선적 타파의 대상으로 떠올랐다. 이 장에서는 기독교가 전통 혼속과 단절하기 위하여 동원한 지식과 권력을 살펴보기 위하여 왜 조혼이 그토록 문제적이었는지 그 역사와 원인, 문제점으로 지적된 사항들을 짚어 본다.

1894년 동학농민운동, 1900년대 애국계몽운동, 1920년대 반봉건운동, 1930년대 식민지 권력이 주도한 반봉건 캠페인 등 한국 사회의 근대화 과정에서 조혼은 가장 중요한 사회적 쟁점이었다. 한국 근대사의 주요 계기마다 사회 쟁점으로 부각되었다는 사실만으로도 우리는 조혼이 얼마나 심각한 사회문제였는지 또 근절하기 힘든 풍습이었는지 짐작할 수 있다.

한국 사회에서 조혼은 옥저와 동예 등 고대 사회에까지 그 기원이 올라갈

뿐만 아니라 일제강점기에 이르기까지도 뿌리깊게 지속되어 온 오랜 혼인 풍속이다. 조혼이 성행한 이유나 원인은 시대에 따라 다르게 나타나지만, 근대초기에 조혼이 성행한 것은 경제적 이유가 가장 컸던 것으로 보인다. 조혼의 원인을 계층에 따라 분석한 연구에 따르면, 양반은 부(富)를 과시하기 위하여, 빈민은 생존 수단으로 조혼을 택하였다.[3] 특히 빈민 계층의 조혼은 민며느리제로 나타나는 경우가 많았는데, 이는 가족의 생계를 위하여 여자아이를 물질과 교환하는 일종의 '매매혼'이었다.

근대의 계몽 언론은 조혼의 가장 큰 사회적 문제로 바로 이러한 매매혼을 지목한다. "슬프다 우리나라 여식매매하는 풍속이 서관서부터 십이삼세만 되면 엽전으로 수백냥이고… 그 풍속이 점점 번져서 황해도 함경도 강원도 그 자식 파는 풍속이 성행하더니"[4]라는 기사나 "6세는 70냥, 7세는 80냥, 10세 이상은 수백냥"[5]이라는 기사에서 잘 나타나듯이, 당시 계몽 언론은 매매혼의 형태를 취한 조혼 풍습을 비판했다.

조혼이 야기한 또 다른 사회 문제는 여성 범죄다. 일제강점기의 여성 범죄에 관한 연구에 따르면,[6] 여성 범죄자의 대부분은 조혼의 피해자였다. 10세 남짓의 어린 신부는 가혹한 매질과 고된 노동으로 점철된 시집살이와 강요된 성생활의 구속에서 해방될 수 있는 길을 찾을 수 없었다. 도움은커녕 시집귀신이 되기를 강요하는 친정으로부터도 외면당한 어린 신부가 선택할 수 있는 방안은, 자살과 도망 아니면 살인과 방화 등의 잔혹한 범죄 행위였다. 1933년 한 신문기사에 의하면 본부(本夫) 살해범의 83.3%가 16세 이전에 결혼한 여아였다. 이 신문은 "성이 무엇인지, 가정이 무엇인지, 결혼이 무엇인지 도모지 모르는 젖먹이 비린내 나는 여자를 부인으로 보내는 조선 부모들은 죄인"[7]이라며 조혼이 초래하는 폐해의 심각성을 고발하고 있다.

근대 지식인들도 조혼이야말로 가족과 민족, 가정과 나라를 망치는 악습의 대명사라고 앞 다투어 고발하였다.

> (조혼은) 생명의 잔약함과 인종이 줄어드는 것과 무식함과 곤구함과 게으름과 각색 질병과 사망과 집안에 불화함과 패가망신함과 시모와 며느리의 다툼과… 내외간에 소박과 여자의 간통과 도망과 남자의 외입과 복첩과 노름과 잡류 됨과… 제반 악증이 다 일찍이 혼인하는 폐에서 근원되어 퍼져 나오는 고로 이렇게 악하고 무식하고 조잔한 가정이 합하여 그 나라가 쇠잔한 병이 들어 망함에까지 이르는 것이 다 일찍이 혼인하는 폐에서 생기거늘….[8]

요컨대, 조혼은 개인적 차원의 신체적 병약, 가족적 차원의 윤리적 타락과 불화, 사회적 차원의 인구 감소를 초래하고 마침내 나라를 위기에 빠뜨리는 '망국의 주범'이 되고 있다는 지적이다.

조혼의 기준이 되는 연령은 시대에 따라 다소 차이를 보인다. 조혼 금령을 내렸던 갑오경장(1894)의 허혼 연령은 남자 20세, 여자 16세였다. 그러나 그 후 몇 차례에 걸쳐 허혼 연령은 수정된다. 현행 민법(2007년 개정)에서조차 허혼 기준이 남녀 공히 만(滿) 18세인 것에 비추어 볼 때, 남자 20세 기준의 갑오경장 안은 유명무실한 법에 불과했을 것이다. 1907년 8월 순종의 조치에 따라 남자 만17세, 여자 만15세로 연령이 낮춰졌고, 일제강점기의 조선민사령(1912)에서도 이 기준이 그대로 적용되었다. 이를 미루어볼 때, 1920년대 이전에는 15세 미만의 혼인을 조혼으로 여겼음을 알 수 있다. 그러나 이러한 법적 허혼 연령은 현실적 규제력이 없었다. 선교소설「김서방

Kim Subang」에는 8세 때 혼인하였으나 아들을 낳지 못해 파경을 맞은 한 소녀의 이야기가 나온다.[9] 이는 소설 속의 이야기만은 아니다. "팔 구세에 혼인"하였으며,[10] 개성 지역에서는 "신랑 신부의 연령을 합하여 14세에 지나지 못하였다"[11]는 기사가 등장하는 것을 보아서 1910년대까지만 하더라도 10세 이하 아동의 혼인이 그리 낯선 풍경이 아니었음을 추측할 수 있다.

그러면 교회는 당시의 법적 허혼 연[12]에 대해 어떠한 입장을 취했을까? 1900년《신학월보》에서는 "남자는 20세요 여자는 18세 전에는 혼인치 아니함이 마땅"[13]하다며 갑오개혁의 안을 따르고 있다. 1906년에는 "처녀 16세 남자 18세에 성혼하는 것을 금치는 아니하나 2~3세 더 기다려 하는 것을 교회서 아름답다 할 일"[14]이라는 권고가 등장한다. 1914년에는 교인들에게 권하는 허혼 연령은 순종이 내린 조치(1907)와 동일한 "남자 만 17세, 여자는 만15세"다.[15]

당시 교인들은 이러한 허혼 연령을 한 살이라도 더 낮추기 위해 '만(滿)' 자를 없애자는 요청도 하였다. 하지만 교회는 "남녀 혼인 연령에 만(滿) 자를 제하자는 헌의에 대하여는 이미 정한 규례를 고칠 필요가 없는 일"[16]이며, "관보상(대정4년 8월 7일 관통첩 제이백사호 민적사무취급건)에 남자 17세 여자 15세 이상으로 제시되어 있으니 더 이상 의논할 필요도 없고, 권한도 없으니 재론할 여지가 없다"[17]고 분명한 반대의 입장을 보였다. 이처럼 당시 교회는 혼인 연령의 적정한 기준을 독자적으로 제정하기보다는 사회법에 의존하고 있음을 알 수 있다.

당시 교회에서는 조혼을 이유로 출교 명령을 내린 사례가 발견되지는 않지만 조혼에 대한 강도 높은 비판은 자주 등장한다. 조혼 비판의 핵심 슬로건은 '전근대적 혼속'과 '망국적 폐습'이다. 계몽 지식인들이 조혼을 문명화의 걸림돌로 이해했던 것처럼, 기독교 혼인 담론에서도 "전국을 망하게 하는"[18] 야만적 폐습으로 간주한다. 이러한 비판에 활용되는 주요 지식은 당대 서구에서 유행하던 우생학이다. 당시 우생학적 담론에 의하면 미성숙 상태에서 임신을 하면 허약한 자녀를 산출한다. 이러한 우생학적 지식을 수용한 교회는 "생리적 견지에서 막대한 손실을 후생에게 물리는 조혼 대신에 장성하고 공부하여 어른의 지식이 있은 후에"[19] 혼인하라고 권고한다. 이러한 논리는 정신적 측면에도 적용된다. 아이들이 교육 받을 틈도 없이 부모가 되니 자녀 교육에도 좋지 않은 영향을 미친다는 것이다. 이러한 생리적 정신적 폐해가 '망국'의 원인이 된다는 것이다.

당시 기독교는 우생학적 지식에 근거한 문명개화론의 시각에서만이 아니라 종교적 언어에 근거한 신앙적 차원에서도 조혼을 비판하고 있다. 우리 민족이 '우수한 인종'이 되기 위해서는 '하나님의 지혜와 권력'을 얻어서 조혼과 같은 전근대적 혼속을 버리고 풍속을 바꾸어야 한다는 주장이나,[20] "하나님이 (조혼하는) 그 민족을 미워하여 결국 멸망하게 된다"[21]는 고백과 믿음에서 신앙적 논리를 읽을 수 있다. "교인이면서 조혼을 방조하거나 권한다면 불신자보다 그 죄가 더 크다"[22]는 지적에서도 '죄'라고 하는 종교적 범주로 해석되고 있다.

기독교가 조혼을 전근대적이고 반신앙적이라고 인식하는 첫 번째 근거는 혼인 당사자가 혼인의 주체자가 되지 못한다는 데 있다. 당시 기독교는 "남녀가 서로 안 후에" 혹은 "서로 대면하여 뜻에 합당한 대로" 정하는 것이 "참 이치" 가운데 자유함을 얻는 것으로 이해하였다.[23] 남녀가 서로 대면하는 절차가 생략되고, 부모가 선택 결정하는[24] 조혼은 당사자의 의사보다는 유교적 가족 질서에 따라 가문이나 부모의 이해가 더 우선적으로 반영된다. 한 여자와 한 남자의 결합이기보다는 시집에서 일꾼 며느리를 데려오는 혼사의 의미가 강하다. 이러한 조혼은 '위로는 조상을 받들고 아래로는 대를 이을 아들을 생산하는 것'이 결혼의 목적인 유교적 가족윤리의 특징이기도 하다. 교회는 개인의 행복과 주체적 결정이 허락되지 않는 유교 윤리를 비판하면서 서구 근대적 결혼 윤리와 기독교적 신앙을 새로운 윤리의 모델로 제시한다. '주체들 간의 자유로운 계약관계'를 중시하는 근대적 혼인윤리와 당사자 간의 대면 후 혼인을 결정하는 것을 '참 이치'로 보는 기독교의 혼인관은 유교적 혼인관을 비판하는 점에서 서로 연동되어 있다.

두 번째 근거는 조혼이 매매혼과 연동되었다는 점이다.

> 임신근씨는 아들과 딸이 있는데 아들의 나이는 13세요 딸의 나이는 11세라. 그 부처가 서로 말하기를 딸의 선급을 받아서 며느리를 맞자고 의논하던 중 마침 그 아내가 성신의 감화하심을 입어 예수를 믿은 후에 또 그 남편도 회개하고 자녀를 데리고 몇 주일을 지키고 서로 말하되 내 딸인데 어찌 짐승과 같이 돈받고 팔며 또 며느리를 어찌 종같이 돈을 주고 사리오. 이것이 다 하나님을 모르는 연고요….[25]

이 기사가 보여주는 것처럼, 기독교는 혼인을 매개로 여자아이를 사고파는 매매혼이 신의 형상(Imago Dei)에 따라 창조된 인간의 존엄성을 가르치는 신앙적 가르침과는 양립할 수 없는 풍속으로 간주하였다. 조혼을 철폐되어야 할 악습으로 고발하는 기사는 당시 기독교 언론에 빈번하게 등장한다.[26] 이러한 성격의 조혼은 "멸망 한가운데"에 일어나는 일이며, "마귀에게 붙은 자가 행하는 일"[27]이라고 종교적 수사를 활용하여 강력하게 비난을 하고 있다.

이처럼 문명개화기의 기독교는 우생학적으로 건강한 민족 구성원을 확보하여 강력한 문명국가를 건설하자는 문명개화의 논리와 '죄'라고 하는 종교적 논리에 근거한 조혼 비판 담론을 생산하였다. 당시 기독교는 조혼의 궁극적 근절 방안을 남녀 인격의 동등권과 남녀의 균등한 교육에서 찾았는데[28] 여기에는 문명개화론과 기독교적 인간관이 함께 작동하고 있다.

교회의 지속적인 계몽 담론과 계몽 운동에도 불구하고 1930년대까지도 조혼은 사회 문제로 제기되었다. 이는 혼인과 같은 성풍속은 급속하게 변화되기도 어렵고, 강제적인 방법도 효력을 발휘하기 어렵다는 것을 의미한다. 그런데 기독교의 조혼 비판의 논조는 1920년대를 기점으로 변화를 보이기도 하였다.

> 우리가 가정의 혼인법을 잠시 생각해 봅니다. 남자는 12세인데 18-19세이나 20세 이상 되는 여자를 택하여 노예처럼 부리고자 하고 또는 금전이나 문벌에 취(醉)하여 남자나 여자나 서로 어떨지 생각지도 않고 부모들의 마음대로 혼인을 하였습니다. 이같은 혼인의 결과로 남자는 다른 여자를 찾게 되어 첩도 얻고 불행에 떨어집니다. 그리고 여자는 후방 마누라가 되게 됩니다. 어찌 이 같은 불안 불평 부패한 가정을 건전하다 하겠습니까?[29]

문명개화기의 조혼 금지 담론과 강조점에 차이가 있음을 알 수 있다. 문명개화기에는 조혼이 주로 '잔약한 민족', '무식한 인종', '전국을 망하게 하는' 원인으로 지목되는 등 민족, 국가, 인종 차원과 연결되어 등장하는 반면, 1920년대에는 조혼의 부정적 영향이 사적인 차원 곧, 부부의 불화나 이혼 증대의 원인으로 지목되었다.

III. 축첩 비판 담론

문명개화론자들은 조혼에 대해서는 반문명과 전근대의 표상을 부여하고 구습 타파에 대해 목청을 돋우었지만 축첩에 대해서는 상대적으로 잠잠하였다. 근대 지식인들의 축첩에 대한 모호한 태도는 이들 자신이 조혼의 피해자이면서 동시에 자유연애의 수혜자라고 하는 특수한 상황에서 기인한 것으로 보인다.

이들과 달리 기독교 쪽에서는 축첩 행위와 기독교 신앙은 양립될 수 없다고 주장하면서 축첩 제도의 철저한 타파를 외쳤다. 축첩제가 어떤 논리에 의해 비판받고 있었을까? 교회는 축첩을 '야만적 행위'이자 '하느님의 뜻'을 거스르는 악풍으로 간주하고 첩을 둔 자의 입교를 철저하게 금했다. 그런데 초기 교회에서 축첩을 날카롭게 비판하고, 축첩자에 대해 단호한 처벌을 주장한 쪽은 주로 선교사들이었다. 감리교의 경우는 1894년 선교사들이 만장일치로 첩을 둔 자의 입교를 불허하고, 장로교의 경우도 몇 차례의 논의 끝에 1897년에는 축첩자의 입교 금지 결정을 내렸다.[30]

조혼의 경우, 교회법으로는 금지되었지만 출교와 같은 강력한 조치가 실제로 행해지지는 않았다. 이에 비해 축첩은 절대로 용납될 수 없는 부도덕한 행위로 간주되고 그에 대한 처벌도 단호했다. 첩살이를 하던 여인에게 세례를 줄 때, 목사는 "남편이 본처와 생활하는 것이 하느님의 뜻에 따르는 것"[31]이라고 가르치면서 빠른 시일 내에 첩살이를 청산할 것을 요구하였다. 첩살이 청산은 신앙인의 도덕적 표준이자 회심의 징표였던 것이다.

축첩 제도의 역사적 기원은 조선조까지 거슬러 올라간다. 조선 태종은 『주자가례』를 준거로 중혼금지법을 제정하였는데 여기에서 축첩 제도의 발판이 마련되었다. 중혼 금지안은 고려 시대의 '유처취처제(有妻娶妻制)'를 규제하면서 그 대안으로 제시된 것인데, 당시로서는 새로운 사회에 걸맞는 윤리적 법적 장치였다. 이 법안으로 인해 첫 번째 부인만이 '처'로 인정되고 그 외의 부인들은 모두 '첩'이 되었다.[32] 이 경우 첩(자녀)은 처(자녀)와 구별되는 차등적 지위를 부여받았지만, 첩의 존재가 용인되고 있다는 점에서 조선조 사회는 엄밀한 의미의 일부일처제 사회는 아니었다.

조선조의 처첩 풍속은 문명개화의 열풍이 불던 개항기에도 쉽게 사라지지 않았다. 빈한한 가정의 부모는 생존을 위해 딸을 첩으로 파는 경우가 많았다. 1896년, 1903년, 1906년의 한성부 호적에 따르면 당시 서울지역 1만여 호 중 첩이 있는 호는 5.6%에 달했으며, 관직 보유자들은 5호 당 1호 꼴로 첩을 소유하고 있었다.[33] 호적에 올리지 않거나 10년 이하의 일시적 동거 생활을 하는 첩까지 포함하면 축첩한 남성의 비율은 더 높았을 것으로 추정된다. "첩이 없는 남자는 사나이가 아니라 못생긴 사람"[34]으로 놀리거나 "일부이첩을 대장부의 당연한 일로 여겨 아침밥과 저녁죽을 먹을 만한 사람이면 의례히 첩을 두는"[35] 현실을 풍자한 신문기사를 보면, 이 시기의 축첩 관행은 그리 넉넉지 않은 평민층까지 퍼져 있었음을 짐작할 수 있다. 법률혼주의가 1923년에 도입되었지만, 그 후에도 한동안 한국 사회에서 첩문화는 그리 낯설지 않은 풍경이었다.

축첩 제도의 윤리적 문제점에 대하여 처음으로 비판을 제기한 것은 조선 후기의 서학이다. 서학은 하나님의 피조물인 인간은 평등하다는 교리에 근거하여 당시 사회가 여성에게 가한 차별 대우를 하느님의 뜻에 위배된 것으로 여기면서 축첩제를 강력하게 비난하였다.[36]

하지만 근대 지식인들의 축첩 문제에 대한 태도는 다소 모호한 점이 있다. 전근대적인 성격이 농후한 축첩 문제에 대해서 비판적인 관점을 지니고는 있었지만, 여타 구습에 대한 척결의지에 비교해 볼 때 그리 적극적이지 않았기 때문이다. 그들은 축첩의 원인을 남존여비 사상에서 찾으면서 성에 따라 차별적으로 적용되는 이중적 성윤리의 모순을 지적하였다. 사회의 기본 단위인 가족이 '미개와 야만' 상태로 머무르느냐 '문명과 개화'의 길로 가느냐의 여부가 축첩 문제에 달려 있다고 본 것이다. 기독교의 경우에는 1890년대에 들어서면서 선교사 중심으로 축첩제에 대한 신학적·윤리적 비판 담론이 본격적으로 등장한다. 기독교의 축첩 비판은 주로 종교적 계명과 관련되어 있다.

첫째는 축첩 행위를 간음 행위로 간주하는 논리다. 간음을 금지하는 제7계명[37]과 이혼을 간음과 연결시키는 예수의 가르침(마가 10:11, 마태 5:32 등)[38]이 축첩 반대의 주요 근거로 제시되는데 이는 축첩을 간음으로 간주하는 논리이다.

두 번째는 축첩을 일부다처제로 규정하는 논리다. 일부일처제를 하나님의 법으로 이해하는 선교사의 입장에서 보면 '사실상의 일부다처제'인 축첩은 하나님의 질서를 교란하는 행위였다. 선교사 베어드는 한 남자와 한 여자 사이의 서약인 "부모를 떠나 아내와 한 몸을 이룬다"(창 2: 24)는 구절에서 일부일처제의 근거를 찾았다. 한 몸이 되었기에 또 다른 제3자와 절대 결합할 수 없다는 것이다. 그는 유대-기독교 역사에서 일부다처제가 소멸되고 일부일처제로 대체되는 과정을 상세하게 설명하면서, 혼인은 하나님 앞의 성스러운 계약임을 밝힌다. 이러한 논리에서 우리는 기독교(선교사)가 '근대적 일부일처제'를 '하느님의 법' 혹은 '하느님의 질서'로 인식하고 있음을 엿볼 수 있다. 서구 사회에서 일부일처제의 역사는 그리 길지 않다. 그럼에도 기독교 혼인 담론은 종교적 메타포를 사용하여 서구 근대의 혼인 담론을 기독교 신앙과 연결시켜 이해하고 있으며 기독교의 윤리적 기준으로 받아들이고 있었던 것이다.

셋째는 순결의 논리다. 복혼자의 가정은 순결하지 못하며 축첩자는 신약의 가르침(벧전 4:7)에 따라 살 수 없다는 것이다.[39]

이처럼 선교사들은 축첩을 간음, 일부다처, 그리고 순결의 위반으로 간주하면서 축첩 철폐를 주장하였다. 문명개화론의 축첩 반대 담론과 다른 점은 '간음' '순결' '하나님의 법'과 같은 종교적 언어가 등장한다는 점이다. 당시 교인으로서 축첩을 행하는 자들은 '외인(外人)'으로 간주되어 신앙 공동체에서 배제되었다. 이처럼 축첩 여부는 성도와 외인을 가르는 중요한 기준으로 작용하였고 축첩 거부는 종교적 정체성을 강화하는 중요한 통로 역할을 하였다.

이 시기 기독교의 혼인 담론과 관련하여 주목해야 할 것은 교인과 교인의 결혼 즉 교중혼(教中婚)이다. 교회는 외인과의 결혼 대신 교중혼을 이상적 혼인 형태로 제시하였다. 불신자와의 혼배(作配) 금지를 '순결'[40]의 논리로 설명한다. 순결은 성도의 특성을 지시하는 대표적 수사의 하나다. 따라서 성도와 대립하는 외인은 '타락'이나 '오염'의 범주로 표상되었다.

이 시기 기독교인의 정체성 형성 과정에서 중요한 역할을 한 개념적 장치가 바로 이러한 성도와 외인의 이분법이다. 외인의 범주에는 '이방사람,' '이교도,' '우상 섬기는 인민,' '불신자' 등이 포함된다. 이와 대칭되는 성도에는 '교중 형제자매,' '믿는 자,' '하나님의 백성,' '신자,' '교민(教民)' 등이 포함된다. 이러한 이름짓기(naming)를 통한 의미화 과정 속에서 성도와 외인은 엄격하게 분리되고, '순수한 우리'와 '타락한 그들'의 이분법이 작동한다.[41] 요컨대 교중 결혼은 교인의 순결함과 신앙 공동체의 순수성을 지키기 위하여 권면된 제도적 장치였다.

이러한 맥락에서 상대집안과 신랑의 믿음을 혼인의 기준으로 삼아야 한다든가,[42] 세례받은 처녀는 세례 안 받은 남자와 결혼해서는 안 된다는 주장이 교회의 이름으로 권장되었다.[43] 이때 신랑의 믿음과 세례가 유독 강조되는 것은, 부인이 남편보다 신급(信級)이 높아서는 안 된다는 취지로 해석할 수도 있다.[44] 1904년 장로교회는 신자가 불신자와 결혼하는 것을 '죄'로 규정하였다.[45] 비기독교인과의 결혼은 권고와 정죄의 대상이었을 뿐만 아니라 예기치 않은 불행의 원인으로 해석되기도 하였다. 어느 한 교인의 집에서 화재 사건이 연이어 발생하자, "복복남 형제가 화를 당함은 첫째, 신부가 교중 자매가 아니라 믿지 않는 외인"이기 때문이라고 이해하였다.[46] 화재의 일차적 원인을 외인과의 혼인에서 찾는 이 해석은 당시 교회가 얼마나 적극적으로 교중혼을 이상적 혼인으로 주장하였는지 엿볼 수 있는 대표적인 사례라 하겠다.

이처럼 교회는 권고와 정죄의 양 방면으로 교중혼을 강조하였지만 구체적 현실에서는 이러한 혼인 형태가 잘 지켜지지 않았던 것 같다. 일부 교인들은 비기독교인과 결혼한 다음 새신랑을 일시적으로만 교회에 출석시키면서 신실한 신자라 속이거나, 아예 불신자와 혼인하고 책벌 받기를 기다리는 사례가 빈번하게 보고되고 있기 때문이다. 그리하여 당시 기독교 언론은 외인과의 혼인금지는 "교회법에도 있고 성경의 가르침"인데, 이를 진중하게 받아 지키는 자가 없다고 개탄하고 있다.[47]

요컨대 초기 기독교는 조혼과 축첩으로 대변되는 전통적 혼인 관습을 야만적이고 반신앙적인 악폐로 단죄하는 한편 성인(成人)들의 일부일처혼과 교중혼을 이상적 혼인 형태로 권면하는 방식으로 기독교 혼인 윤리를 창출하였다.

IV. 자유연애 비판 담론

1920년대에 접어들면서 기독교는 혼인 윤리의 영역에서 새로운 도전에 직면하게 되었다. 이 시기에는 전통적 의미의 축첩은 아니지만 일부일처제에 위배되는 불법적 혼인 관계가 등장하였기 때문이다. '제이부인(第二婦人)'으로 불린 일부 신여성들의 자유연애 결혼이 그것이다.[48]

당시에 시대정신으로 각광받았던 자유연애는 신여성[49]과 불가분의 관계를 맺고 있다. 구습 타파의 기치 아래 '계집'에게도 신교육의 기회가 제공되고, 계몽의 열풍으로 신여성이라는 근대의 아이콘이 부상하였다. 나아가 자유연애와 사랑에 기초한 결혼, 그리고 부부 평등에 기초한 가정에 대한 이상적 담론이 폭발적으로 등장하였다. 여성의 인권과 교육권, 평등권에 대한 언설들이 넘쳐났던 것이다. 이에 발맞춰 교육 받은 여성이 기하급수적으로 늘고 교육과 의료 분야 등에 종사하는 전문 여성도 점점 증가하였다. 그러나 공적 영역에로의 여성의 비약적인 진출에도 불구하고 여성이 있어야 할 마땅한 자리는 여전히 가정이었고, 모든 여성의 궁극적 귀착점은 결혼이었다. 당대를 풍미하던 자유연애와 자유결혼 담론은 여성도 사랑과 결혼을 자유롭게 선택할 수 있는 영역인 양 보여주지만, 조혼과 축첩 등 전근대적 장치들이 여전히 큰 영향력을 끼치고 있는 현실에서 자유로운 선택이란 매우 요원한 일이었다. 이렇듯 담론과 여성의 실제 삶 사이에는 상당한 거리가 있었다. 이러한 괴리로 인해 신여성은 근대 교육과 자유연애의 주창자이자 수혜자였고, 선각자임과 동시에 피해자가 되었다.

여성의 권리와 자유연애 담론은 추상적 차원에서는 봉건 윤리에 대한 저항담론으로 유통되었으나, 실제의 삶에서 연애와 결혼 문제에 직면한 여성들은 다시 봉건적 질서 속으로 포박 당하기 십상이었다. 전통과 신풍조의 이러한 충돌 과정에서 착종된 존재로 탄생한 것이 제이부인이다. 이들은 합법적인 부인으로 인정받지 못한다는 점에서는 전통 사회의 첩과 유사하나, 지식 정도나 사회적 위상이 상당했다는 점에서는 첩과는 구별되는 존재였다. 전통 사회의 유물로 존재하던 첩문화를 비판하던 기독교는 이제 칼날을 신여성과 제이부인에게 겨누었다.

당시 혼인을 앞둔 신여성들은 깊은 딜레마에 빠져 있었다. "요사이 조선 형편으로는 한 번도 장가 안 갔던 사내에게만 시집가고자 하면 신랑 고르기에는 매우 곤란하게 된 처지입니다. 그래서 흔히들 남의 첩으로나 혹은 후취로 시집을 가지요. …사랑은 하는데 불행할사 저 사내는 이미 장가를 들었습니다"[50]라는 한 신여성의 고백에서 당시 여성이 처한 진퇴양난의 상황을 짐작할 수 있다.

시대의 아이콘이었던 신여성이 결혼 대상자로 적합하다고 여긴 지식인 남자의 대부분은 이미 조혼한 상태였다. 바로 이러한 유부남들과 결혼을 감행한 일군의 신여성을 '제이부인'으로 불렀던 것이다. 봉건 사회의 첩과 구별하기 위해 발명된 낯선 존재인 제이부인은 민적(호적)에 기록되지 못한 불법적 존재였다. 게다가 자유연애로 맺어진 관계였기에 사랑이 식으면 어떤 신세로 전락하게 될지 모르는 불안한 존재였다. 가부장적 담론은 이러한 신여성을 구여성과 대비시켜, 가정을 파괴하는 이기적이고 겉멋들린 '못된걸'(모던걸)로 형상화하곤 하였다. 불법적이고 불안한 존재인 제이부인이 야기한 사회적 소란은 신여성 개인의 탓이라기보다는 봉건적 혼속과 자유사상이 상호 연동되어 만들어낸 사회 구조적 차원의 문제로 보아야 할 것이다.[51]

신여성들은 제이부인이 되기를 거부한다고 해서 자유연애의 이상을 포기하고 전통적 혼인방식인 매작(媒妁)결혼을 선택할 수도 없었다. 봉건적 가정에서는 많이 배운 신여성을 결혼 상대자로서는 달갑게 여기지 않았고, 신여성 자신들은 자유와 평등과 신생활에 대한 로망으로 가득 차 있었기 때문이다. "10년 동안이나 학교를 다니고 나서… 시어미 버선 짝이나 꿰매고 아궁이에 불이나 땔"[52] 수도 없는 노릇이었고, 당시의 구여성들처럼 "생면부지의 한 남자에게 시집가서 시어머니의 휘하에서 생활하며… 중산층 이상의 남자들 중 많은 사람들이 한두 명의 첩을 두어 이중살림을 하는"[53] 봉건적 상황으로 회귀할 수도 없었다. 사랑하는 사람과 결혼하자니 첩의 생활을 감수해야 했고, 생면부지의 남자와 매작 결혼을 하기에는 봉건적 윤리로부터 너무나 멀리 와 버린 것이다. 이러한 신여성의 존재는 1920년대의 심각한 사회적 문젯거리였다.

축첩에 대해 단호한 태도를 취했던 기독교는 제이부인을 양산하는 자유연애풍조에 대해서도 비판적이었다. '참다운 신자'라면 자유연애로부터 초연해야 한다는 것이다.[54] 교회로 불어오는 자유연애의 열풍과 조롱의 의미가 섞인 '연애당'이라는 언표에 우려를 표하는 보수적 기독교인들이 적지 않았다. 이들은 "여자청년회에서는 요사이 춤을 가르친다는 말을 들었다. 화가 있을진저 저 부인선교사여 복음을 전하지 아니하고 남녀가 서로 얼싸안고 뛰는 것을 가르친다"[55]며 맹비난을 하고, 크리스마스 연극 등 기독교 청년들의 문화 활동을 "타락의 기회를 주는 일"[56]로 해석하기도 하였다.

  자유연애에 비판적인 기독교 지식인들은 신여성들을 매우 불온한 시선으로 바라보았다. "새 교육을 받고 적은 지식을 얻어가지고 여자의 해방을 부르짖으며 권리의 평등을 주장하며 연애의 자유결혼을 고창하야…풍기를 문란하게 함이 없지 아니하며…"[57]라는 표현에서 여자 해방이나 권리 평등을 주장하며 자유연애를 외치는 여성은 일단 '적은 지식'을 얻은 자로 폄하됨을 알 수 있다. 뿐만 아니라 연애 결혼을 부르짖는 것은 풍기 문란 행위로 인식되고 있다. 여성의 성에 대해 보수적인 기독교에서는 여성의 몸을 통제하는 가부장적 담론이 강력한 힘을 발휘하였다. 그리고 여성의 몸을 통제하기 위해서라면 서로 모순되는 사상을 수용하기도 하였다.

> 방년 이팔에 남편없는 시집에 가서 생면부지의 시부모를…정성을 다하여 섬겼으니 효성은 어찌 이와같이 지극하였으며 일가집 아들을 빌어다가 양자를 삼아 남편의 대를 이어 망하게 된 집안을 흥왕케 하였으니 충성은 어찌 이와같이 진실하였으며… 리부인도 어려운 일을 다 마치고 그 남편을 위하야 생명을 버렸다. 거룩하다 리부인이여 결심은 어찌 그와같이 용감하며 처사는 어찌 그와 같이 주밀하며 자결은 어찌 그와같이 조용하였는고 다시 말하면 이것이 진정의 연애요, 이것이 진정의 정사다.[58]

  위의 이야기는 혼인 약속을 한 남자가 초례를 치르기 전에 죽자 자결을 결심했으나, 마음을 바꾸어 시부모에게 효를 다하며 유교 가부장적 질서에 철저히 순종한 이(李)부인의 행적이다. 부인은 시부모가 천수를 누리도록 정성껏 봉양한 효성, 남편의 대를 잇기 위해 양자를 들여 집안을 일으켜 세운 충성, 그리고 만사를 끝까지 잘 행한 후에 남편을 위하여 자결을 한 용감한 처사로 인해 높이 평가받고 있다. 요컨대 기독교는 유교 가부장적 이데올로기에 포박 당한 한 여성의 비극적 삶을 '진정한 연애'이며 '진정한 정사'라고 높이 치켜세우고 있다.

이 서사의 배경은 1920년대다. 이 시기는 열녀가 포상을 받거나 정절을 절대적인 가치로 여기는 사회 윤리가 그 빛이 바래 가고, 유교의 이상적 여성상인 열녀의 서사가 잦아들던 때다. 또한 여성의 성을 통제한 대표적 법이었던 재가녀자손금고법(再嫁女子孫禁錮法)이 수정되고 간통 등에 대한 잔혹한 처벌이 완화되어 성에 관한 통제력이 약화되던 때였다. 이에 맞추어 과부 재가 담론이 본격적으로 유통되던 시기이자, 식자들을 중심으로 자유연애의 열풍이 불고 있을 때이기도 하다.[59] 여성의 성을 둘러싸고 여러 담론이 대결하고 타협한 결과 새로운 담론이 형성될 무렵, 기독교는 오히려 유교 가부장주의의 여성 억압의 대표적 실례인 정절녀 서사를 적극 전유하고 있다. 이처럼 가정과 교회에 충실한 정숙한 부인을 만드는 젠더의 논리는 조선 성리학과 쉽게 접목될 수 있었다. 선교의 장에서는 상호 갈등하는 관계이지만 양자는 여성을 통제하는 차원에서 쉽게 공모할 수 있었던 것이다.

정절녀 서사를 재생산하던 자유연애 비판 담론은 이혼에 관하여 단호한 태도를 취한다. 1920-30년대의 이혼이란 주제는 자유연애 결혼만큼이나 신여성과 남성 지식인 사회에서 널리 회자되는 논쟁거리였다. 1920년대 교계의 대표적 매체였던《기독신보》에 빈번하게 등장하는 이혼 관련 기사[60]를 보아도 당시의 위기의식을 짐작할 수 있다. 기독교인의 이혼율이 비기독교인들의 이혼율보다 높고, 특히 청년들에게 영향력을 끼치면서 교인들을 이끌어갈 식자층의 이혼 증가 현상이 나타나자 이들은 심각한 우려를 표한다.⁶¹ 그래서 "우리 그리스도 신자들은 가정의 헌법인 사랑을 철저히 지키어 비록 이상에 맞지 않더라도 무너져 가는 가정 윤리를 다시 세워서 하나님의 가정이 더욱 많이 지어지도록 노력"⁶²해야 한다고 강변한다. 지식인들의 높은 이혼의 원인을 조혼과 자유연애에서 찾은 것이다. 이러한 주장은 연애결혼이 일부일처제를 확립하고 이혼을 줄여줄 것이라는 자유연애주의자들의 주장과 대치된다. 당시 증가하고 있는 이혼 사건의 원인으로 자유연애가 지목된 몇 가지 이유가 있다.

첫째는 "자유연애 결혼을 하는 서구가 이혼율이 구제도보다 높다"⁶³는 점이다. 물론 이러한 비판의 논리에는 구제도에서 이혼율이 낮았던 실제적 이유가 은폐되고 있다. 요컨대 그 제도에 만족해서가 아니라 개인의 행복권이 박탈되었기에 이혼 주장이 불가능했던 상황이 은폐되고 있다. 이러한 비판론자들에게 중요한 것은 개개인의 행복보다는 불만족하더라도 결혼을 유지하는 것이다. 감리교 목사인 홍병선은 "부모가 처를 강제로 취하였다 하더라도 이미 수년을 동거해 놓고 심지어 자녀까지 있는 부인을 버리려 함은 축첩보다 악한 죄"라고 단죄하며, 자유연애 풍조의 부작용인 구여성과의 이혼에 단호한 입장을 보인다.⁶⁴ 보수적 기독교 담론은 이혼의 원인을 자유연애라는 신풍조의 탓으로 돌리지만 같은 시기의 《동아일보》 보도기사를 보면 이혼의 주요 원인은 남편의 학대와 구타였다.⁶⁵ 1920년대 중반부터 증가하기 시작한 이혼율은 1923년 민법의 변화와 밀접한 관련이 있다. 변화된 민법에서는 남편뿐만 아니라 아내에게도 이혼 청구권을 부여하였다. 그러하기에 여성들이 이혼을 청구한 것은 더 이상 구타 당하며 비인간적으로 살지 않겠다는 의지의 표명으로 읽을 수 있다. 증가하기 시작한 이혼을 자유연애의 탓으로 돌리는 것은 자율권을 주장하는 신여성들의 성을 통제하려는 전략과 맞물려 있는 것으로 보인다.

둘째는 연애가 일시적인 감정에 근거한 것이기에 사랑의 감정이 옅어지면 이혼의 위험성이 농후하다는 것이다. 세 번째 이유는 "실처다운 처가 될 만한 여성들은 교제장에 나서지 아니"하며 "교제 무대로 나서는 여성은 대다수가 모성다운 현숙한 여성이 아니"라는 것이다.[66] 자유연애로 배우자를 만나게 되면 결함 있는 여자를 만나기 쉽고, 결혼했더라도 이혼하기 쉽다는 경고도 등장한다. 이는 신교육과 사회 활동을 하는 여성들에 대한 부정적 인식의 산물이다.

1920년대는 개조의 시대이자 연애의 시대였다.[67] 기독교는 교회로 밀려오는 자유연애와 신풍조의 도도한 물결에 저항하면서 '참다운 신자'들을 보호하려는 다양한 몸짓을 보였다. 기독교의 혼인 윤리는 이러한 과정에서 재탄생하였는데, 그것은 신사조의 세례를 받은 지식인들과 신여성들의 자유연애론을 유교적 가부장 이데올로기와의 공모를 통해 비판하고 억압하는 모습으로 나타났다.

V. 나오는 말

기독교는 19세기 말에 수용된 이래 이 사회의 윤리적 판단의 준거가 되기 위해 경주해 왔다. 초기에는 기독교 신앙과 상충하는 전통적 혼속을 우생학적 근대 지식으로 비판하고, 종교적 수사를 활용하여 새로운 혼인 윤리를 구축하였다. 조혼과 축첩으로 대표되는 전통적 혼속과의 단절을 통해 기독교의 정체성을 확고히 하는 한편, 문명과 개화의 종교라는 이미지를 강화하였다. 그러나 3.1운동 이후부터 기독교가 대결해야 할 주요 타자는 전통문화가 아니라 새롭게 부상하는 자유주의적 세속 문화였다. 이는 연애라는 새로운 개념을 한국 사회에 이식하고, 사랑에 기초한 결혼이란 생소한 혼인 윤리를 제시하였다. 자유연애로 표상되는 당시 세속 문화를 기독교는 신앙의 논리로 잠재우려 노력하였다.

기독교가 한국 사회의 혼인 윤리와 성윤리관 형성에 어느 정도의 영향력을 발휘하였는지 수량화할 수는 없다. 분명한 것은 조혼이란 혼속이 우생학적으로 야만적 습속이고 축첩 행위가 반인권적이라는 담론을 유통시키는 데 중요한 장으로 역할을 하였다는 점이다. 또한 자유연애를 부추기는 세속 문화와의 대결을 통해 이 사회의 보수적 윤리 담론의 대표자로서의 역할을 하여 왔다.

기독교는 한국 여성에게 자기 삶의 주체는 자신이라는 강한 자의식을 갖도록 도우기도 하였지만, 유교 가부장주의와 근대 기독교 가부장주의의 공모가 이루어지던 그 공간에서는 여성 주체 의식이나 성적 자기 결정권 주장은 불온시되었다. 한때는 여성 해방의 공간으로 평가되던 기독교회가 오늘날에 와서는 가장 보수적인 성의식과 여성 의식을 지닌 공동체로 자리매김하고 있는 교회의 풍경은 이미 그때부터 시작되었던 것은 아닐까?

2장

착종된 혼인과 주체적 이혼

I. 들어가는 말

우리 사회에서 성 문제와 연동된 사안에 대하여 가장 민감한 반응을 보이는 이들은 보수적 기독교인과 진보적 여성주의자다. 간통죄 위헌 소송을 두고 전자는 윤리적 테두리를 벗어나는 성(sexuality)을 강제하던 법이 폐지되면 도덕적 타락은 물론이고 가족의 해체를 촉진시킬 것이라는 깊은 우려를 표명한 반면, 후자는 성적 자율권 보장은 시대에 부합하는 결정이라며 지지한다. 최근에는 차별 금지법 조항을 두고도 경합하고 있다. 전자는 독소조항 '삭제'를 외치며 저항하였고, 후자는 7개 조항의 '삭제 반대'를 외치며 차별에도 위계를 둔다며 분노하였다. 가족 해체의 시대적 징후에 대해서도 상반된 윤리적 입장을 취한다. 전자는 신가부장의 권위 확립과 가족 윤리의 수호를 위하여 아버지 재교육 프로그램 등을 적극적으로 계발하지만, 후자는 '가부장적' 가족의 해체와 '다양한' 가족 모델을 통한 새로운 가족 윤리를 제안한다. 이렇듯 보수 기독교 진영과 여성주의 진영은 성·사랑·혼인에 관련된 다양한 사안을 두고 윤리적 준거를 주도하기 위하여 경합하고 있다.

한국 기독교는 근대 초기부터 사회적 편입의 한 통로인 '혼인'에 관심을 두며, 혼인 윤리의 새로운 준거를 수립하기 위하여 노력하였다. 앞 장에서 살펴보았듯이, 전통 혼속과 그 혼인윤리에 대해서는 단절의 윤리를, 새로이 밀려들어 오는 세속적 혼인 문화와 그 윤리에 대해서는 통제의 윤리로 대응하였다. 단절과 통제의 혼인 윤리를 통해 신앙 공동체의 정체성을 확립하고, 신앙적 정체성에 기초한 윤리적 틀을 제시하면서 이상적 신앙인 가정 모델을 구축한 것이다. 한편 여성들은 근대적 교육 공간을 통하여 근대적 '주체의식'을 함양하고, 복음을 통하여 이마고 데이(Imago Dei)로서의 '신앙적 정체성'을 깨달았다. 요컨대 기독교계 신여성(이하 '기독교 신여성')이라는 새로운 주체가 탄생한 것이다. '기독교'와 '근대'의 세례를 동시에 받은 이들은 당대 기독교의 가부장적 그물망에 포획되기도 하고 때로는 저항함으로써 그물 밖으로 탈주하기도 하였다.

이 글에서는 기독교의 가부장적 윤리와 경합하는 가운데 한국의 젠더 지형에 영향을 끼친 기독교 신여성의 삶의 자리를 '혼인'의 렌즈로 조망한다. 구체적인 사례 연구를 위하여 '신앙인'이었으나 기독교 가부장적 혼인윤리와 갈등하고, '신여성'이었으나 당대를 풍미했던 연애 지상주의자들과는 다른 행보를 걸었던 기독교 신여성의 삶의 자리를 조망하기 위하여 대표적인 기독교인 신여성이었던 박인덕의 삶의 궤적을 추적한다.

그의 혼인을 연구 사례로 선택한 것은 삼종지도와 여필종부가 여전히 여성의 주요 덕목이었던 20세기 초반에, '여자이면서도' 이혼을 주도적으로 결정함으로써 젠더 불평등의 상황을 문제화하고 젠더 담론의 지형에 끼친 영향력 때문이다. 혼인을 둘러싼 그의 삶의 궤적을 추적하는 과정에서 당대 기독교 혼인 윤리의 가부장성과 기독교 신여성들의 불안하고도 불편한 삶의 자리가 드러날 것이다. 이러한 작업은 전근대와 근대의 혼인 윤리가 중첩된 혼돈의 시대를 살았던 한 기독교 신여성이 가부장적 통제의 윤리망을 뚫고 탈주한 지점은 어디인지, 가부장적 윤리를 위반한 그의 착종된 결혼과 주체적 이혼의 의미는 무엇인지, 그의 행위가 한국 사회의 젠더 지형에 어떠한 변화를 가져왔으며 한국 여성에게 어떠한 의미가 있는지 성찰하는 것으로 이어진다.

박인덕(1896-1980)은 교육자, 지식인, 신앙인, 연설가, 계몽운동가, 여성운동가로서 수많은 최초를 기록하면서 한국 근현대사에 큰 족적을 남긴 대표적인 기독교 신여성이다. 그가 기독교로 개종하게 된 계기는 19세기의 팬데믹이었던 콜레라로 인해 아버지를 비롯한 집안의 남자들의 죽음을 맞이한 사건이었다.

요동에서 평안도로 들어온 콜레라균이 황해도, 서울을 거쳐 한강 이남 지역으로 맹렬한 기세로 확산되면서 한반도는 초토화되었다. 원인을 몰라 대책을 세울 수 없는 속수무책의 상황에서 국가가 할 수 있는 일이란 고작 전국적으로 제사를 올리고, 장례 지원을 하는 정도의 구휼 정책이었다. 내한 의료 선교사 알렌과 헤론이 쓴 1886년 서울의 보건 상황에 관한 보고서에는 "사람들은 상당한 돈을 들여 도시 도처에 사당을 짓고 콜레라 신에게 기도했다. 수많은 군인은 공중에 자주 총을 쏘면서 콜레라 신에게 대궐 안으로 들어오지 못하게 위협했다."[68] 열흘 간격으로 집단적 죽음을 목도한 민중은 죽음의 공포를 이기기 위해 고양이를 그려 문 앞에 방패막이로 걸어 두었다. 쥐가 스멀거리는듯한 통증으로 인해 '쥐통'으로 불렸던 콜레라를 막기 위해 주술의 힘을 빌린 것이다. 1895년 조선 정부에 의해 콜레라 방역 총책임자로 임명된 에비슨과 의료 선교사들은 콜레라의 발생은 귀신 때문이 아니라 세균에 의한 것임을 널리 알리고, 물을 반드시 끓여 먹도록 권장함으로써 콜레라만이 아니라 설사, 이질, 말라리아, 소화불량, 열병 등과 같은 질병을 예방하는데 크게 기여하였다. 학교와 병원을 통해 계몽을 해 나갔던 기독교는 당시 민중에게 '기쁜 소식'이자 세상을 구하는 '구세교'로 받아들여질 수 있었다.

남편의 죽음으로 가부장 사회에서 기댈 곳이 없었던 박인덕의 어머니는 자신들과 세상을 구해줄 구세교로 들은 적이 있었던 교회를 찾았다. 하나 뿐인 딸과 함께 세례를 받은 것이다. 어린 시절부터 교회와 기독교 문화의 자장 속에서 성장한 박인덕은 성인이 된 이후에도 실존적 위기의 순간마다 신앙의 힘으로 이를 극복한 회심한 신앙인이었다. 일찍이 그의 어머니는 '교육'이 더 넓은 세상으로 인도하는 불빛임을 깨달았다.[69] 그러나 동네의 유일한 교육 기관인 서당은 남자아이에게만 열려 있었다. 개화의 거센 바람은 불고 있었지만 여전히 남녀칠세부동석의 예법이 남아 있던 시절, 박인덕은 서당교육을 받기 위하여 남장을 하는 등 '여성적 기표'를 감추어야 했다. 동서양을 막론하고 여성적 기호를 삭제함으로써 주류 사회에 편입하고자 하였던 사례는 빈번하게 발견된다.[70] 여성의 몸에 열등성을 부과했던 가부장적 사회를 돌파하기 위한 여성들의 흔한 전략의 하나였다. 성장함에 따라 황해도 진남포의 삼숭여학교[71]에서 "영혼의 양식이 되었던 생명의 말씀"을 처음 만났으며, 이화학당에 진학한 후 선교사의 지원으로 자신의 잠재력을 십분 발휘하였다. 이화학당에서 교사 생활을 하던 중 학생들을 선동했다는 죄목으로 수개월 수감되었고,[72] 애국부인회 사건으로 다시 투옥당하는 등 20대에는 민족운동에 적극 관여하였다. 출옥 후 정치 투쟁보다는 "기독교적 인내를 통해 하나님의 도움으로"[73] 민족 문제를 해결하려는 입장으로 선회함으로써 개량적 식민지 기독교인의 행보를 걸었다. 신앙 체험으로 개인의 자유와 인격의 신성함을 깨달은 후 가부장적 윤리에 부단히 저항한 그에게 기독교는 현실 도피의 공간이 아니라 끊임없이 그 자신을 윤리적 주체로 호명하는 종교였다.

II. 신여성의 딜레마, 기독교 신여성의 트릴레마(trilemma)

한국 여성의 근대 교육을 이끌었던 미국 선교부는 복음화를 위해서 여성 교육의 확대에 총력을 기울였다. 그 노력의 하나가 남학교와 여학교 건립을 동수로 하기로 한 선교 교육 정책이다. 그 결과 1886년 설립된 최초의 여학교 이화학당을 비롯하여, 1908년에는 관립여학교가 단 한 군데인 데 비해 개신교계 여학교는 이미 29개나 운영될 정도로 여성 교육의 대중화를 이끌었다.[74] 그러나 여학교를 통해 배출된 신여성들은 늘어났지만 졸업 후 이들 앞에 놓은 현실은 암담했다. 붕괴된 식민지 경제 구조에서 아무리 배웠다 한들 여자들이 사회 활동하면서 경제적인 자립을 할 수 있는 형편이 못 되었다. 경제적 독립이 불가능한 구조에서 남아 있는 선택지는 결혼인데, 이 역시 어려운 길이었다. 결혼 대상자로 적합한 신교육을 받은 남자들은 앞 장에서 본 대로 당시의 조혼 풍습에 따라 이미 처가 있는 상태였다. 배운 여성들의 선택지는 정해져 있었다. 옛 여인들이 그러했듯이 혼인 상대자를 제대로 보지도 못한 채 집안 중매로 혼사를 맺거나, 본처를 두고서도 연애 결혼을 열망하는 조혼자의 제이부인이 되거나, 어느 경우든 신여성의 앞날은 암담했다. 거세게 불고 있던 1920년대 자유연애 사상은 봉건 윤리를 해체하는 데 파괴적인 도구였으나, 시대의 한계를 넘을 수 없었던 신여성들을 새로이 봉건 속으로 포박했다.

기독교 신여성은 신여성들이 직면한 딜레마에 교회의 윤리적 통제까지 더해진 트릴레마(trilemma)에 봉착했다. 교회에서 금지하는 제이부인이 될 수도, 믿음 없는 유교 가부장적 가정으로 회귀할 수도 없었던 그들은 제3의 삶의 양식을 선택했다. 그중 하나가 독신이다. 요컨대 기독교 신여성에게 독신은 봉건적 혼인의 굴레에 포박되지 않으면서 교회의 혼인 윤리에도 위배되지 않는 존재 방식으로 선호되었다. 중세 여성 신비가들이 그러했듯이 가부장적 질서에 포박되지 않고 자신의 잠재력을 발휘하려는 여성들이 선택하는 전형적인 삶의 방식이 독신이다. 김활란을 비롯한 근대 여성 지도자들이 탁월한 능력을 발휘하며 한국 여성의 아이콘이 되었던 것은 독신이기에 가능한 측면이 있다. 결혼한 여성이 감수해야 하는 의무로부터 자유로웠을 뿐만 아니라, 배타적인 가족 울타리에 갇히지 않음으로써 남성지식인들의 배려와 도움을 쉽게 받을 수 있기 때문이다.

그러나 독신 여성의 삶이 녹록했던 것 같지는 않다. 유교의 지배력이 여전했던 당시 유교 혼인 윤리의 잣대에서는 독신은 반윤리적 존재 방식이었기 때문이다. 헐버트는 "한국에서는 노처녀란 없다. 시집을 못 가고 스무 살이 넘으면 남의 손가락질을 받는다"[75]는 것을 목격했고, 내한 당시 독신이었던 셔우드(R. Sherwood)는 기생・비구니・장애인도 아니면서 독신인 이유를 매번 군색하게 설명해야 했다.[76] 한국에서 독신여성의 삶이 얼마나 불편하고 불안한지를 여실히 보여주는 에피소드다. 이러한 분위기임에도 교육 선교사들은 똑똑한 제자들에게 독신을 권유했다.[77] 가정과 일을 양립할 수 없는 심각한 젠더 불평등의 한국 사회에서는 독신의 삶이 유리하다고 판단했던 것 같다. 당당한 주체로 사는 선교사 선생님의 삶을 동경하던 제자들은 권유를 받아들임으로써 새로운 여성 주체가 되었다. 독신 여성은 증가하였지만, 대중의 편견은 여전했다. 당시 매체들이 재현한 그들의 표상은 "히스테리를 부리는 성질 나쁜 노처녀"였고[78] "이상 실현을 위해서 독신이 된 것처럼 말하지만 실제로는 속사정이 있을 것"이라는 편견으로부터 자유롭지 못했다.[79] 더 심한 경우는 '성적 문란' 혐의를 받기도 했는데 이화학당장 김활란마저도 곤경에 빠질 수밖에 없었던 '성적 추문'이라는 의미 코드는 단지 의혹만으로도 독신 신여성을 폄하하고 매장하는 데 효과적인 올무였다.[80]

기독교 신여성이 독신보다 더 선호한 존재 방식은 이상적인 기독교 가정의 주부였다. 선교사 노블 부인은 신앙인 가정의 모델로, 부부가 사랑으로 교제하고 자녀들을 바르게 훈육하며, 이웃에게 너그러이 베풀고 섬기며, 교회의 절기를 잘 준수하는 가정을 제시한다.[81] 그러나 선교사들이 목격한 전형적인 부부의 모습은, "남자들이 식사 후 물린 음식을 받아먹고,"[82] "앞장선 남편을 마치 개처럼 2야드 뒤에서 따라가는 아내"[83]의 풍경이 말해주듯 철저히 젠더 위계적이었다. 이러한 악습이 부덕(婦德)이란 이름으로 공공연히 행해지고 있었지만 이상적인 가정을 꿈꾸던 기독교 신여성들은 "외인들이 흉볼지라도… 부인들도 방에 들어와 남편과 같이 편안이 앉아서 먹기로 작정하고… 또한 내외간에… 서로 같은 말로 대접하기로 작정"[84]하는 등 뿌리 깊은 젠더의 서열화를 전복하기 위하여 부단한 노력을 기울였다.

III. 착종된 혼인

신여성들이 직면한 딜레마에 교회의 윤리적 통제까지 더해진 트릴레마(trilemma)의 대표적인 사례가 박인덕의 혼인이다. '노래 잘하는 박인덕, 인물 잘난 박인덕, 연설 잘하는 박인덕'이라는 노랫말이 회자될 정도로, 그는 미래의 지도자로 촉망받았다.[85] 그러나 그러한 기대를 저버리고 교회가 허락하지 않는 혼인을 선택하였다. 의심쩍은 구석이 많았던 혼인이었던 탓에 축복은커녕 사회적으로 추방당했다. 훗날 자서전에서 회고한 당시의 트릴레마다.

> 사랑하는 사람과의 혼인은 법적으로 문제가 없었으나 이혼한 남자와 혼인하는 것에 대해 교회는 몹시 반대하고 있었고 그렇게 혼인하는 사람은 사실상 거의 사회에서 추방당하는 셈이었다. 내가 사랑하는 사람과 내가 사랑하고 봉사하는 교회와 하나님에 대한 충성심 사이에서 마음이 찢어지는 듯했다. 교회는 '안된다'고 했고 내 마음은 '해야 해'라고 말하고 있었다.[86]

그의 회고와 달리, 당시 교회법은 이혼한 자와의 재혼을 금지하거나 정죄하지 않았다. 그의 혼인에 쏟아졌던 비난은 이혼남과의 재혼 탓이 아니었다. 당대 기독교가 부단히 단절하고자 했던 전통 혼속의 그물망에 얽혀 있던 그의 착종된 혼인때문이었다. 그의 배우자는 재혼을 위해 조강지처와 이혼하였다는 풍문이 무성했다. 앞에서 본 바와 같이 조혼한 남성 지식인들은 "반려자로 지낼 아내는 글을 알아야 하며 결혼은 서로의 사랑을 바탕으로 해야 한다"[87]는 명목으로 신여성과의 로맨스를 꿈꾸며 조강지처를 외면하는 경우가 허다하였다. 진보와 평등의 근대적 이상을 꿈꾸던 남성 지식인의 비인간적이고 반근대적인 현실이었다.

이에 대한 강도 높은 비판은 기독교 공간에서 터져 나왔다. YMCA의 중심 인물이었던 홍병선 목사는 "부모가 처를 강제로 취하였다 하더라도 이미 수

년을 동거해 놓고 심지어 자녀까지 있는 부인을 버리려 함은 축첩보다 악한 죄"[88]라고 맹비난을 하였다. 조혼한 처가 있는 남자와의 혼인을 감행한 박인덕의 선택은 마땅히 신앙 공동체로부터 매장될 수 있는 사안이었다.

박인덕의 혼인이 비난받았던 또 다른 이유는 중혼 혐의다. 그의 배우자는 유명한 기생을 첩으로 들인 추문의 당사자였다. 당시는 "중산층 이상의 남자들 중 많은 사람들이 한두 명의 첩을 두어 이중살림을 하는"[89]것은 당연한 일이고, 아침 '밥'과 저녁 '죽'을 먹을 정도의 필부(匹夫)라면 으레 첩을 두는 것이 일상 풍경이었기 때문에[90] 소문난 부호였던 그의 축첩은 당시의 윤리적 잣대로 견주어보면 유별난 추문은 아니었다. 하지만 신앙인이라면 평가는 달라진다. 배재학당 출신인 그는 기독교인이었으면서도 교회의 가르침 따위는 안중에도 없었다.[91] 축첩 여부가 성도(聖徒)와 외인(外人)을 가르는 기준이 된 기독교 혼인 윤리의 잣대로 보면, 성도인 박인덕은 사실상 이중혼 상태인 자와 혼인을 도모한 공모자인 셈이었다. 요컨대 그의 혼인은 전통 혼속과의 단절은커녕 오히려 적극적으로 이를 행함으로써 기독교의 혼인 윤리를 위반한 죄를 지었던 것이다.

비단 교회만이 박인덕의 혼인을 문제 삼은 것은 아니다. 사랑 지상주의자 신여성들의 비난도 만만치 않았다. 문제의 소지가 다분한 혼인을 감행한 이유가 배우자의 경제력 때문이라는 풍문[92]은 연애 투사들의 울분을 사기에 충분하였다. 그는 자서전에서 "하나님께서 여권을 만들어 주셨지만 사랑이 너무나 간절히 나를 부르고 있기에"[93] 혼인을 선택했다고 밝혔지만, 그의 배우자가 대단한 부호라는 사실은 그의 진정성을 손상시켰다. 1920년대는 식민지에 걸맞지 않게 소비 문화가 확산되었고, 물적 기반이 취약한 식민지 청춘들의 좌절은 깊었다. 이수일과 심순애의 사랑 이야기로 알려진 번안소설 「장한몽」[94]의 폭발적인 인기와 "다이아몬드에 맘이 변하여, 반기어 타지마라 신식 자동차…"[95]라는 창가 가사에는 돈과 사랑 사이를 부유하던 청춘들의 불안감이 투영되어 있다. 배금주의에 물들어 가는 세태에 대하여 기독교 매체는 "배금숭배의 허영에 들떠서 결혼했다가 성욕의 열정이 식고 숭배하던 금전이 다하면 애정은 증오로 변한다"[96]고 경고하였다. 양극단에 서 있던 연애 투사들과 보수적 신앙인들은 물질이 중심이 된 혼인의 비윤리성을 비판하는 것에는 한목소리를 내었다.

교회가 반대하고, "어머니도 안 오시고 가까운 친구들조차 참석하지 않은 장례식 같은"[97] 혼사를 감행한 대가는 혹독하였다. 어렵게 얻은 유학의 기회를 잃은 것은 물론이고 자신을 아낌없이 지지해 주던 스승과 친구들마저 외면했다.

평등한 부부관계를 전제한 연애 결혼은 여성 해방의 가장 확실한 지표로, 당시 급변하는 여성 의식을 반영하고 있었다. 그러나 완고한 통념과 구조적 문제로 인해 좌절되는 경우가 허다하였다. 박인덕의 여성 주체 의식이 원칙론적이고 추상적인 차원을 넘어 구체화된 것은 혼인이란 변곡점을 통해서다. 봉건적 굴레에서 비교적 자유로웠던 그가 혼인을 통해 가부장적 그물에 갇혔다. 그의 시선에 포착된 결혼 생활의 문제점은 "모든 것이 남성을 편하게 하기 위하여 만들어 놓은 남성 본위의 조선 사회 제도"[98]에 기인하고 있었다. 미션 여학교와 교회에서 "창조주인 하나님의 눈에는 모두가 가치 있는 사람"[99]이라는 존재론적 평등성을 배우고 자랐지만, 혼인을 통해 담론과 실제 사이의 엄청난 간극을 체험한 것이다.

주변의 기대를 저버리고 감행한 결혼 생활은 신여성들이 봉착한 딜레마를 여실히 보여준다. 미션 여학교에서 근대 교육과 신앙 교육을 받은 박인덕은 "아내로서의 전통적인 자리도 지키지 않으면서, 첩이나 혼외 관계를 허용하지 않았다."[100] 근대와 전근대가 어정쩡하게 혼재된 결혼 생활이 파국으로 치닫는 것은 시간문제였다. 게다가 혼례를 올린 지 한 달 만에 파산한 남편을 대신하여 생활전선으로 뛰어든 박인덕은 "하루 14시간 노동으로 몸은 피로할 대로 피로하고 마음 또한 그 이상으로 피곤하고 우울하고 괴로웠고…지옥에 사는 것"[101]과 같은 나날을 지냈다. 배우자의 폭력과 시댁의 무시에 더하여 어리석은 선택에 대한 자괴감으로 스스로 목숨을 끊고자 한 그 순간에 극적으로 '거듭남'을 체험한다. "야곱이 천사와 씨름을 하는 성경 속의 장면을 떠올리며 하나님과 교통하면서" 비로소 그간 가부장적 문화에 의해 휘둘리던 삶으로부터 탈주할 수 있었다.[102] 역설적이게도 근대와 전근대가 착종된 혼인 생활이 그를 진정한 '신앙인'이자 '여성 주체'로 거듭나게 한 장치였던 셈이다.

IV. 주체적 이혼

기독교와 근대 교육을 통해 인권의 존엄성을 깨우쳤던 박인덕은 착종된 혼인 생활을 지속할 수 없었다. 봉건의 질곡에서 탈주하는 방도를 미국 유학에서 찾은 그는 산재한 장애물에도 불구하고 출국을 단행함으로써, 자신의 미래는 자신이 결정한다는 굳건한 의지를 보였다.[103]

'나를 살리자. 아랫돌을 빼 윗목에 막고 윗돌을 빼 아랫목에 막는 밤낮 마찬가지인 공허한 생활에서 뛰쳐나가자.' 결국 이렇게 결단을 짓고 여장을 꾸러 미국으로 떠났던 것입니다. 남들이야 별별 소리를 하거나 말거나 나에게는 천당이었습니다. 무거운 쇠사슬이 내 발목에 항상 얽혀 내 걸음을 방해하던 것이 툭 끊겨 나간 듯 했습니다.[104]

일부종사, 현모양처의 길만이 허락되었던 조선을 떠나 서양에서 목격한 것은 일상에서 구현된 남녀 평등 문화,[105] 영국 의회에서 목격한 여성 정치인의 진취적 사상,[106] 그리고 덴마크의 국제민족고등학교의 "아주 건전하고 독립적이고 평등한 남녀 관계"[107]였다. 그러나 6년 뒤 귀국 길에서 그의 시선을 사로잡은 것은 여전히 굴종적인 여성의 삶이었다. 결혼 이전의 그는 "사람의 본의를 저버리고 남자들의 뜻에 따라 살아온 예속적 삶"을 살아온 여성자신에게서 문제의 원인을 찾았으나,[108] 서양을 경험한 후에는 "남성 본위의 조선 사회 제도"[109]의 개혁에 눈을 뜬다. 귀국 후 그가 추진한 중산층 여성운동,[110] 농촌운동,[111] 청년교육운동들을 관통하는 공통 정신은 여성 예속화를 온존시키는 비/가시적 구조 변혁의 윤리에 기초하고 있었다.

이 글은 그가 관여한 개조/개혁 활동 중 그의 이혼 청구 소송 사건을 가장 혁명적인 것으로 본다. 그가 이혼 소송을 제기한 1930년 초는 1920년대의 아이콘이었던 신여성이 추락하고 구여성이 재조명되고 있었다. 식민지적 모순이 심화되는 상황에서 나혜석 등 일부 선각자들의 급진적인 성적 자율권 행사는 세상의 반감을 고조시켰다. 신여성은 허영이 가득한 자로 매도되고, 순종적인 구여성이야말로 훌륭한 아내로 칭송받았다.[112] 이러한 배경에서, 귀국 후 그의 행보는 신여성을 길들이려는 세력의 적절한 마녀사냥감이었다.

여사는 지금으로부터 6년 전에 미주에 건너가서 그간 컬럼비아, 웨슬리언

두 대학을 마치고 구미… 만유하다가 얼마 전 귀국했다. 무슨 사정인지는 알 수 없으나 … 그의 시집인 아현리에는 발그림자도 보이지 않고 시내 필운동 양주삼 목사 댁에서 체류하며 …면회도 일체 사절한다. 첨단여성의 최첨단식![113]

유학 생활을 통해 확고해진 평등 의식과 실천은 관습적 윤리 지침과 충돌하였으며, 그의 혼인 관계는 파국으로 치달았다.[114] 온 나라의 관심거리가 된 그의 별거와 이혼 소송은 불행한 한 개인의 문제만이 아니다. 선교사 헐버트는 불평등한 조선 남녀 관계의 사례로 이혼을 언급한다. 죽음에 이르는 폭력에도 여성은 이혼을 제기할 수 없었기 때문이다.[115] 여성의 이혼 청구권이 허용된 것은 2차 민사령 개정(1922)부터다. 법적 권리가 생기자 이혼을 청구하는 여성들이 급증했다. 기독교는 이를 신여성들의 무분별한 서구 이혼 문화의 모방 탓으로 돌렸다.[116] 그러나 실제 통계를 보면 이혼 청구자 대부분은 조혼한 구여성이나 하층 계층으로서, 무상 노동과 가정 폭력으로부터 자신을 보호할 합법적인 방도를 찾은 결과였다.[117] 나혜석처럼 떠들썩하게 이혼한 몇몇 이외에는 신여성의 이혼 청구는 오히려 드문 편이다. 근대의 세례를 받은 지식인들은 "이혼은 어디까지든지 자유"라며, 국가의 법률은 이에 대해 아무런 간섭을 하지 않아야 한다고 말하지만[118] 오로지 이혼을 욕망하는 남자들에게만 해당되었다. 이미 혼인 당시 심각한 마녀사냥을 경험했던 박인덕은 여성의 이혼 청구에 대한 세상의 편견을 접하고 또 한번의 사회적 추방을 예견한다.

기독교인은 이혼을 인정하지 않았다.… 기독교인에게 비난을 초래하는 어떤 행동도 하고 싶지 않았다. 게다가 내가 고국으로 돌아와서 처음으로 하는 일이 남편과의 이혼이라면 나는 지식인 사회에 감화를 주기는커녕, 세평도 안 좋아져 아마 입회조차도 못할 수도 있다. 미국에도 나쁜 소문이 전해질 수 있었다.[119]

결격 사유가 분명한 배우자와의 이혼이 근대의 혼인 윤리의 잣대로는 정당하고 도덕적인 요구였지만, 남편의 축첩과 폭력을 용인하던 세간의 눈에는 신여성의 이기적인 행위로 비칠 뿐이었다. 이혼 후 그는 예견대로 추방되었다. 혼인 파탄의 실질적 원인 제공자인 남편에게 오히려 거액의 위자료를 지불하고 자녀 양육권까지 빼앗기는 등 매우 부당한 대우를 받았음에도 불구하고, 가부장적 질서를 교란시킨 죄의 대가는 몹시 가혹하였다. 가장 큰 비난의 화살은 자녀를 포기하면서까지 이혼을 감행한 냉정한 모성을 겨냥했다. 모성애라는 질긴 동아줄로 여성을 포박하던 가부장 사회에서 양육권 포기는 그 누구로부터도 이해받지 못할 천인공노의 패륜으로 표상되었다.[120] 그 어떤 직장도 구할 수 없었고, 주일학교 교사직에서도 쫓겨났다.[121] 설상가상으로 이혼 과정에 도움을 주었다는 것만으로 황당한 추문에 휘말리게 되자, 진보적 지식인과 신앙적 동력자들은 점차 그를 기피하기 시작했다. 남자의 성적 문란함은 용납하면서, 단지 남성의 도움을 받았다는 이유만으로 성적 추문의 혐의를 받는 것은 성(性)에 따라 차등적 윤리가 적용되던 당대 여성의 숙명이었다.

"박인덕 여사의 이혼에 대한 사회적 비판"이란 지상 토론에는 남편에게 위자료를 지불한 역사상 초유의 사건을 접한 기독교 엘리트들의 분노가 반영되어 있다. 한때는 박인덕의 이혼을 도왔던 조선감리교회 총리사 양주삼은, 세간의 부정적 시선에 전향되어 "이혼을 감행한다면 장래 활동에도 악영향을 끼쳐 기성 종교 단체 안에 들어와서는 활동할 수가 없다"며 추방을 경고했다. 조선주일학교연합회 회장 김창준 목사는 "당분간은 선두에 나서지 말고 숨어서 근신"할 것을 권하며, 느닷없이 재혼을 언급하며 "재혼은 음행이므로 신앙의 이름으로 정죄" 대상임을 덧붙인다. 종교적 수사를 동원하여 그의 이혼을 단죄하는 행위는, 간통 현장에서 발각되어 돌로 죽일 수 있는 여성까지도 정죄하지 않았던 예수의 행위에 비추어볼 때, 복음적이지도 윤리적이지도 않다.

사회적 추방을 예견하면서도, 박인덕은 "많은 여성들의 미래를 위해서라도 이혼 청구를 결심"하였다고 말한다.[122] 이혼 후, 지독한 비난과 혐오에도 불구하고 신앙적 소명을 실천하기 위하여 부단히 교회 문을 두들기고,[123] 전문직 여성 클럽을 조직 운영하며[124] 미국 자선단체의 기금을 마련하여 '농촌 여성과 아이를 위한 공동체' 및 '마을협동조합'[125]을 조직하는 등 열성적으로 사회 활동을 추진하였다. 그의 부단한 사회/교육 사업에 대한 열망은 때로는 시대적 질곡에 갇혀 착종되곤 했다. 식민 권력에 협조한 대가로 덕화의숙을 설립한 대신 식민 권력의 나팔수가 되어야 했으며,[126] 해방 후 미군정과의 협상으로 미군의 한반도 주둔의 정당성을 선전[127]하는 대신 학교 설립에의 꿈을 실현할 수 있었다. 민족주의 렌즈로 보면 공과(功過)가 뚜렷한 식민지 지식인으로서의 그의 활동에 대해서는 또 다른 연구가 필요하다.

다만 여기에서는 서구를 통해 존재론적 평등을 경험한 그가 한국 여성과 그 자신을 위해 봉건적 가부장주의의 속박으로부터 탈주한 지점은 어디였는지에 주목하였다. 이상에서 본 것처럼 당대 기독교 가부장주의의 강력한 압박에도 불구하고, 한국 역사상 최초로 아내가 위자료를 지불하고 양육권 포기한 이혼 사건을 주도하였다. 성·사랑·혼인에 대한 최종 결정권자는 자기 자신이라는 인식을 환기시킨 것이다.[128] 부당한 혼인 관계에 대한 법적 무효를 끌어냄으로써 기존의 젠더 질서의 근간을 흔들어 새로운 질서를 세우는 주체로 설 수 있었다. 그의 이혼은 한편으로는 노골적인 비난과 조롱거리가 되어 여성 통제를 위한 반면교사가 되기도 하였지만, 또 다른 면에서는 혼인 관계에서 발생한 폭력과 비인격적 대우를 받던 여성들에게 합법적 저항이라는 새로운 길을 제시한 선구자이기도 했다. 그의 결단은 가부장의 권한으로 당연시 되어 온 가정 폭력과 물리적·정신적 학대를 고발하고 자신의 권리를 되찾기 위해 법정 투쟁의 길을 여는 열쇠였다.

자신에게 허용된 삶과 자신이 선택하고자 하는 삶 사이의 간극을 때로는 신앙의 힘으로, 때로는 여성 주체 의식의 실천으로 넘어섰다. 이 글에서는 가부장주의에 순치된 여성들에게는 보이지도 않았던 새로운 길을 만들며 가부장적인 관행에 도전한 그 힘을 바로 그의 '기독교' '신여성'의 정체성에서 찾고자 했다. 신앙적 신여성이란 정체성은 성, 사랑, 혼인에 관한 급진적 이상을 실천했다는 이유로 행려병자로 죽거나 혹은 은둔자로 살았던 당대의 신여성들과는 다른 길을 선택하게 한 토대였다.

V. 나오는 말

"모든 인간은 태어날 때부터 자유롭고, 존엄성과 권리에 있어서 평등하다"고 명시한 세계인권선언보다 훨씬 오래전, 믿음의 선조들은 이마고 데이(Imago Dei)로 창조된 인간의 존엄성을 고백하였다. 구약성서의 이마고 데이와 근대 인권 선언은 인간이라면 '누구나' 존엄하다고 천명하지만, 모든 이들이 평등한 인간적 권리를 누리고 있는 것은 아니다. 특정한 인간들을 배제하는 불평등의 구조는 위계적 가부장주의와 깊이 연동되어 있다. 근대 한국 기독교 공간은 신앙적 차원에서도, 근대적 이념에도 위배되는 가부장적 혼인 윤리를 하나님의 질서로 신성시하면서 불평등한 젠더 구조를 온존시켜 왔다.

기독교 신여성 박인덕은 신앙적 체험을 통해 신의 형상을 가진 존재임을 깨닫고, 근대 교육을 통해 여성 주체임을 자각한 후, 젠더 불평등의 가부장적 혼인 윤리를 위반하였다. 여성의 이혼 소송 제기가 법적으로는 허용되었다고 하나 실제로는 드물었던 당시 사회에서, 부당한 권력을 행사하던 남편에게 위자료를 지불하며 이혼을 청구한 것은 한국 역사상 최초의 사건으로 과히 혁명적이었다. 요컨대 그의 이혼 청구는 가부장주의에 순치되기를 거부하며 변혁과 전복의 윤리를 실천한 것으로 의미화할 수 있다. 비록 그 자신은 혹독한 대가를 치렀지만 한국 사회의 젠더 지형을 바꾸어 놓았기 때문이다.

이 글은 그동안 신여성 연구에서 간과되어 온 기독교 신여성에 주목함으로써 신여성 연구의 범위를 확장하고자 하였다. 지난 20여 년간은 신여성 연구의 르네상스라고 할 정도로 다양한 학문 분야에서 신여성에 대한 깊이 있는 연구가 진행되어 왔다. 그런데 그간의 연구는 근대 한국의 페미니즘을 19세기 미국 사회의 급속한 미디어의 발달과 서구 소비 문화의 영향을 받은 초기 글로벌 페미니즘의 한 부분으로만 파악하는 경향이 농후했다. 이로 인해 신여성의 등장에 주요한 배경이 된 기독교의 역할과 그 영향력은 간과되었다. 기독교는 신여성의 등장 이전인 19세기 말부터, 여성 억압적인 전통 악습의 철폐와 여성 교육의 필요성을 주창하면서 젠더 문제를 공론화하였다. 기독교 공간을 통해 여성 주체들은 가부장적 윤리에 도전하는 저항과 변혁의 에너지를 충전할 수 있었다. 비록 기독교 가부장주의의 세력화로 인해 초기의 해방적 의미는 점점 퇴락했지만, 여성 교육 선교가 여성 의식의 고양과 기독교 신여성이라는 새로운 주체의 탄생을 예비한 사실은 간과될 수 없다.

또 다른 한편, 이 글은 기존의 기독교 여성 연구의 지평을 확장하고자 하였다. 주지하다시피 인물 연구는 늘 부분적일 뿐만 아니라 논쟁적일 수밖에 없다. 어느 렌즈를 착용하느냐에 따라 다른 이미지가 나타나기 때문이다. 그동안의 기독교 여성 연구는 대체로 민족 담론의 자장에 갇혀 있었다. 민족주의의 앵글로는 항일 혹은 친일 행적만이 부각되기 때문에, 이 회로에 갇히게 되면 식민지 권력 이외의 지배 담론과 협력하고 갈등하고 저항하는 가운데 형성된 복잡다단한 삶의 결들을 놓치게 된다. 이러한 문제의식 위에서 기독교 신여성 박인덕을 재조명하였다. 가부장적 시선으로 보면 그는 가부장적 윤리 규범을 위반한 발칙한 아내이자 비정한 모성이지만, 여성주의의 렌즈로 보면 전혀 다른 인물이 된다. 이 글은 여성 윤리의 렌즈로 그가 기독교의 세례를 받은 거듭난 '신앙인'이면서도 기독교 가부장적 통제의 윤리망에 포획되지 않았던 여성 주체였고, 근대의 세례를 받은 '신여성'이면서도 연애 담론의 희생자이자 능동적 행위자였음을 조망하였다. 그리하여 한국교회의 공식 서사에서 잊혀지고 왜곡된 한 기독교 신여성의 혼인과 이혼 사건을 여성 윤리의 자리에서 회수할 수 있었다. 기독교의 가부장적 혼인 윤리와 경합하였던 한 기독교 신여성의 삶의 자리를 조망하는 작업은 젠더 불평등에 대한 비판적 개입인 동시에 이마고 데이에 정초한 인간 존중의 윤리를 제고하는 효과가 있다.

제4부

자기계발적 주체
-
되기

— 1장 —

20세기 초
자기계발문화와 기독교

I. 들어가는 말

1990년대부터 본격화된 한국 사회의 신자유주의화는 우리의 삶의 양식에 근본적인 변화를 초래하였다. 경제 영역에서의 '자유 시장' 논리는 삶의 전 영역에까지 확장되어 무한 경쟁의 에토스를 고착시켰다. 성공과 실패는 바로 자기계발에 달려 있다는 신화는 자기계발 산업의 유례 없는 호황을 가져왔다. 전반적인 출판 시장은 장기 불황을 겪고 있지만, 유독 자기계발 서적만은 높은 판매고를 기록한 지 오래다.

그동안 국내에서는 종교 공간의 자기계발 열풍이 소비 자본주의와 깊이 연동되어 있음을 주목하고 자기계발의 대중문화가 종교 공간에 어떠한 영향을 미치고 있으며, 종교적 주체화 과정에 어떠한 방식으로 개입하고 있는지를 규명하는 연구가 진행되어 왔다. 요컨대 자기계발 열풍을 새로운 종교 현상의 하나로 보고 그것의 종교적·사회적 함의를 추적하는 연구,[1] 자기계발의 메시지가 강한 신앙 서적이 여성 교인의 주체화에 개입하는 방식을 추적하는 연구,[2] 그리고 신자유주의의 논리와 최근 유행하는 불교 수행의 논리가 어떠한 공모 관계에 있는가를 밝히는 연구 등이 나왔다.[3] 이러한 일련의 연구는 '통치성 학파'의 문제 의식을 수용하여 이 시대의 주체를 '탈진한 자아'로 규정하는 동시에, 이러한 '지친 자아'를 양산하는 신자유주의 통치성과 자기계발 문화의 공모 관계에 대한 비판적 탐구다.

더 나은 자기를 꿈꾸며 자신의 잠재력을 계발하려는 욕망이나 더 나은 삶의 조건을 추구하는 것 자체가 문제는 아니다. 자기계발에 대한 욕망은 인간의 원초적 본능이자 창조의 추동력일 수 있다. 그러한 열망이 항상 이기주의로만 귀결되는 것도 아니다. 어떤 경우에는 그 열망이 더 나은 공동체의 형성을 위한 마중물이 될 수도 있다.

이 글은 이러한 문제 의식으로 1920년대 식민지 조선에서 자신을 비존재로 만드는 파괴적 약탈과 지배에 굴하지 않고, 자기계발을 통해 척박한 현실을 이겨나가고자 했던 일련의 노력에 주목한다. 당시 기독교 지식인들은 벤자민 프랭클린을 자기계발의 모델로 삼아 『프랭클린 자서전』(이하 『자서전』)을 자기계발 서적의 하나로 번역하였다. 이 글에서는 『자서전』이 번역되었던 맥락과 그 의미를 당대 기독교의 사회적 존재 방식과 관련하여 규명한다. 이러한 작업을 위해 먼저 기독교의 역사에 나타난 자기계발의 계보와 근현대 한국 사회의 자기계발 문화를 검토한다. 그리고 18세기 미국 사회에서 『자서전』이 어떠한 사회문화적 함의가 있는지를 당시 미국 기독교의 성격과 관련하여 살핀다. 다음에는 1920년대 식민지 조선에서 『자서전』이 기독교 지식인에 의해 번역되는 과정과 그 의미를 '자조론'와 '공조론'의 관계 구도 속에서 탐색한다. 이러한 작업은 오늘날 한국 교회의 신앙 공간에서 불고 있는 자기계발 열풍을 비판적으로 성찰하는 하나의 통로가 될 수 있을 것이다.

II. 기독교 자기계발의 계보

1. 서구 기독교의 자기계발 전통

모든 종교는 자기계발 담론의 자장 속에 있다. 고전 종교 전통은 척박한 현실의 고통을 극복하고 영적인 각성을 위하여 다양한 방식의 자기계발의 장치를 고안해 왔다. 기독교 역시 자기계발의 유구한 전통이 있다. 초대교회는 세상의 죄로부터 거리를 두기 위하여 스스로의 내면에 집중하도록 권면하는 공동체가 있었다. 중세 교회의 수도원 규율 역시 신앙 차원의 자기계발이라는 목표에 다다르기 위한 장치이다. 한편에서는 성서와 교회 전통을 통해 구성된 도덕적 항목에 도달하기 위한 개개인의 치열한 노력이 있었다. 다른 한편으로는 사목 권력이라는 제도적 장치를 통해 신앙인들의 행위가 강제되어 왔다. 바로 이 점에 대해 미셸 푸코는 중세 교회의 주체화 양식을 율법에 대한 '주체의 복종과 욕망의 해석학'으로 보았다.[4] 중세 교회의 자기계발 담론은 도덕적 코드의 준수와 절대적 복종으로 구성되었다.

오늘날 세속적 성공주의와 연동된 자기계발 문화의 초석은 깔뱅주의(Calvinism)에 의해 마련되었다는 것이 통념이다. 막스 베버의 『프로테스탄트 윤리와 자본주의 정신』은 깔뱅주의의 교리, 요컨대 이중예정설과 소명설이 근대 자본주의의 형성과 연동되어 있음을 설파하고 있다. 깔뱅주의는 믿는 자들의 할 일은 스스로의 구원을 확신하고 자신의 직업을 소명(calling)으로 알고 최선을 다하는 것임을 일깨웠다. 소명의식에 따라 의무를 다하면 부를 축적할 가능성이 높아진다. 노동을 천시하고 부의 축적에 대해 소극적이고 부정적 태도를 취했던 중세 가톨릭 교회와 달리 깔뱅주의는 자본주의 정신과 친화성(affinity)을 보이는 에토스를 제공하였다. 막스 베버는 깔뱅주의의 이러한 윤리를 중세 가톨릭 수도원의 '내세적 금욕주의'와 구별하여 '현세적 금욕주의'(inner-worldy asceticism)라고 불렀는데,[5] 이는 근대적 의미의 자기계발의 기원이라고 할 수 있다. 이러한 깔뱅주의에 근거한 자기계발은 18세기 미국 청교도 사회에서 좀 더 명확한 형태로 나타났다. 초기 자조 담론의 생산과 유통에 큰 공헌을 했던 벤자민 프랭클린은 물질적 축적과 세속적 성공을 이루기 위한 합리적인 노력을 자기 수양의 한 과정으로 이해하였다.

20세기 중반의 미국 사회에서는 사회적 성공은 적극적 사고방식과 마음에 달려 있다는 메시지를 담은 일련의 자기계발 서적들이 큰 반향을 일으켰다. 이 서적들은 대개 기독교 신앙과 접목되어, 급변한 산업화 사회에서 상실감과 소외감으로 표류하던 개인들에게 정서적 안정감을 제공하고 현실 적응력을 함양시키는 데 큰 역할을 하였다. 요컨대 '적극적 사고'(positive thinking)는 자기계발의 새로운 중심축을 형성한 것이다.[6]

'긍정적 사고'로도 번역되는 이러한 사고방식의 선구자는 노만 빈센트 필이다. 그는 『확신에 찬 삶으로의 안내』와 『적극적 사고의 힘』 등을 통해 정신건강과 행복에 이르는 수단으로서 적극적 신앙을 강조한다. 그의 핵심적인 메시지는 이렇다. "하나님과 당신 자신에 대한 믿음을 통해 당신은 스스로 원하는 것을 당신의 삶으로 만들 수 있다."[7] 그의 신학은 비즈니스 세계의 스트레스와 분주함 그리고 교외 거주 생활의 불안과 긴장에 매여 있는 사람들에게 '마음의 평화와 자신만만한 생활'을 약속하는 신앙으로 평가되기도 한다.[8]

노만 빈센트 필의 이러한 사고방식을 교회 성장에 성공적으로 적용시킨 목회자는 로버트 슐러(Robert Schuller)이다. 그는 성공, 봉사, 삶의 기적의 비결, 자존심의 회복, 삶의 아름다움, 진실함의 의미, 정직함, 바람직한 경제생활 등을 설교의 주된 소재로 삼았는데 이러한 모든 덕목의 근저에는 '적극적 사고방식'이 깔려 있다.[9]

노만 빈센트 필과 로버트 슐러의 적극적 사고방식을 더욱 밀고 나간 이는 조엘 오스틴(Joel Osteen)이다. 일종의 자기계발의 신앙적 버전인 『긍정의 힘』(*Your Best Life Now*)[10]이라는 책을 냈는데 스티븐 코비의 『성공하는 사람들의 7가지 습관』에서 말하는 성공적인 삶의 지침과 흡사한 7가지 지침을 제시하고 있다. "비전을 키우라, 강한 자아상을 일구라, 생각과 말의 힘을 발견하라, 과거의 망령에서 벗어나라, 역경을 통해 강점을 찾으라, 베푸는 삶의 즐거움을 누리라, 행복을 선택하라" 등이 핵심 지침이다. 그의 책과 설교는 이 세상에서의 성공을 신의 축복 및 구원과 연결시키는 '번영의 복음'을 특징으로 하며 성공을 위한 구체적 방법이 강조된다. 즉 그에게 성공이란 '끌어당김의 법칙' 같은 것을 기초로 정신을 재프로그래밍하여 긍정적 이미지를 만들어냄으로써 이루어진다.

릭 워렌(Rick Warren)의 경우도 큰 틀에서 보면 긍정의 복음을 강조한다. 그의 『목적이 이끄는 삶』에는 성공적인 신앙생활의 방법이 제시되어 있다. 그 책은 독자들로 하여금 자기 자신을 관찰하여 현재의 자기 상태의 목록을 작성하고, 행동 계획을 기록하면서 매일 자기 삶을 돌아보고 묵상하고 자기의 발전 과정을 일기처럼 기록하기를 권장한다. 자신의 모습을 이해하기 위한 방법으로 'SHAPE'를 제시한다. SHAPE란 Spiritual Gifts, Heart, Abilities, Personality, Experiences이라고 하는 여섯 가지 맞춤형 능력의 조합이다. 워렌은 이 여섯 가지 능력을 기준으로 "하나님이 내게 주신 어떤 능력 또는 어

떤 개인적인 경험을 교회를 위해 사용할 수 있을까"를 진단할 것을 독자들에게 권고한다.[11]

이 외에도 수많은 기독교 공간에서는 적극적 사고, 긍정적 사고, 번영의 복음에 근거한 교회 성장을 추구하면서 신자유주의 시대의 경쟁 논리와 맞물려 자기계발 문화를 생산, 유통하고 있다.

2. 한국 기독교의 자기계발의 신앙

미국 선교사의 선교 활동을 통해 시작되었다고 볼 수 있는 한국 개신교는 초기부터 미국 교회의 지대한 영향을 받아 왔다. 개신교의 신앙에서부터 신학, 의례, 조직 등에 이르기까지 미국 교회의 영향은 매우 크다. 한국 교회에서 나타나는 자기계발 문화 역시 미국 개신교의 영향을 받았다. 1970-80년대 한국 개신교를 특징 짓는 폭발적인 교회 성장 역시 미국 개신교의 영향을 많이 받았다. 교회 성장론과 관련하여 한국 교회에 수입된 것이 앞서 본 '적극적 사고'인데 이것이 바로 한국 교회의 자기계발 문화의 출발점이 되었다.

이를 가장 적극적으로 수용한 것은 1970년대의 순복음교회와 1980년대의 광림교회이다. 조용기 목사의 설교는 20세기 초부터 미국 남부 애팔라치아(1896), 캔자스 주의 토피카(1901), 로스앤젤레스 아주사(1906)에서 시작된 오순절 교회의 전형적인 설교를 따르고 있다. 중생, 성령세례, 신유, 재림을 강조하는 오순절 운동의 맥락을 강조하면서도[12] 100퍼센트의 확신과 헌신에 기초한 '적극적 사고'를 매우 강조하였다. 광림교회의 김선도 목사는 로버트 슐러의 여러 저서를 번역하여 한국 교회에 소개하였을 뿐만 아니라 그의 적극적 사고방식을 목회에 적용하였다.[13] "성공에 이르는 용기" "성공의 열매를 맺자" "무궁한 힘을 개발하라" "적극적 신앙을 발전시키라" "적극적 실천의 위력" "영적인 경건과 성공자" 등의 설교제목이 지시하듯 그는 철저한 긍정적 사고와 적극적 신앙을 강조하였다.[14]

그러면 이러한 자기계발 담론과 한국 교회의 역사적 전개는 어떤 관계가 있으며 어떤 변화 양상을 보여 왔는가? 해방 후 한국 교회는 현세 중심의 기복신앙이 산업화 시대의 돌진적 경제 성장주의와 짝을 이뤄 교회의 급속한 양적 성장을 이루었다. 당시 미국의 대표적 자기계발서 저술가이자 신학자였던 노먼 빈센트 필과 자기계발의 메시지를 신앙적 언어로 번안했던 로버트 슐러 목사의 영향을 받은 일군의 한국인 목사들은 물질적 성공을 하나님의 축복으로 해석함으로써 교회의 양적 팽창에 기여하였다. 이로써 한국 기독교는 성인들에 대한 사회 교육이 부실했던 개발 연대에 성공학의 세례를 베푼 공간이 되었다.[15] 이러한 분위기 하에서 양적 성장을 이룬 교회는 선망의 대상이 되고, 물질적 성공은 곧 신앙심의 척도로 평가되면서 성공 지상주의가 교회의 지배적인 에토스로 자리 잡았다. 그 결과 양적 확장을 열망하는 교회와 물질적 성취를 욕망하는 개인의 자연스런 결합은 산업화 시대 한국 교회와 신앙적 주체의 특성이 된 것이다.

III. 프랭클린 자서전과 자기계발의 사회적 맥락

우리나라에 소개된 최초의 자기계발 서적은 벤자민 프랭클린의 자서전 (*Autobiography*)(1793)과 사무엘 스마일즈의 (*Self-Help*)(1859)의 번역본이다. 동아시아 삼국 중에서 서구 문명을 가장 먼저 수용한 일본에서는 스마일즈의 Self-Help를 자조(自助)로 번역하였다. 일본어로 된 최초의 번역본『서국입지편: 원명 자조론』을 필두로, 최고의 판매부수를 기록한 이제가미 켄조의『자조론』에 이르기까지 다양한 번역본이 출판되었다. 중국에서는 양계초가 처음 번역하였는데, 변법자강운동이 실패로 끝나자 일본으로 망명한 후 자신이 발간한《淸議報(청의보)》에 자조론의 번역본(1899)을 실었다. 우리나라에서는 일본어와 중국어 번역본을 토대로 중역한 자조론이《朝陽報(조양보)》창간호(1906)에 실렸다. 그 후 1908년에 이르기까지《대한매일신보》,『서우』,《대한학회월보》,『소년』등과 같은 당시의 대표적인 언론 매체에 자조 담론이 활발하게 소개되었다. 책으로 된 최초의 번역본은 최남선의『자조론 상권』(1916)인데, 원본 13편 중 6편이 실렸다. 1920년대 자기계발 담론 확산의 진원지였던『자서전』을 처음 소개한 인물도 최남선이다. 그는 계몽잡지『소년』에 "아메리카 명인 프랭클닌 좌우명"[16]을 게재한 후 커다란 주목을 받았다. 독자들의 호응에 힘입어 그는 프랭클린의 간략한 일대기와 13개 덕목 실천표[17]를 부록으로 펴냈는데 이러한 시도는 엄청난 반향을 일으켰다. 그후 이시후의『실업소설 부란극림전』(1911), 한성도서주식회사의『프랭크린』(1921), 최연택과 김철호가 공역하여《매일신보》에 25회 연재한「프랑크린의 自敍傳(자서전)」(1921) 등이 있다. 무엇보다도 가장 주목받은 번역본은 홍영후의『청년입지편: 일명 자조론』(1923)이다.[18] 이렇듯 앞다투어 번역본을 연재하면서 1920년대 식민지 조선에서 자기계발 열풍이 일었다.[19]

이 장에서는 1920년대 이르러 많은 판매부수를 내며 큰 인기를 끌었던 벤자민 프랭클린의『자서전』에 주목하면서 이 책이 1920년대 식민지 조선에서 지닌 의미와 효과를 분석한다. 이를 위해 먼저, 18세기 미국사회에서『자서전』의 의미와 효과, 그리고 텍스트의 구성을 살핀 뒤, 1920년대 식민지 조선에서 『자서전』의 번역 및 소비와 관련하여 기독교가 자기계발 문화와 어떠한 관련을 맺고 있는지를 규명한다.

1. 18세기말 미국: 프랭클린 자서전의 의미와 효과

벤자민 프랭클린(1706-1790)의 공적 이력은 미국의 정치가·외교관·과학자·저술가·신문사의 경영자·대학설립자·펜실베이니아 총독·헌법 제정위원 등 무척 화려하다. 그러나 우리가 주목하는 점은 가난을 물려받았지만 철저한 자기관리와 자기계발로 큰 성취를 이룬, 18세기 미국의 대표적인 자수성가의 이미지다. 『자서전』에는 인격 완성을 향한 그의 자기계발 욕구가 잘 드러나 있다.

> 이 무렵 나는 도덕적으로 완벽해지겠다는 무모하고도 어려운 계획을 마음속에 품고 있었다. 어떤 경우라도 잘못을 저지르지 않는 삶을 살고 싶었다. 타고난 것이든 친구들 때문에 얻은 것이든 나쁜 성향이나 습관이 있다면 모두 정복하고 싶었다.… 하지만 얼마 지나지 않아 이것이 내가 생각한 것보다 훨씬 어려운 일이라는 것을 알게 되었다.… 도덕적으로 완벽한 사람이 되겠다는 신념만으로는 실수를 막을 수 없다는 결론을 내렸다. 늘 정확하고 일관성 있는 행동을 하기 위해선 나쁜 습관을 버리고 좋은 습관을 들여야 했다.[20]

『자서전』에 따르면, 그는 어린 시절에는 매우 궁핍하여 정규 학교를 제대로 이수하지 못하였고, 열 살부터 밥벌이를 위해 잡일을 하다가 12세에 인쇄소 견습공이 되었다. 인쇄공 프랭클린(B. FRANKLIN PRINTER)라고 서명할 만큼 자신의 첫 직업을 '소명'으로 알고 일에 충실했으며, 꾸준한 독서를 통해 만난 옛 현자들을 본받고자 최선을 다했다. 매일 시간을 정해 두고 읽기와 쓰기에 힘써 훗날 유려한 문장가가 될 수 있었다. 그리고 음주가무를 멀리하는 등 금욕적인 생활 습관을 몸에 각인하는 방식으로 자신을 완성시켜 나갔다.

> 나는 한 주에 한 덕목씩 집중하여 실천하기로 했다. 첫째 주에는 '절제'에만 집중해서 아주 작은 잘못이라도 피하려고 했고, 다른 덕목들은 보통 때 수준으로 지켰다. 그리고 저녁마다 그날의 잘못은 꼭 표시했다. 첫 주에 '절제'라고 표시된 칸에 까만 점이 하나도 없이 깨끗하다면 그 덕목은 완전히 몸에 익었고 반대되는 습관은 약화된 것이라고 판단했다. 그리고 다음 주에는 다음 덕목까지 포함해서 두 줄 모두 깨끗하게 만들려고 노력했다.… 밭의 잡초를 뽑을 때도 무리해서 한 번에 다 뽑지 않고 한 구역을 끝내고 다음으로 옮겨가는 것처럼 나도 한 줄 한 줄 깨끗해지는 표를 보면서 그만큼 덕을 익혔음을 기뻐하게 될 것이다.[21]

구체적인 방안을 세워 인격 완성에 도달하려는 그의 철저한 노력의 원천을 사람들은 청교도 윤리에서 찾는 경향이 있다. 그런데 자기계발로 더 나은 자기가 된다는 개념은 어거스틴에서 시작된 전통적 신학의 인간관과 모순되는 측면이 있다. 어거스틴에서 비롯된 전통신학에서의 인간은 non posse non peccare, 곧 죄 짓지 않을 자유가 없기 때문이다. 어거스틴의 인간관에 따르면, 모든 인간은 하나님이 아닌 자기를 향한 자아 중심적 욕구로 인해 구원에서 멀어진다. 종교개혁 신학 전통에서는 철저히 타락한 인간의 구원은 오직 하나님의 은총에 의해서만 가능하다. 전적인 하느님의 주권과 인간의 전적 타락이라는 칼뱅주의 예정론의 전제는 자기계발로 인격적 완성을 소망하는 자기계발적 인간관과는 대척 지점에 있는 셈이다.

그런데 예정론의 효과에 대한 막스 베버의 해석은 자기계발적 주체 탄생의 여지를 열었다. 그는 프로테스탄트 윤리와 자본주의 정신의 친화성을 설명하면서 예정론을 매개 고리로 설정하였기 때문이다. 베버 테제를 잠시 살펴보자. 칼뱅의 이중예정론에 따르면, 구원은 인간의 영역 밖인 하느님의 주권에 속하며 오로지 하나님만이 구원받을 자인지 멸망당할 자인지 아신다. 자신의 구원 여부를 모르는 교인들은 심리 불안을 겪게 되고, 불안을 해소하기 위한 과정에서 금욕주의를 실천한다. 구원받은 자들의 외적인 삶의 태도는 불안과 공포에 사로잡히는 것이 아니라 소명의식으로 세상의 의무에 최선을 다해야 하기 때문이다. 여기서 최선을 다하는 삶이란 검소, 정직, 근면, 성실의 덕목을 실천하는 것만이 아니라 주어진 일을 완벽하게 수행하기 위하여 계산적이고 합리적으로 실행하는 자세를 포함한다. 이러한 세속적 금욕주의의 실천은 자본주의 정신의 형성으로 이어져 결국 자본주의를 위한 본원적 자본 축적이 가능해졌다는 것이다. 베버에 의하면 프랭클린은 프로테스탄트 윤리와 자본주의 정신을 가장 잘 구현한 범례적인 인물로, 그의 높은 인기는 세속적 성공과 도덕적 완성의 모범적 결합에 있다.[22]

『자서전』의 배경이 되는 18세기 초 미국 사회는 대각성운동(The Great Awakening)의 열풍과 계몽주의 사조의 확산이라는 특징을 보인다. 당시 교양을 갖춘 대부분의 시민은 과학, 역사, 정치 이외의 교회 활동과 신앙생활에는 등한시하였고, 프랭클린도 종교보다는 계몽주의의 영향을 크게 받았다. "목사의 설교는 신학적인 논쟁이나 장로교의 교리에 대한 설명뿐이어서 굉장히 건조하고 지루했으며 유익하지도 않았다. …(목사는 청중들을) 훌륭한 시민이 아닌 장로교 신도로 만들려고 하는 것 같았다."[23]라고 기록하고 있듯이, 그는 당대의 종교적 분위기에 비판적 태도를 보였다. 신앙의 자유를 찾아 왔던 부모 세대와 달리 청교도 2, 3세들의 종교적 열정은 식어 있었던 것이다.

이러한 냉담한 분위기는 대각성운동을 촉발했다. 대부분의 연구자는 대각성운동의 원인을 18세기 초 미국 사회의 불안정에서 찾는다. 18세기 초 미국은 영국의 식민지로 정치적인 불안정 상태가 지속되었고, 유럽에서 밀려온 주변인들은 익숙지 않은 환경에도 가족 부양을 위해 정착지를 찾아 유랑하였다. 미개척지를 떠도는 도중에 원주민을 해치는 등 도덕적·종교적 감수성은 결여되었다.[24] 그러나 보스턴 대화재, 천연두 만연 등의 재해가 잦아지자, 이를 하나님의 회개 촉구 사건으로 해석하는 분위기가 형성되면서 조지 화이트필드[25]와 조나단 에드워즈로 대표되는 순회 부흥 목사들이 대중에게 큰 호소력을 발휘하였다. 조나단 에드워즈는 "오직 믿음으로만 의로움을 얻는다"는 칭의론에 입각한 설교로 폭발적 인기를 얻었으며, 칼뱅주의자였던 조지 화이트필드는 영국과 미국을 넘나들며 깊은 영성을 일깨웠다. 순회설교자들은 1720년경부터 약 30여 년간 활동하면서 미국인의 신앙 행태에 큰 변화를 가져왔다. 『자서전』에는 당시의 분위기가 묘사되어 있다.

더욱 놀라운 것은 (화이트필드) 목사가 온 지 얼마 되지 않아 나타난 주민들의 행동 변화였다. 얼마 전까지만 해도 종교에 별 생각이 없거나 무관심했던 사람들이 갑자기 신앙심으로 가득 찬 것처럼 행동했다. 저녁에 시내의 거리를 걷다보면 집집마다 찬송가 소리가 흘러나왔다.[26]

그와 친분이 깊었던 화이트필드의 영향력은 커졌지만, 프랭클린은 대각성운동으로 대변되는 대중적 신앙이나 엄격한 칼뱅주의에 대해서는 비판적이었다. 프랭클린은 "화이트필드 목사가 나를 기독교인으로 만들어달라는 기도를 하기도 했지만 그 기도가 응답받았다고 믿을 만한 일은 절대 일어나지 않았다"[27]고 기록할 정도였다. 또한 『자서전』에서는 자신이 장로교 교육을 받고 자랐지만 신의 영원한 뜻, 선민사상, 영벌 같은 교리를 이해하기 어렵거나 의심스러웠다고 고백한다. 심지어 "일요일은 공부하는 날로 정한 터라"[28] 예배 참석마저 중단할 정도였다.[29]

프랭클린은 청교도 가정에서 성장했지만 전통적인 청교도 교리에 대한 거부감으로 인해 지인들과도 신앙 문제로 자주 충돌하였다. 그는 믿음을 강조하는 신앙생활보다는 근면 성실하고 합리적인 생활을 선호했다. 모든 일에 하느님의 뜻을 묻지 않고도 정직하게 근검절약하는 행위 자체에 도덕성을 부여할 수 있다고 믿었던 철저한 계몽주의자였다. 그러나 『자서전』에서는 그가 대중적 신앙 형태는 거부했으나 기독교 믿음 체계 전부를 거부한 것은 아니었다고 밝히고 있다.

그렇다고 해서 종교적인 원칙을 모두 부정한 것은 절대 아니었다. 신은 존재한다는 것, 신이 세상을 창조했고 섭리로 다스린다는 것, 신이 가장 기뻐하는 봉사는 다른 이에게 선을 행하는 일이라는 것, 우리의 영혼은 불멸하며 모든 죄악은 반드시 벌을 받는다는 것, 덕행은 살아서가 아니라면 죽어서라도 반드시 보답을 받는다는 것 등은 한 번도 의심해보지 않았다. 나는 이런 것들이 모든 종교의 본질이라고 생각한다. 우리나라의 종교 모두에 이런 요소들이 있기 때문에 나는 모든 종교를 존중했다.[30]

이처럼 그는 종교라 할지라도 비합리적인 권위에 대해서는 거부했지만, 청교도의 생활 덕목은 철저하게 지키려고 노력했다. 검소한 차림새, 음주가무와 거리두기, 외관상의 절제력과 근면성이 묻어나는 일상생활 등은 그에게서 발견되는 전형적인 청교도의 생활 태도다.

프랭클린은 13개의 덕목을 지키기 위하여 자신을 실험 대상으로 삼았으며, 습관을 교정하기 위하여 정교한 플래너(planner)를 고안하였다. 자기계발의 수단인 플래너는 일생 동안 그를 관리하고 교정하며 좀 더 나은 자기에게로 도달하게 하는 사다리였다. 그는 작은 수첩에 각 페이지마다 가로로 요일별 7칸, 세로로 13항목을 나타낸 13칸을 그린 플래너를 자기계발의 매개로 사용하였다. 각 항목에 해당하는 잘못이 있을 때마다 점을 그려 넣는 식으로 자신을 향상시켜 나갔다. 이는 자기계발 실천에서 가장 중요한 철저한 시간 관리를 위하여 하루 24시간을 분 단위로 쪼개어 계획을 세우고 빈틈없이 체크하도록 유도한 것이다. 이 작은 공책은 오늘날 자기계발적 주체들이 사용하는 기본 아이템인 '프랭클린 플래너'의 모태다. 그가 고안한 작은 수첩이야말로 자기계발의 핵심인 자기 관리의 유용한 발명품이 되었다. 시간을 어떻게 사용하느냐는 곧 나를 어떻게 관리하느냐와 직결된다. 자기 관리는 자기 감시와 자기 규제, 그리고 자기 훈련 과정을 포괄하는데, 궁극적인 목표는 자신의 가치를 확인하고 자기 존중의 태도를 체화하는 데 있다. 자기계발의 각종 프로그램은 자기자신의 '교정과 변형'을 통해 자기를

좀 더 잘 관리하고 외부의 상황과 운명을 부분적으로 통제할 수 있는 자율성을 갖게 된다고 강조한다.[31]

이러한 그의 자기계발의 기술은 청교도 신앙과 계몽주의 양쪽에 뿌리내리고 있다고 보는 게 맞다. 『자서전』에는 '믿음 좋은' 신앙인의 죄의 고백은 없지만, 검소하고 절제된 생활 습관을 철저하게 준수하는 근면 성실한 청교도의 전형성에 기반하고 있기 때문이다.

자기계발서의 일종인 그의 『자서전』 원본은 모두 4부로 구성되어 있다. 기술 시기 등을 미루어 볼 때 처음부터 체계를 세워서 집필한 것 같지는 않다. 원본의 개략적 구조는 다음과 같다. 1부는 24세(1730)까지의 삶을 1771년에 기록하였고, 곤궁함 속에서도 삶의 목표를 세워 용맹정진하는 이야기를 담고 있다. 2부는 1부가 끝난 시점으로부터 약 1년간의 생활을 1784년에 기록하였다. 여기에는 신앙 관련 이야기와 더불어 도덕적 완성을 위한 13개 실천 항목이 제시되어 있다. 3부는 1731-1757년까지의 삶으로 필라델피아 자택에서 죽음을 맞이하기 반년 전(1788-1789)에 쓴 글이다. 4부는 1757년 말에서 1762년까지의 삶을 기록한 것으로 집필 시기는 명시되어 있지 않다. 1920년대 식민지 조선에서는 프랭클린 자서전의 원본 전부가 번역된 적이 없다. 어떠한 부분이 선택되어 번역되고 또 어느 부분이 번역에서 제외되었는지를 두고 해석의 갈등이 있다. 여기에 대해선 결론에서 다루겠다.

2. 20세기 초 식민지 조선: 『자서전』 번역의 의미와 효과

식민지 조선에서 번역된 프랭클린의 『자서전』은 단편적인 번역문이 많다. 지금까지 알려진 단행본만 해도 4권이나 된다. 앞서 살펴보았듯이 프랭클린의 『자서전』은 자기계발서로서의 성격이 강하다. 당시의 열악한 출판 상황과 시장의 협소성을 감안할 때, 어떤 특정 서적에 대한 번역본이 많았던 것은 그만큼 그 책이 대중적 지지를 받고 있었음을 증명한다. 이는 이 시기에 자기계발에 대한 관심이 상당히 컸음을 의미한다.

1920년대 식민지 조선에서 자기계발 담론을 열렬히 소비한 자들은 누구이며 자기계발 문화의 붐을 일으켰던 진원지는 어디인가? 서구에서도 그러했듯이 식민지 조선에서도 자기계발의 문화는 기독교 공간과 친연성이 있다. 우선 1920년대 자기계발 관련 서적을 번역한 이들은 주로 계몽적 기독교인이다. 『자서전』과 『자조론』 번역판 중에서 높은 판매부수를 차지한 것은 최연택과 홍영후의 번역판인데 이들은 당시의 대표적인 계몽적 기독교인이다.[32]

특히 최연택은 1920년대 자기계발 담론을 확산시킨 주역이다. 그가 번역한 『자서전』은 국한문 혼용의 다소 복잡한 문체와 게재한 시기 등의 문제가 있음에도 불구하고, 어떤 번역본보다도 대중의 큰 호응을 받았다. 호응의 1차적 원인은 그의 번역물이 연재된 《매일신보》의 두터웠던 독자층에서 찾을 수 있겠지만,[33] 번역자로서의 최연택의 영향력도 무시할 수 없다. 그는 인쇄소와 출판사를 직접 운영하면서 자기계발 관련 서적을 번역하고 우리 실정에 맞게 번안하며 자신의 생각을 저술하는 방식으로 대중과 소통하였다. 최연택은 자기계발을 통해 새로운 삶을 개척하는 데 관심이 많았기 때문에 기독교적 덕목을 실천하고 체계적으로 목표를 세워 스스로 새로운 삶을 창조한 입지전적 인물을 주로 소개하였다.[34] 《매일신보》에 기고한 「근면하라」, 「의뢰심을 발거(拔去)하라」, 「촌음을 시경(是競)하라」, 「실패에 퇴굴(退屈)치 말라」 등의 글이나, 그의 저서 『세계일류사상가논문집』에 수록

된 「성공론」, 「포이틔튜드(Fortitude)」, 「커레-지(Courage)」, 「자조론」 등의 제목이 지시하듯, 그는 성공학과 자조론의 소개를 통해 자기계발 담론을 확산하는 데 주도적 역할을 하였다.

최연택의 자기계발 담론은 그의 기독교 신앙과 깊게 연동되어 있다. 성결교 잡지 『활천』에 실린 간증에 따르면, 그는 소년시절부터 아현감리교회를 다녀 기독교 문화에 익숙했다. 그러나 심한 병을 앓고 난 직후인 1914년부터 아현성결교회로 옮겼는데 여기에서 신앙적 정체성이 확고해진 것으로 보인다.[35] 그의 신앙 이력은 출판 이력에서 잘 드러난다. 독실한 신앙인이 되기 직전인 1914년만 하더라도 유교 이념에 충만한 한문소설 『김태자전』을 번역하여 연재했다. 그러나 회심 후에는 장편소설 『죄악의 씨』(1922)[36]와 같은 신앙 서적을 쓰는 한편, 『자서전』 번역 및 자기계발 관련 저술 활동에 힘썼다.

이 밖에도 기독교와 자기계발 문화의 친연성의 증거는 많다. 기독교 청년운동 단체인 YMCA 기관지 『청년』에는 1923년 한 해 동안 「청년의 수양훈(修養訓)」(半島山人)이라는 제목의 글 연재를 비롯하여, 「정신부터 자기를」(김영제) 「수양의 가치와 사상의 정리」(公優生) 「성공의 비결」(조정우) 등의 글이 지속적으로 등장한다. 당시에는 자기계발이 근대적 주체의 정신 개조나 수양 문제와 관련되어 언급되고 있었다. 따라서 이 글들은 성공한 삶의 비전을 제시하며, 그것에 도달하기 위해 갖추어야 할 품성이나 자질을 함양하는 자기계발의 덕목을 제시하고 몸에 익히도록 독려하고 있다. 이 기관지가 매호 발간될 때마다 거의 항상 자기계발에 관련한 주제가 등장하는 것을 미루어보아 독자들의 높은 호응을 짐작할 수 있다.

그러면 왜 1920년대 식민지 조선에서는 미국인의 사랑을 받은 18세기 한 인물의 『자서전』이 회자되었으며, 당시 조선인들은 그 인물의 어떤 점에 매료되었던 것일까? 이 질문에 대한 해답을 모색하는 과정에서 『자서전』 번역의 의미와 효과가 드러날 것이다.

당시 프랭클린이 소비되는 이미지를 보면 이 물음에 대한 답을 어느 정도 추론할 수 있다. 자서전 전문 번역을 시도했던 한성도서주식회사는 책 선전문구로 '빈한(貧寒) 출신의 대성공자'라고 내걸었다.[37] 일제 식민지하에서 살아가던 조선인들은 영국의 식민지하에서 살던 한 미국인을 통해 식민지인의 암울한 현실과 경제적 궁핍에서 벗어날 수 있는 희망을 발견한 것은 아닐까? 어린 나이에 생업에 종사해야 할 정도로 몹시 가난했던 한 소년이 끊임없는 자기계발로 자수성가하고, 마침내 미국이 귀족 사회에서 벗어날 수 있는 기틀을 마련한 인물이 된 이야기는 유사한 처지의 식민지 독자에게 암울한 현실 극복의 동아줄로 여겨졌을 수 있다.

식민지 조선의 독자들의 관심을 끌었던 것은 프랭클린이 고안하여 공유했던 습관 개조와 계획적인 시간 활용의 노하우였다. 식민지 근대가 진행되던 1920년대의 한국 사회는 여전히 전근대적 시간관념이 지배적이었다. 그런데 기독교는 선교 초기부터 전통적 시간관을 정확성이 결여된 것으로 보고 비판해 왔다. "우리 한인의 풍습은 정밀하지 않아서…약속할 때 만나는 시간을 내일 아침이라 하는데, 아침은 날이 밝으면서부터 정오까지라 - 이를 어찌 시간이라 하겠는가"[38]라든가 "한가한 시간이 많고, 오늘 못하면 내일로 미루는 습관이 있다"[39] 혹은 "세계에서 그들만큼 잠을 좋아하는 국민도 없다. 그들은 매우 불규칙하게 생활한다"[40]와 같은 말은 모두 한국인의 '느슨한' 시간관념과 그에 따른 '게으른' 생활에 대한 비판이다.

근대 기독교는 전통적 시간의 의미와 실천을 해체하고 근대적 시간으로 대체하려는 부단한 노력을 하고 있었다. 그런데 프랭클린의 플래너는 근대적 시간을 몸에 각인하는 데 유용한 도구였다. 촘촘히 체계적으로 나눠진 프랭클린의 플래너는 정확성과 엄밀성을 특징으로 하는 근대적 시간관에 기초해 있다. 그의 핵심 교훈이 대부분 시간과 관련되어 있다는 것은 자기계발 테크닉의 필연적 귀결이다.

앞서 언급했듯이 명망가가 되기보다는 "도덕적으로 완벽해지겠다는 바람"으로 프랭클린이 제안한 13덕목표는 신앙적 성찰의 장치를 통해 자신의 언행을 관찰, 교정하는 데 초점을 두고 있다. 13덕목에서 우리는 청교도의 이상적 인간상과 근대적 인간상 혹은 근대적 가치 사이의 유사성을 발견할 수 있다. 미국 문학 연구에서도 프랭클린의 청교도 덕목과 근대화의 친연성에 대해 말한다. 문명의 근대를 향한 매순간의 성실한 노력과 더 나은 세계로의 신앙적 표현 등, 출발부터 청교도주의는 중세로부터 해방된 근대적 흐름에 발맞춘 측면이 있다는 것이다.[41]

그런데 이 13덕목은 초기 한국 기독교가 수신 항목을 통해 교인들의 근대적 몸 만들기를 꾀하였던 기획과 중첩된다. 수용 초기부터 기독교 공간은 근대인을 만드는 중요한 역할을 해 왔다. 프랭클린의 13덕목 중 '정결'이 근대적 주체의 형성과 맞닿아 있듯이, 초기 한국교회에서 유통되던 위생 담론은 근대적 몸 만들기 기획이라 할 수 있다. 스크랜턴 대부인의 '죄로부터의 구원뿐 아니라 불결함으로부터의 구원'이라는 설교[42]와 몸과 주변 환경의 위생을 강조하면서 몸이 하느님의 성전이기에 특히 정결하도록 노력해야 한다는 교계 신문 기사[43]는 교회 공간에서 위생 담론이 어떻게 신앙적 언어로 번안되는지를 잘 보여주는 사례다.

한국 기독교의 근대적 몸 만들기 기획에는 술, 담배 등의 기호식품 통제에서부터 경제관념, 시간관리, 그리고 예배당을 비롯한 공공장소에서의 '행동의 절제'까지 포함하고 있다. "세계의 문명한 나라 사람들은 자기 몸의 누추한 것을 다른 이들에게 보이지 아니한 고로…" 예배당 내에서의 설교 시에 옆 사람과의 잡담이나 큰 기침, 하품, 큰 소리로 성경 따라 읽기, 창문 열고 침 뱉기 등을 금하는데, 이러한 규칙들은 절제 담론인 동시에 일종의 신체 통제 메커니즘으로 작동하고 있다.[44] 문명화된 인간, 근대적 인간이 탄생하는 과정이 생활 환경에서의 예절을 신체에 각인하고 내면화하는 과정과 긴밀한 연관이 있다는 지적처럼,[45] 예배당에서의 규칙은 물론 신성한 공간에 대한 예절이기도 하지만, 한편으로는 근대적 매너를 몸에 내면화시키는 장치이기도 하다. 이러한 한국 기독교의 기획의 출발점은 선교사의 청교도적 습관과 연결되어 있다.

근대 초기 동아시아 사회 변동을 주목한 아더 브라운(A. J. Brown)은 개항 후 초기 25년 동안 내한한 선교사들이 거의 모두 청교도 신앙을 가졌다는 점에 주목하였다. 처음 뉴잉글랜드에 정착했던 청교도들처럼 그들은 철저하게 안식일을 지켰을 뿐 아니라 춤추거나 담배 피우거나 노름하는 것을 죄로 여겼다. 참된 그리스도인이라면 절대로 하지 못할 그런 행동으로 본 것이다.[46] 이는 벤자민 프랭클린의 자기계발 실천의 신앙적 버전이라고 하겠다. 대부분의 선교 단체나 선교사들이 그러하듯 이들도 자신의 청교도 윤리와 신학적 성향을 선교지에 전했다. 그 결과 초기 선교사들은 절제를 그리스도인의 삶의 중요한 윤리적 척도로 가르침으로써 술과 아편의 유통을 막고, 노름을 금지시키며, 순결의 수준을 높이 설정하였다. 개신교의 몸 담론에서는 몸이 '성전'이자 '하나님의 형상'으로 간주되기에 몸을 해치는 모든 욕망과 행위는 절제에 의해 철저하게 통제되어야 했다. 이러한 몸 담론과 절제 담론은 베버가 칼뱅주의에서 발견한 '현세적 금욕주의'를 연상시킨다.

『자서전』을 통해 접한 13덕목은 신용과 합리성에 기초한 인간관계가 한층 중요해진 근대 사회에서의 삶의 성공을 보장하는 자원인 셈이다. 이에 대한 식민지 조선의 독자들의 적극적 호응을 통해 근대로 나아가려는 이들의 열망을 짐작할 수 있다. 한성도서주식회사에서 발간한 본문 뒤에는 「프랭클닌전에 대하야」라는 소개글이 있다. 거기에는 자서전 번역의 의도가 내포되어 있다.

> 어린 학생 여러분… 다른 영웅의 전기를 읽을 때와 같이 가슴이 뛰며, 혈관을 돌아다니는 피가 더 뜨거워지며, 변전무쌍한 운명에 웃고 울고 하는 활극적 느낌을 프랭클린의 일생을 읽을 때에는 아무리하여도 우리는 느낄 수가 없었다.… 우리는 수양에 있는 몸인 때문에 소낙비의 본을 받으려하는 것보다, 적으나마 끊지 아니하고 내리는 비의 본을 받을 필요가 있다고 생각한다.[47]

한순간 속 시원하게 내리는 소나기가 아니라 "끊지 아니하고 내리는 비"를 본받으라는 말의 함의가 무엇일까? 중단 없는 노력으로 자신도 모르게 몸속에, 일상 속에 스며든 덕목들은 "가랑비에 옷 젖듯이"라는 속담처럼, 마침내는 식민체제를 넘어서는 은밀한 방도가 될 수 있다는 은유로 보인다.

Ⅳ. 나오는 말

식민지 조선의 자기계발 문화를 견인한『자서전』과『자조론』의 번역을 근대적 의미의 입신 출세주의의 통로라고 평가한 연구들이 있다. 역사학계는『자서전』번역이 일본 제국주의에 대한 번역자들의 협력 논리를 정당화시켜 주었다고 평가한다. 그 증거로 제시되는 것은『자서전』번역본 중 어느 하나도 완역을 하지 않았다는 점이다.[48] 즉 사적 경험담과 입신양명의 성공담이 기술된 1부와 2부만 번역되고, 미국의 독립운동가나 정치지도자로서의 면모가 담겨 있는 4부는 한 번도 번역되지 않았다는 것이다. 요컨대 식민지인이라는 유사성에도 불구하고 프랭클린에 부착된 식민지 미국의 독립과 건국 사업이라는 역사적, 정치적 의미는 탈각시키고, 그저 근면 성실하게 자신의 본분에 충실하여 성공한 인물의 이미지만 유포했다는 것이다. 이는 번역 텍스트의 선택과 배제에서『자서전』번역자의 '불온한 의도'를 추론한 것이다. 나아가 기존 연구에서는 당시의 자기계발 담론이 근면 성실을 강조하고 개인의 성공적인 사회 진출을 강조함으로써 식민 당국에 순응하는 주체를 생산했다고 강조한다. 그로 인해 자기계발 담론은 일본 제국주의 체제가 수월하게 작동하는 데 공헌했으며, 자기계발 문화를 선도한 지식인들이 식민 당국의 협력자로 변신한 것은 예정된 수순이었다고 단언한다.[49]

그러나『자서전』4부의 탈각이 번역자의 의도적 행위였는지는 판단하기 어렵다. 왜냐하면 프랭클린 자신이 미완성한 채로 작고했고, 미국을 비롯한 서구 사회에서도 4부는 뒤늦게 발간되었기 때문이다. 더구나 일본이나 중국을 거쳐 중역되는 식민지 조선의 출판 사정, 총독부의 검열, 그리고 높은 문맹률을 고려한다면 4부의 탈각을 번역자의 의도로 단언하는 데 어려움이 있다. 훗날 번역자들의 변절의 단초를 자기계발 서적의 번역에서 찾는 것도 결과론적 해석일 수 있다. 이들이 자기계발 서적을 번역한 시기는 개조의 열망이 강했던 1920년대 전후였다는 점, 일제 강점 이후에는 위인 전기류에 대한 총독부의 제재가 있었음에도 불구하고 이들이 번역을 시도한 점, 그리고 『자조론』 번역 이후 수양동우회 사건의 고초를 겪은 홍영후나 최연택의 신앙 이력을 고려한다면, 이들의 자기계발 담론 유포에서 변절의 징후를 찾는 것은 너무 성급한 시도로 보인다.

이 글에서는 자기계발문화에 내재한 개인의 강조와 사회 구조적 인식의 결여라는 한계를 인정하면서도, 1920년대의 자기계발 문화에서 이기성의 발현이 아닌 공조를 향한 자조, 공공성을 위한 자기계발의 가능성을 발견하고자 하였다. 육영공원 교사로 내한하여 근대 교육자로 활약한 헐버트가 "우리는 매일 거리를 쏘다니는 수백 명의 청년들을 본다. 그들은 구습에서 벗어날 수 있는 기회와 자극만 있으면 가장 유망한 청년들이 될 수 있을 것"[50]이라고 보았던 그때와 『자서전』과 『자조론』에 공명했던 그 청년들의 상황은 별반 다르지 않다. 삶의 길을 잃은 식민지 조선의 청년들이 『자서전』에 매료당한 것은 과연 입신양명의 신기루 때문일까? 프랭클린이 제공한 청교도적 실천 항목들에서 새로운 사회 곧 근대화(성)에 도달하는 동아줄을 발견했기 때문일까?

앞서 보았듯이, 『자서전』 속에 등장하는 프랭클린의 자기계발에의 욕망은 공공성으로 이어지고 있다. 독립 투쟁기가 아닌 소소한 사적 경험의 서사에도 공익적 정서가 깊이 스며들어 있다. 그가 펴낸 『자서전』을 포함한 다양한 자기계발서는 시행착오 끝에 습득한 생활 습관과 통찰력의 공유에 그 목적을 두고 있었다. 철저한 시간 관리와 자기 관리의 기술은 개인 사업을 성공적으로 이끌었지만 항상 공공성과 연계된 공익 사업으로 이어졌다. 모두에게 유익한 '회원제 도서관 설립'이나 '프랭클린 스토브'의 특허권과 같은 수많은 발명품을 독점 수익으로 사유화하지 않음으로써 그는 공익을 우선시한 전형적인 청교도형 인물로 오늘날까지 기억되고 있다. 또한 수많은 자기계발 서적을 번역함으로써 1920년대 자기계발 문화를 이끌었던 최연택이 제시한 성공론도 눈앞의 사익에 머물지 말라는 것이 핵심 메시지이다.[51] 요컨대 근대적 의미의 자기계발 문화를 촉발한 『자서전』 번역은 근대의 물결이 휘몰아쳐 들어오던 그 시절, 새로운 모습으로 변신을 꾀하던 사회상에 공명함으로써 개인과 사회에 의미 있는 효과를 가져온 측면이 있다.

그렇다고 해서 식민지 조선에서의 자기계발 문화의 한계를 간과하자는 것은 아니다. 윤리의 렌즈로 볼 때, 1920년대의 문화통치라는 시대적 한계 속에서 싹튼 자기계발 문화는 사회 구조 혹은 지배 체제의 문제를 간과한 채 개인의 개조에 머문 치명적인 한계가 있다. 자기계발의 문화의 진원지로 기독교 공간이 역할을 하던 1920년대에는, 청년 지식층 사이에서 "입으로 사회주의를 말하지 않으면 시대에 처진 청년"[52]같이 여겨질 정도로 사회주의가 급속히 퍼져 나갔다. 당시 기독교 공간에는 개인의 영혼 구원과 부흥운동을 중시하는 흐름과 사회 개혁과 사회운동을 중시하는 흐름이 공존했다. 사회 개혁을 중시한 이들은 사회주의 진영의 반기독교운동을 개신교의 자기반성의 계기로 삼으면서 사회주의와의 접점을 모색하였다. 사회주의를 배척할 것이 아니라 이해하고 접촉하고 바로 인도해야 한다고 주장하는 입장이 나오는가 하면,[53] 사회주의자들이 반대하는 것은 '그리스도'가 아니라 '교인과 교회'이므로 그리스도인은 예수 그리스도의 마음과 정신을 가지고 일상생활에서 그리스도인의 특성을 표현해야 한다고 주장하는 입장도

나왔다.[54]

　기독교와 사회주의의 접점을 모색하던 기독교 사회주의자들은 성서와 예수를 논의의 출발점으로 삼았다. 따라서 그들은 구약성서의 희년과 약자보호법만이 아니라 신약성서의 초대교회 공동생활과 공동소유를 사회주의와 연결시키고 예수에게서 사회주의자의 모습을 발견하였다. 나아가 '진정한 사회주의자'라면 '세계일가주의'와 '일시동인'이라는 말로 대변되는 참된 우애와 평등의 정신을 주창한 '사회주의자 예수'를 따라야 한다고 주장했다. 그들에 의하면 사회를 개혁하고 혁신하는 혁명가이자 일과 노동을 중시하고 모든 사람을 형제로 대하는 진정한 사회주의자인 예수의 길을 따라야만 '진정하고 고상한 사회주의'가 실현될 수 있고, 예수에 근거한 기독교 사회주의야말로 '진짜 사회주의'였다.

　일제하의 대표적인 기독교 지도자 이상재는 '적자생존'과 '우승열패'를 강조하는 사회진화론적 사회 현상이 하나님의 뜻에서 벗어난 '죄악된 상태'임을 지적하고, 불합리한 사회 현실의 개조가 하나님의 뜻이며, 이런 '사회개조' 활동에 기독교인들이 책임의식을 갖고 적극 나서야 할 것을 촉구했다.[55] 당시의 사회개조론이 현실 문제 해결의 실마리를 구조에서 찾았다면, 자기계발 담론을 소비하던 이들은 역방향 곧 개인 구원을 통한 사회 구원, 혹은 공조를 위한 자조에서 해답을 찾았던 것이다. 1920년대 전후, '공익과 사익의 이해' '공익과 사익' '공익과 사익 물재생' 등의 글들은[56] 공동체의 삶의 질을 높이는 사업을 추구하면서도 물질적 풍요를 누렸던 프랭클린과 맞닿아 있다.

　그동안 우리 역사에 대한 윤리적 평가는 '민족주의'의 자장에서 크게 벗어나지 못하였다. 항일 대 친일이라는 이분법적 인식틀은 윤리적 평가의 군건

한 기준이 된 적도 있었다. 주지하다시피 우리의 삶은 민족이라는 변수만이 아니라 성, 계급, 연령 등과 다양한 요인에 의해서도 직조되었다. 따라서 민족주의 담론의 회로에 갇히게 되면, 식민지 권력 이외의 지배 담론과 협력하고 갈등하고 저항하는 가운데 형성된 다양한 삶의 결을 놓치게 된다. '식민지 근대성'(colonial modernity)의 개념을 비롯한 근래의 문화 연구는 항일과 친일의 구도 외부를 사유하는 데 큰 공헌을 하였다. 이 글은 자기계발이라는 렌즈로 식민지 조선인의 욕망을 읽고자 했다. 특히 기독교 지식인에 의한 『자서전』 번역을 매개로 드러난 독자들의 욕망을 '자조'와 '공조'의 관계 구도 속에서 고찰하였다. 이들의 자기계발에의 욕망을 엄격한 윤리적 잣대로 비난하기보다는 그들이 무엇을 수정하고 무엇을 넘어서기 위하여 『자서전』을 번역하고 소비했는지 질문함으로써 항일 대 친일, 체제 대 개인이라는 이분법 사이에 존재하는 다양한 결을 포착하려 했다.

2장

21세기 초
자기계발문화와 기독교 여성

I. 들어가는 말

　신자유주의의 거센 파고는 IMF 관리 체제를 거치면서 경제 영역만이 아니라 정치, 종교, 개인의 일상까지 위협하고 있다. 그 여파로 산업사회의 특징이었던 안정된 가족공동체와 평생 직장의 개념이 급속히 해체되고 우리네 삶은 점점 벼랑 끝으로 몰리고 있다. 이러한 분위기를 반영하듯 우울증 환자가 급증하고 자살 문화가 전염병처럼 퍼지고 있다. 그 원인에 대해서는 다양한 층위의 정치한 분석이 행해져야 하겠지만, 교육·취업을 비롯한 사회 전 영역에 확산된 무한 경쟁의 풍조도 큰 일조를 하고 있다는 것에 공감대가 형성되고 있다. '대박', '쪽박', '무한경쟁', '승자독식' 등 범상치 않은 단어들이 일상어가 된 우리 사회의 한편에서는 몇 십 억대의 높은 연봉이나 물질적인 성공을 이룬 이들에 대한 선망 문화가, 또 다른 한편에서는 실직 위험 속에서 언제든 누구든 사회적 열패자로 전락할지 모른다는 공포 문화가 조성되고 있다. 바로 신자유주의가 낳은 새로운 사회문화적 풍속도다.

　그간 가족이나 국가 등 공동체가 담당해 왔던 것들이 점차 개인의 책임으로 이관되면서, 성공과 실패의 교차로에서 어느 길을 걷게 될 것인지는 '오직 스스로에게 달려 있다'는 믿음이 공고화되고 있다. 청년은 물론이고 어린이들까지 이른바 '스펙'으로 지칭되는 외국어, 외모, 출신, 경력 등 경쟁의 무기를 얻기 위해, 자신의 부족한 부분을 진단하고 자신을 통제하며 자기를 재창조하기 위해 부단한 노력을 기울이고 있다. 끝없는 자기계발의 강박에 사로잡힌 시대가 된 것이다. 자기계발 컨설팅/클리닉 등의 산업은 날로 성장하고, 자기계발 서적들은 베스트/스테디셀러의 자리를 차지하고 있다. 한 일간지의 조사에 의하면 2006년 이래 자기 관리 분야의 도서 판매량은 90% 이상 증가했다. 종교서적 코너 역시 예외는 아니다. 『긍정의 힘』, 『목적이 이끄는 삶』, 『다니엘 학습법』, 『최고경영자 예수』, 『성공코칭 온바이블』 등과 같은 다양한 종류의 대중적인 신앙 서적들은 한국 사회의 대표적인 자기계발서로 자리매김하고 있다. 우리는 이러한 현상을 통해 자신의 경쟁력을 높여 위기를 극복하려는 개인들의 욕망을 읽을 수 있다. 과열된 자기계발의 열기는 신자유주의 시대를 독해하는 데 매우 중요한 지표다.

  신자유주의 사회가 조장하는 자기계발에의 욕망과 기독교 복음은 과연 조응할 수 있는가? 몇 년째 종교 관련 서적 판매량의 수위를 차지하고 있는 『긍정의 힘』의 핵심 메시지를 압축적으로 소개한 글을 통해 이 둘의 상관성을 짐작할 수 있다. "그(책 저자)는 죄인더러 회개하라고 닦달하거나 소리치지 않는다. 정치와 주요정책 이슈보다 철저히 성경 중심으로 돌아가 희망과 자기계발에 관한 참신하고도 설득력 있는 복음을 전하고 있다"는 이 신앙 서적에 따르면 '자기계발'이 곧 이 시대의 '복음'인 셈이다.

  이 글의 관심은 신자유주의의 자기계발이라는 신화가 어떠한 방식으로 신앙적 언어로 번안되고 있으며, 어떠한 장치를 통해 교회 공간에서 유통되고 있는지, 그 내용은 무엇인지를 규명하는 것에 있다. 이를 위해 최근 폭발적인 인기를 얻고 있는 대중적인 신앙 서적이 생산하고 있는 자기계발 담론에 주목한다. 오늘날 한국 교회에서 신앙 교재로 자리 잡은 대중적인 신앙 서적들은 신자유주의 시대의 신앙적 주체를 생산하는 주요한 담론적 장치의 하나이기 때문이다. 특히 이 글에서는 여신도 대상의 신앙 서적에는 어떠한 성별화된 특성이 내포되어 있는지를 분석하는 데 집중하겠다. 이러한 작업은 신자유주의 시대의 한국 기독교가 생산하는 여성 주체의 특징과 그 형성과정을 구명하는 데 지렛대가 될 것이다.

II. 자기계발 주체와 신자유주의 통치성

자기를 계발하고자 하는 욕망은 더 나은 삶을 추구하는 인간의 원초적 심성일 수 있다. 인간이 생존과 행복을 추구하는 사회적 동물이라면, 더 잘 살고 더 나은 자신이 되기 위해 노력하는 행위는 어쩌면 본능일 수도 있다. 그런데 이 시대의 자기계발에 관한 유별난 열풍은 더 나은 미래에 대한 인간의 소박한 욕망이나 본능으로만 단순하게 설명될 수 없다. 여기에는 개인의 욕망을 추동하고 활용하는 모종의 권력이 개입되어 있기 때문이다.

최근 자기계발 담론과 자기계발적 주체를 바라보는 다양한 시선이 교차하고 있지만 이 글에서는 통치성(governmentality) 개념에 주목한다. 통치성이란 서구 근대의 권력 행사 방식을 설명하기 위하여 푸코가 후기 저작에서 도입한 개념이다. 통치(govern)와 사고양식(mentality)을 결합한 신조어로서, "특정한 사고 양식을 통한 통치"라는 함의가 있다. 푸코는 서구 근대사회의 통치성의 특징을 '정치적 합리성'이라는 권력의 새로운 테크놀로지에서 찾았다. 근대적 통치성에서는 권력의 작동이 초월적 원리나 임의적 의지가 아난 '합리적 지식'에 의해 이루어지며, 합리적인 지식권력이 작동하기 위해서는 그에 적합한 주체를 필요로 한다는 것이다.

푸코의 통치성 개념을 수용한 이른바 '통치성 학파'의 관점으로 서구 근대사를 보면, 19세기는 자유주의 통치성이 작동되면서 '자유롭고 정상적 개인 주체'가 형성되었다. 근대 이전 사회의 지나친 통치 권력을 제한하기 위해 등장한 것이 자유주의 통치성이다. 그러나 19세기 말부터 20세기 초의 전쟁과 공황, 사회주의, 개인주의의 확산 등 자유주의 통치성이 야기한 문제들을 극복하기 위해 새로운 통치성이 등장하였다. 반자유주의적 합리성, 곧 복지주의 통치성이 그것이다. 이의 특징은 '사회를 통한 통치'다. 복지주의 통치성에 조응하면서 등장한 주체는 공동의 운명을 짊어지고 동일한 목표를 향해 의무와 책임을 나눠 가지는 '사회적 인간(social person)'이다. 여기서의 '사회적 인간'이란 사회적 보호와 교육의 권리를 가지면서 사회적 의무와 책임을 지는 국민/시민을 의미한다. 요컨대 자유주의 통치성의 한계가 노골화되었던 20세기 초중반에는 복지주의 통치성이 작동하였고, 이에 적합한 '사회적 인간/국민 주체'가 형성되었다.

그렇다면 신자유주의 통치성이 작동하는 오늘날 사회에서 형성되고 있는 주체의 특성은 무엇일까? 이를 추적하기 위해 신자유주의 통치성의 등장 과정과 성격을 살펴볼 필요가 있다. 1970년대를 전후하여 포디즘에 기반을 둔 서구자본주의가 경제적 불황으로 자본 축적의 위기에 봉착하게 되자 그 타개책으로 자유를 좀 더 적극적인 삶의 조직 원리로 삼는 새로운 통치성, 곧 "자유를 통한 통치(governing through freedom)"가 등장하였다.[57] 지난 30년간 글로벌 정치경제 질서의 중심이 된 신자유주의는 어떤 조건에도 구애받지 않고 스스로가 설정한 목표를 추구할 '개인의 자유'를 강조해 왔다.

언뜻 자유주의 통치성과 신자유주의 통치성이 유사하게 보일 수도 있겠다. 그러나 근대 초기의 자유 개념에는 봉건적 신분 관계로부터의 자유 곧 만민 '평등'의 의미가 강하고, 신자유주의의 자유는 '능력', '유연성', '경쟁'의 의미가 한층 부각된다. 그러하기에 경쟁적 자본주의가 정치적 자유를 촉진한다는 주장은 신자유주의 이념의 근본이라고 볼 수 있다. 여기에서의 '경쟁'은 삶의 모든 영역에서 최대의 효용을 산출하기 위한 필수불가결한 덕목이자, 체제의 발전과 인간의 자유를 보장하기 위해 요청되는 미덕이다. 그런데 경쟁이 일어나려면 자율적 행위자가 전제되어야 한다. 자율적 행위자란 자기 삶의 기획과 관리의 책임이 철저히 자기 자신에게 달려 있음을 자각하는 자이다. 자신의 목표와 수단을 자율적으로 관리하고, 자유롭게 수정할 수 있는 행위자가 전제되지 않고서는 경쟁적 상황이 조성될 수 없다. 경쟁이란 누가 강제해서 일어나는 것이 아니며, 설령 강제적으로 경쟁을 촉발시킨다 하더라도 경쟁의 본래적인 목표인 최고의 효율을 얻을 수 없기 때문이다. 그러하기에 "사람들로 하여금 자기 행복을 스스로 북돋워야 하는 개별화되고 능동적인 주체로 바라보도록 고무"[58]하는 신자유주의 지배 전략은, 자아실현을 향한 개인들의 열망과 선택을 유도하는 방식으로 행사된다. 통치성의 관점으로 볼 때, 시장의 원리를 경쟁에 두는 신자유주의 통치성과 자율적인 주체 형성은 불가분의 관계이다.

  자율성과 능동성을 특징으로 하는 신자유주의적 주체의 대표적인 표상은 '기업가적 자아'다.[58] 이때 기업가란 기업 조직에서 독립한 자영업자를 지칭하는 것이 아니다. '자신이라는 사업'을 경영하고 '자기 인생을 사업으로 다루는' 기업가로 자신을 인식하는 주체를 의미한다. 이러한 기업가적 주체는 신자유주의 통치성이 작동하기 위한 전제이자 결과다. 그리하여 경제적 차원은 물론이고 "교육, 보건, 복지와 같은 종래 사회적 삶의 영역을 모두 기업화하는 것, 그리고 그 안에서 활동하고 살아가는 주체를 기업가적 주체로, 혹은 기업가적 정신에 따라 살아가는 개인, 집단, 조직, 사회체로 주체화"[59] 한다.

결국 기업가적 주체/자아란 자기 삶의 의미와 가치를 스스로 부여하면서 선택 행위를 통해 삶의 질을 극대화하려 노력하고 그 결과에 대해 능동적으로 책임지는 자아를 의미한다. '능동적인' 인간은 자신이 무엇을 욕망하는지를 스스로 해석하고, 자신의 목표를 '자율적으로' 정하고, 목표에 가장 효율적으로 도달하기 위해 여러 방법을 '자유로이' 선택/활용하며, 그 결과에 대한 책임은 온전히 자신에게 있음을 자각하는 존재로 표상된다. 이렇듯 개성 있는 삶의 방식을 추구하는 삶의 기획은 주체의 자유와 자율성을 보장하는 방식으로 정치적 사회적 제도적 목표를 달성하는 신자유주의 통치성과 조응한다.

능동성, 자유, 자율성으로 표상되는 신자유주의의 자기계발적 주체는 진정 자유롭고 자율적인 생활을 영위하는가에 대한 물음이 제기될 수 있다. 이에 대해 통치성 학파의 대표적 이론가인 니콜라스 로즈는 부정적인 견해를 표명한다. 신자유주의 통치성이 작동하는 사회에서 개인은 표면적으로는 자유롭고 자율적으로 선택하는 것 같지만, 실상은 삶을 영위하는 방식에 있어서 전문가의 지식과 권위에 점점 의존하게 된다는 것이다. 뿐만 아니라 개인의 자유 실현이라는 기획 역시 실상은 시장의 논리, 자본의 작동 방식에 크게 좌우된다고 보았다. 이러한 점들은 자기계발 담론이 생산한 주체의 자유성/능동성에 의문을 품게 한다.

무엇보다도 자기계발에 몰두하는 주체의 치명적인 약점은 극단적 개인

화이다. 신자유주의적 자기계발 담론은 무한경쟁에서 살아남는 것도, 탈락되는 것도, 위기에 대처하는 것도 모두 개인의 소관이라는 인식을 끊임없이 유포하고 있다. 자기 스스로의 계발·관리·경영이라는 담론적 실천을 강조함으로써 결과적으로 개인을 능력의 최종 단위로 만들고 있다. 그 결과 동일한 목표를 향해 책임과 의무를 함께 나누었던 '사회적 시민/국민'은 자기 자신을 적극적으로 책임지는 '자율적 개인'으로, 더 나아가 '오직 자신만'을 관심하는 개인으로 주체화되는 효과를 산출한다. 부르디외는 신자유주의의 속성을 개인의 자유 아래 세워진 경제질서로 보았다. 그리고 이러한 "신자유주의적 경제 질서의 궁극적 토대는 사실상 실업, 불안정한 취업, 해고위협에 의한 공포 등 구조적 폭력"[60]이라고 지적한다. 그간 공공의 영역에서 관리되던 위험과 위기까지도 모두 개인의 책임으로 돌리는 신자유주의 사회는 구조적으로 폭력성을 배태하고 있다. 자유롭고 능동적인 개인의 의지가 강조되면 될수록 구조적 폭력성은 은폐되기 쉽다. 요컨대 신자유주의 시대의 자기계발 담론은 자신에 대한 배려와 자신의 능력에 집중하도록 유도하면서 동시에 삶의 전 영역에 걸친 시장 원리의 확대라는 사회 구조적 측면과 조응하고 있는 셈이다.

III. 기독교 자기계발 담론과 주체화의 테크놀로지

1. 주체화 양식과 자기 테크놀로지

푸코는 주체 연구를 "주체가 자신을 주체로 구성하고 인식하는 자기와의 관계의 형식과 양태들"에 대한 연구로 이해했다. 주체는 하나의 실체로 파악될 수 없는 특정한 자기와의 관계의 형태이기 때문에, 주체를 파악하려면 특정한 기술적·제도적 조건 속에서 형성되는 주체화 과정을 분석해야 한다는 것이다.[62] 주체 형성의 문제를 태도나 행위 양식의 차원으로 파악하는 푸코의 관점은, 자기의 형성이나 변형의 지침을 제공하는 자기계발 담론을 분석하는 데 유용하다.

푸코는 주체화 양식인 통치성을 권력(타자 지배) 테크놀로지와 자기(자기 지배) 테크놀로지 사이의 연결로 보았다. 타자 지배/자기 지배의 테크놀로지는 주체 형성에 개입 혹은 작동하는 일종의 테크닉인데 푸코는 이를 네 가지 유형으로 분류한다. 즉, 사물을 생산·변형·조작할 수 있게 하는 테크닉(생산의 테크닉), 기호 체계를 사용할 수 있게 하는 테크닉(기호 또는 커뮤니케이션의 테크닉), 개인의 행위를 규정하고 특정한 목적이나 지배에 종속시켜 주체의 객체화를 꾀하는 테크닉(권력의 테크닉), 자기 자신을 이용하거나 타인의 도움을 받아 자기 자신을 효과적으로 조정할 수 있도록 해주는 테크닉(자기의 테크놀로지)이다.[63]

이러한 테크놀로지들은 항상 특정한 종류의 지배와 결합되어 있으며 각각의 유형은 일정한 기능과 일정한 태도를 획득하기에 일정 양식의 개인 훈련과 변용을 함축하고 있다. 푸코는 네 가지 테크놀로지의 특정한 성질과 이들 사이의 영속적인 상호작용에 주목하면서 광기, 근대 의학, 감옥, 성에 관한 역사적 성찰을 통해 근대 주체 탄생의 계보학을 추적하였다. 고전 시대의 근대 주체 형성에 관한 연구에서는 주로 '권력과 지배의 테크놀로지'에 집중하였으나, 후기 작업에서는 개인이 얼마나 자기 자신에게 작용하는가에 대한 역사 즉 자기 테크놀로지에 주목한다.

자기의 테크놀로지란 자기 해석 또는 자기 관리를 통해 어떤 일련의 목적에 도달하기 위하여 스스로의 존재 양식을 형성하고 유지하며 변형하는 절차들을 일컫는다.[64] 요컨대 개인들에게 "스스로의 힘으로 자신의 몸과 영혼·생각·행위·존재 방법을 일련의 작전을 통해 효과적으로 조정할 수 있도록 하는" 테크닉으로서, 이를 통해 개인은 "행복·순결·지혜·완전무결·초자연적인 힘"과 같은 일정 상태에 도달하기 위하여 자기 자신을 변화시킬 수 있는 힘을 갖추게 된다.[65] 이러한 의미에서 자기 테크놀로지는 일종의 '자기 추동 메커니즘'이라 할 수 있다.

통치성 학파는 자기계발 테크놀로지를 심리에 관한 '외부적인 권위들을 통해' 개인의 자기관리 방법을 규정하는 통치 장치로 파악한다.[66] 자기 테크놀로지는 일종의 정치적 프로그램의 일환임을 부각한다. 앞서 살펴본 것처럼, 개인들이 선택하는 그 자유는 신자유주의 통치 전략의 핵심이다. 신자유주의 통치성이 작동하는 곳에서의 자기의 테크놀로지는 지배 테크놀로지의 작동과 긴밀하게 연동되어 있다는 말이다. 그러하기에 자기계발에 스스로 열중하도록 이끄는 지배의 테크놀로지의 작동을 간과할 수 없다.

이처럼 주체화 과정에서 타자 지배/자기 지배의 테크놀로지는 상호보완적이고 때로는 갈등적 관계로 작용하기 때문에 이 두 테크닉을 동시적으로 고려해야 주체의 특성이 드러난다. 마찬가지로 한국교회 여성의 주체화 양식을 이해하기 위해서는 신자유주의 이념과 공명하면서 생산된 기독교 자기계발 담론이 어떠한 신앙적 여성 주체를 주조하는지, 그리고 교회 여성들은 어떠한 자기테크놀로지를 통해 '자기'를 형성하는지를 동시에 고려해야 한다. 요컨대 타자 지배의 테크놀로지와 자기 지배의 테크놀로지가 교회 여성 주체 형성에 어떠한 방식으로 상호작용하는지에 초점을 맞추어야 할 것이다.

2. 기독교 자기계발 담론과 자기 테크놀로지

어떤 의미에서 모든 종교는 자기계발 담론의 자장 속에 있다. 고대에서 현대에 이르기까지 동/서양의 종교는 척박한 현실이 야기하는 심신의 고통을 해소하고 영적인 각성, 평정심의 고양, 정신적인 충만함을 얻기 위하여 자기의 테크닉을 발전시켜 왔기 때문이다.

기독교 역시 영적 구원을 위해 자신의 내면을 관찰하고 해석하도록 고무하며, 자기 내면의 욕망을 효과적으로 제어하기 위하여 다양한 종류의 자기관리 테크닉을 발달시켜 왔다. 중세수도원에서는 고백성사, 금욕, 고행의 실천처럼 자신의 원초적 욕망이나 감정을 통제하기 위한 체계적인 자기 제어의 테크닉을 구사하였으며, 개신교 역시 욕망을 죄악의 근원으로 이해하여 늘 자신의 내면을 감시하고 마음의 변화를 종교 일기에 기록하는 방식으로 일상의 행위를 면밀한 방식으로 통제하도록 이끌었다. 푸코는 기독교의 이러한 주체화 양식을 율법에 대한 '주체의 복종과 욕망의 해석학'으로 보았다. 성서와 교회 전통을 통해 주조된 도덕적 코드에 따라 신자들의 행위의 잘잘못을 판가름하고, 사목 권력이라는 제도적 장치를 통해 강제해 왔다고 보았기 때문이다. 신자라면 누구나 이러한 도덕적 코드를 준수하고 절대적으로 복종해야 한다는 점에서 종교적 차원의 자기의 테크닉은 '자율적' 윤리 주체의 형성 장치와는 사뭇 거리가 있다. 세속적 의미의 자기계발과 자조(self-help) 담론이 종교와 결부된 대표적인 사례는 18세기의 미국청교도 사회에서 발견할 수 있다. "하늘은 스스로 돕는 자를 돕는다"는 잠언이 연상되는 자조 담론에는 세속적 성공과 종교적 영성/실천이 연동되어 있다. 초기 자조 담론의 생산과 유통에 큰 공헌을 했던 벤저민 프랭클린은 물질적인 축적과 세속적 성공을 이루기 위한 합리적인 노력을 자기 수양의 한 과정으로 이해하였다. 이를 주목한 막스 베버는 개혁주의 신학의 직업소명설과 금욕적 에토스가 경제 활동에 윤리적 의미를 부여하고 있음을 지적한 바 있다.

산업화와 관료화의 폐해가 점증하던 20세기 중반의 미국 사회에서는 "사회적 성공은 적극적 사고방식과 마음에 달려 있다"는 메시지를 담은 일련의 자기계발 서적들이 큰 반향을 일으켰다. 이러한 서적들은 대개 기독교 신앙과 접목되어 있었는데 산업화 사회 속에서 상실감과 소외감으로 표류하던 개인들에게 정서적 안정감을 제공하고 현실 적응력을 함양시키는 데 큰 역할을 하였다. 이러한 경향의 자기계발 서적은 미국뿐만 아니라 '선교 기적'을 만든 대다수의 한국교회에도 지대한 영향을 끼쳤다.

주지하다시피 한국교회는 현세 중심의 기복신앙이 산업화 시대의 돌진적 경제 성장주의와 짝을 이뤄 교회의 급속한 양적 성장을 이루었다. 당시 미국의 대표적 자기계발서 저술가이자 신학자였던 노먼 빈센트 필과 자기계발의 메시지를 신앙적 언어로 번안했던 로버트 슐러 목사의 영향을 받은 일군의 한국인 목사들은 물질적 성공을 하나님의 축복으로 해석함으로써 교회의 양적 팽창에 기여하였다. 이로써 한국 기독교는 성인들에 대한 사회 교육이 부실했던 개발 연대에 성공학의 세례를 베푼 공간이 되었다.[67] 이러한 분위기 하에서 양적 성장을 이룬 교회는 선망의 대상이 되고, 물질적 성공은 곧 신앙심의 척도로 평가되면서 성공 지상주의가 교회의 지배적인 에토스로 자리 잡았다. 그 결과 양적 확장을 열망하는 교회와 물질적 성취를 욕망하는 개인의 자연스런 결합은 산업화 시대 한국교회와 신앙적 주체의 특성이 된 것이다.

그러나 1980년대로 진입하면서 국가의 고도성장 경제 발전론과 교회의 성장 지향적 신앙 제도의 발전적 동맹 관계는 위기를 겪게 된다. 민주화에 대한 열망으로 시민적 주체 담론이 활성화되고, 후기 산업화 사회로의 진입으로 소비 문화가 급속히 확장되어 소비적 주체가 생산되었기 때문이다. 시민의 시장화/자본주의화 현상은 돌이킬 수 없는 대세처럼 한국의 민주화를 구성하는 요소가 되었고 이러한 일련의 사회 변동은 한국 기독교의 지형 변화에 큰 영향을 끼쳤다. 정치적 민주화, 경제적 자유화, 소비화로 요약될 수 있는 시대정신과 부합하는 새로운 대형교회들이 등장한 것이다.

후기 산업화 시대로 접어든 1990년대 이후 지속적인 성장세를 보이고 있는 대형 교회들은 산업화 시대의 대형교회 모델과는 다른 새로운 양식을 보여주고 있다. 이들 대형교회들은 신자유주의의 이념과 논리에 직간접적으로 조응하면서 기존의 역할을 강화하기도 하고 새로운 영역을 개척하면서 종교 지형과 행태를 새로운 방식으로 구성하고 있다. 세속화와 다원화가 진행되면서 이미 종교 공동체 사이에 선교를 둘러싼 경쟁적 관계가 조성되었고, 여기에 신자유주의적 문화가 스며들면서 교회들 사이의 경쟁이 시장 경제적 관점에서 재편되고 강화되고 있는 것이다. 그 결과 교회들 사이의 경쟁에 기업 문화에서 볼 수 있는 이윤 지상주의, 경쟁력, 구조조정, 효율성, 개방, 선택 등과 같은 전략들이 유입되고 있다.[68] 꾸준한 성장세를 보이는 대형교회들은 미국 대형교회의 경영기법을 직간접적으로 도입하여 교세를 확장하고, 교인을 늘리기 위한 소규모 셀 조직 등 마케팅 프로그램을 개발하며, 기업처럼 잠재적 교인의 선호와 수요를 예측하고 그들의 욕구에 부합하는 각종 활동 프로그램 등을 실행하고 있다. 선교에 활용되는 새로운 테크닉들은 예비 신앙인과 잠재적 선교인을 수렴하고 관리할 뿐만 아니라 새로운 신앙적 에토스를 제공하고 있다.

이 글에서 주목하는 것은 최근의 종교 서적 중 베스트/스테디셀러인 대중적 신앙 서적이다. 자기계발 담론의 기독교적 번역본으로 볼 수 있는 신앙 서적들은 신자유주의와 공명하며 신앙적 주체를 생산하는 주요 장치로 역할하기 때문이다. 예수의 행적과 말씀을 신자유주의 시대의 어법으로 번역하여 최고 CEO모델로서 예수상을 제시하는 존스의 『최고경영자 예수』에서처럼 신자유주의 이념을 노골적으로 드러내지 않는다 하더라도, 대개의 대중적 신앙서는 무한 경쟁을 유도하는 사회에서 성공하기 위해, 자신이 원하는 사람이 되기 위해 끊임없이 자신의 역량과 능력을 향상시키도록 신앙의 이름으로 고무한다. 신자유주의가 주조하는 자율적이고 능동적인 자기계발하는 주체는 신앙인이라고 해서 예외는 아닌 듯하다.

자기를 계발하고 경영하는 것은 곧 자신의 삶과 행위를 평가, 진단, 측정, 개선, 교정하는 일련의 테크닉을 수행하는 일이다. 기독교계 자기계발 서적 역시 자신을 구원 대상으로 규정하고, 이상적 자기에 도달하기 위하여 자신의 삶과 일상을 관찰·측정·평가·교정하는 다양한 테크닉을 제시하고 있다.[69] 자기계발 담론에서의 '자기'는 항상 분석하고 진단하며 해독해야 할 대상이다. 모든 문제를 자기에서 출발하여 자기에게로 귀결시키는 신자유주의의 이념에 조응하는 기독교계 자기계발서 역시 자기 계발의 출발점을 자기알기/문제화에서 찾는다. "성공은 무엇을 이루느냐가 아니라 '내가 누구인지' 아는 것에서 비롯된다"는 릭 워렌 목사의 지적이나, 하나님의 시선으로 나를 관찰하라는 오스틴 목사의 권고는 자기계발 담론의 자기 알기/문제화의 신앙적 번역이라 할 수 있다.

뿐만 아니라 성공과 성장, 향상을 꾀하기 위한 자기관리/제어 테크닉 역시 기독교계 자기계발 서적에서 강조되고 있다. 오스틴 목사가 제안하는 구체적인 자기 통제의 테크닉은 "아침에 일어나자마자 책을 펼친다. 좋은 문장에 줄을 친다. 마음속으로 크게 5번 외친다. 열정적으로 소리 내어 5번 반복한다"[70]로 요약할 수 있다. 믿음, 소명, 헌신, 축복, 제자도 등을 전통적인 기독교 신앙의 언어로 구사하고 있지만 매일 반복된 실천으로 만들어지는 자기는 신자유주의의 이념인 변화와 혁신, 자유, 능력, 책임, 자기 배려, 능동성과 불가분의 관계를 맺고 있다. 대표적인 자기계발서인 『성공하는 사람들의 7가지 습관』에서 말하는 성공적인 삶의 지침들과 흡사한 오스틴 목사의 『긍정의 힘』에서 제안하는 7가지 지침[71]은 자아에 초점이 맞춰져 있다. 국가의 통치의 장에서의 자율과 책임의 자기주도적인 시민적 주체와 일터에서의 역량 있고 유연한 노동 주체를 주조하는 신자유주의 통치성은 교회 공동체의 신앙적 주체화 과정에도 개입하고 있는 것이다. 이러한 신앙 서적들이 공통적으로 전하고 있는 메시지는 물질적 성취, 건강한 삶, 취업과 승진 등 어떠한 의미의 성공이든 간에 자신이 원하는 것에 대해 큰 비전을 가지고 이미 성취되었다는 믿음으로 사는 삶이 곧 신앙인의 삶이라는 것이다. 이러한 메시지에서 우리는 기업가적 인간으로의 성공 욕망을 읽을 수 있다.

대중적 신앙 서적은 하나님께 고백하는 'Prayer'와 자신에게 말하는 'Empowering Myself'에 집중하고 나아가 모든 문제의 실마리를 개인의 내면과 사고와 행위의 변화에 둔다. 앞서 살펴본 것처럼 이는 신자유주의 시스템에 내장되어 있는 구조적 폭력성을 자연스레 은폐시키는 효과를 발휘한다. 가령 자녀 교육 지침서로 활용되는 『다니엘학습서』는 '신앙적 방법'(기도, 헌신, 자기관리)을 철저하게 수행하면 고득점을 얻어 무한 경쟁에서 효과적으로 승리할 수 있다는 메시지를 담고 있다. 여기에는 무한 경쟁으로 몰아가는 교육 제도가 비기독교적임을 드러내는 발본적 문제 제기가 지워져 있다. 이러한 우리 시대의 대중적 신앙 담론에는 세속적 욕망이 신앙의 대상으로 둔갑하고, 신자유주의적 자기 계발의 메시지가 시대의 복음으로 회자되고, 자기계발적 주체와 신앙적 주체가 갈등 없이 조응하고 있다.

IV. 교회 여성의 주체화 양식과 신체 테크놀로지

2009년 통계청이 발표한 "생활 시간 활용 조사표"에 따르면, 여성은 남성에 비해 자기계발을 하기 위해 두배 이상의 시간을 투자한다. 취업과 자격증 획득과 관련한 자기계발 비율도 여성이 두 배 이상, 컴퓨터 관련 학습 비율도 여성이 4배 이상 더 높다.[72]

왜 여성은 이토록 자기계발에 혼신의 힘을 기울이는 것인가? 일차적인 원인은 노동시장 내부에서 찾을 수 있다. IMF 이후 심화된 구조 조정의 여파로 고용불안과 극심한 취업난은 남녀노소 모두의 당면 문제가 되었다. 그러나 노동시장 안팎에서 작동하는 성차별적 장치로 인하여 여성들은 이중의 고통을 겪고 있다. 여성 노동자의 비정규직화 급증 현상은 노동시장의 젠더화를 보여주는 대표적인 사례다.[73] 노동시장에 온존하고 있는 구조적인 성적 불평등은 단기간에 극복될 수 없기에, 여성들은 불안한 현재와 미래의 문제를 해결하기 위한 방편으로 자기계발에 더 몰두하고 있는 듯하다.

여성의 자기계발 붐은 노동시장 외부에서 특히 가족 제도의 변동에서도 그 원인을 찾을 수 있다. 출산율 급락과 이혼율의 급증, 점점 높아지는 초혼 연령, 그리고 여성의 비혼 비율의 급증[74]으로 인해 여성들은 가부장적 가족의 구속으로부터 상대적으로 자유로이 사는 기간이 갈수록 길어지고 있다.

이러한 결혼과 가족 제도의 변동은 출산에 귀속되어 있던 성(性)이 좀 더 자유로워지는 데 결정적인 영향을 끼쳤다. 성이 출산에서 자유로워진다면 기존의 섹슈얼리티 체계는 젠더 체계와 분리되어 독자적 영역을 가지게 된다. 울리히 벡이나 기든스가 진단했듯이, 물적·심적으로 확실한 보호막 역할을 해 왔던 가족 제도가 느슨해지는 후기 산업화 사회에서의 개인들은 사랑, 친밀성, 섹슈얼리티에 더욱 집착하게 된다.[75] 이러한 추세가 심화될수록 섹슈얼리티가 발현되는 몸은 인적 자본으로 전환될 가능성이 매우 높아진다.

이처럼 노동시장 안팎에서 남성에 비해 불리한 위치에 있는 여성들에게 신체 관리는 자신의 가치를 높이는 방편 혹은 자기계발의 동의어로 자리 잡았다. 최근 젊은 여성들 사이에서 대단한 인기를 누리고 있는 자기계발 서적들은 이러한 현상을 적나라하게 보여준다. 여성 독자를 대상으로 하는 자기계발서의 핵심 메시지는 외모 관리, 고급 소비 취향 함양, 전략적 결혼으로 요약할 수 있다.[76] 여성들의 자기계발에의 욕구가 온갖 자격증을 구비하고 환상적인 토플/토익 점수를 획득하는 것과 같은 화려한 스펙[77] 쌓기에 그치지 않고, 여성성의 자원화를 꾀하는 방향으로 확장되는 것은 이러한 세태를 반영하고 있다. 신체 관리를 통한 여성성의 자원화는 좀 더 나은 자기를 향한 개인들의 열망과 선택을 유도하는 신자유주의의 지배 전략과 공명하면서 여성들에게 크게 어필하고 있다.

이 글에서는 여성성의 자원화를 목적으로 끊임없이 자신의 외모/신체를 향상시키는 타자 지배/자기 지배의 테크놀로지를 분석함으로써 교회 여성들이 어떠한 방식으로 주체화되는지 살펴볼 것이다. 교회 여성들에게 여성성의 자원화가 어떠한 방식으로 제안되고 있는지, 어떠한 신앙적 언어로 번역되어 신앙적 주체 형성 장치로 기능하는지를 파악할 것이다. 신체의 테크놀로지를 분석 대상으로 삼은 것은 성별화된 주체 형성 과정을 좀 더 선명하게 드러낼 수 있기 때문이다. 여기에서는 자기계발하는 주체가 구사하는 자기테크놀로지 중에서 '자기 알기/자기 문제화'와 '자기 관리'에 초점을 맞추어 신앙인 여성 주체 형성 과정을 분석한다.[78]

1. 자기 알기

범람하는 자기계발서들은 한결같이 무한경쟁의 신자유주의 사회에서 개인은 어떠한 방식으로든 변화하지 않으면 살아남을 수 없다고 주장한다. "독자들을 불완전한 존재로, 미, 건강, 부, 취업, 애정, 혹은 특정 분야의 기술적 지식 등 어떤 근본적 요소가 결여된 존재로 정의하"[79]는 자기계발서들은 '자기 알기'를 자기 변화의 첫 출발점으로 삼는다. 자기 알기란 곧 자신을 교정 대상으로 상정하고 자기와 대면하는 일이다. 교정해야 할 부분은 영성, 신체, 습관, 태도, 재정 상태, 관계 맺는 방식 혹은 그 모든 것이 될 수도 있다. 계발하고 향상시키며 개조해야 할 대상으로서의 자기를 철저하게 파악하는 작업은 자기계발의 핵심적 테크놀로지다. 자기를 앎의 대상으로 구성하고 그것을 분석 파악하며 평가하는 테크놀로지라 하겠다. 결국 자기 알기란 "자기점검", "자기검사"라고 할 수 있다.[80]

교회 여성을 대상으로 하는 대표적인 자기계발서인 『목적이 이끄는 삶: 여성들의 기도』에는 다양한 내용의 질문서가 첨부되어 있다. 삶의 목적을 잠재적으로 방해하는 것들은 무엇인지, 자신을 혼란스럽게 만드는 것들의 리스트를 작성해 보라든지, 삶의 목적을 위해 하나님이 주신 선물은 무엇인지, 삶의 목적을 발견하기 위한 방법과 과정을 서술하기, 자신만의, 당신만의 독특한 삶의 목적을 생각해 보라는 주문들이 그것이다. 이러한 질문들에 답을 하는 과정을 통해 스스로의 성향과 욕망, 그리고 자기를 점검하게 된다. 이러한 질문 목록은 결국 자기 알기의 테크닉의 일종이다. 자기 알기의 수단에는 강연, 독서, 자기 고백, 설문지 등이 있다. 여신도회나 교회여성 리더십 등의 모임에서는 이미 과학적 지식으로 자리매김 된 각종 인성검사(MBTI, 애니어그램)로부터 QT 노트, 매일기도 다이어리, 신앙 수첩에 이르기까지 자기를 분석하고 해석하는 다양한 세부적 테크닉이 등장하고 있다.

자기 알기의 궁극적 목적은 자기 자신의 업그레이드다. 이를 위해서는 '습관화된 자기'의 객관화가 요청된다. 습관화된 현재의 자기는 개선과 교정의 대상이 된다. 따라서 교회 여성들은 매뉴얼에 따라 매일매일 자신을 들여다보면서 자신이 원하는 것을 묻고 행복에 도달하기 위한 노력을 한다. "당신의 가장 큰 소망, 가장 깊은 갈망은 무엇인가?(57일), 어떤 일에 기쁨을 느끼는가? 어떤 일에 즐거워하는가?(54일), 원하지 않는 짐은 무엇인가?(48일), 역할과 목표의 우선순위를 어떻게 정하는가?(51일) 인생에서 가장 이루고 싶은 일은 무엇인가?(21일)" 심지어 "당신이 자백해야 할 죄는 무엇인가?"(24일)[81]에 이르기까지 스스로에게 답하도록 고백의 테크놀로지를 사용해 자신이 누구인지에 관한 언어를 끌어낸다. 이처럼 자기알기 테크닉은 "나는 무엇인가, 나의 깊은 갈망은 무엇인가, 성공과 행복이란 무엇인가, 이를 위해 내가 할 수 있는 것은 무엇인가"에 관한 다양한 지식을 생산하고 전달한다.

이러한 자기계발 담론의 '자기 알기 테크닉'은 교회 여성들의 능동적 주체 형성에 긍정적 영향을 미칠 수 있다. 그간의 한국 교회는 서구 기독교 전통에 내재해 있던 가부장적 요소를 근간으로 하면서 여기에 유교 전통, 서구 근대성에 숨어 있던 가부장적 에토스를 전유하여 강화된 가부장적 담론을 형성하여 왔다. 따라서 젠더의 위계화가 작동하는 교회에서 여성은 오랫동안 '이등성도'라는 정체성 혹은 '죄인' 정체성을 강화해 왔으며, 그 결과 순종적이고 소극적인 자기상을 구축해 왔다.[82] 이에 반해 "긍정적 자기인식" 혹은 "능동적 목표 설정과 창의적 달성"의 목표를 제시하고 있는 자기계발 담론은 여성을 자율적 인간, 기업가적 자아로 호명하고 있다. 교회 여성들이 즐겨 읽는 『여자의 인생은 자신감으로 결정된다』[83]나 교회의 각종 여성 리더십 훈련과 강좌에서는 그동안 여성에게 가해진 성적 예속과 불평등을 여성의 자기 주도성을 제약하는 것으로 간주한다. 자기계발 담론은 이러한 제약들을 여성 자신의 욕망을 실현할 수 있는 기회로 가시화한다. 능동적이고 자율적인 자기로 자신을 인식하는 주체에게 이런 제약들은 선택의 공간을 열어주고 자신을 자유로운 주체가 되도록 이끄는 측면이 있다.

자기계발하는 주체는 자신의 효용을 극대화하는 주체다. 그러기 위해선 우선 주어진 목표가 아닌 자신만의 목표를 세워야 한다. 만약 외부로부터 일방적으로 주어진 목표라면, 자기만족이나 효율성을 높이기가 어려울 것이다. 그리하여 능동적인 목표설정은 자기만족을 높이기 위한 자기계발의 출발점이라 할 수 있다. '자신감', '담대함', '독립성', '자율성'은 능동적인 목표설정을 하는 자기계발 주체들이 갖추어야 할 새로운 덕목이다. 기독교 자기계발서는 안정된 직장 생활, 커리어 쌓기, 경제적 부의 획득에 한정된 것이 아니라 기도를 통한 자기관리라는 점에서 세속적 자기계발서의 지침과는 차별화된다. 그러나 그것은 도전을 통해 주도적으로 자신을 향상시켜 간다는 측면에서 포괄적 의미의 자기계발서로 볼 수 있다. 삶의 목표는 개인마다 추구하는 가치, 개인 사명과 비전에 따라 차이가 있다. 어떠한 인생의 목적을 추구한다는 것은 자기관리의 기본 요소다. 어떤 목적이건 그 내용이 무엇이건 간에 자기계발하는 주체는 자기를 스스로가 경영하는 기업가적 주체로서의 의식을 가지고 스스로 책임적인 존재라는 점이 중요하다.

자기를 경영한다는 것은 자신과의 관계이기도 하지만 동시에 기존의 시대가 자신과의 관계를 규정하던 방식을 변형하는 것이기도 하다. 요컨대 여성들에게 있어 '자기 경영'의 삶을 추구한다는 것은 기존의 순종적인 여성 주체성을 넘어서는 측면이 있다. 자신이 어떻게 살아야 할지를 규정해 주던 기존 지배 방식을 부정함으로써 새로운 자유의 윤리적 주체로 설 수 있다. 여기에서 우리는 교회 여성들의 자기계발 담론의 긍정적 효과를 발견한다. 강력한 가부장적 교회 문화를 내면화한 순종적 주체에서 벗어나 능동적/자율적 주체로의 전환을 볼 수 있기 때문이다.

2. 자기 관리와 신체 테크놀로지

자기 관리의 테크닉은 자기 감시와 자기 규제, 그리고 자기 훈련 과정을 포괄한다. 이는 자신의 가치를 확인하고 자기 존중이나 자기 사랑의 태도를 갖추는 것이 목적이다. 개인들은 자기 교정과 변형을 통해 자신을 더 잘 관리하고 외부의 상황과 운명을 부분적으로 통제할 수 있는 자율성을 갖게 된다. 대중적 자기계발 담론에서 중시하는 자기관리의 테크닉은 시간 관리다. '삶의 균형유지'와 '자아의식과 양심의 사용'을 강조하는 프랭클린 플래너와 새벽형 인간을 둘러싼 논쟁 등에서 보이듯, 시간을 어떻게 사용하느냐는 곧 나를 어떻게 관리하느냐의 문제이기 때문이다. 스티븐 코비는 시간 관리의 궁극적 목적을 '시간'이 아닌 '우리 자신'의 관리에서 찾는다. 기독교 자기계발서가 제안하는 시간 관리도 같은 맥락에 있다. 교회에서 여신도 대상의 나눔 교재로 가장 많이 쓰이는 신앙 서적인 『매일 성공하는 여자』에서도 "삶을 관리하는 것은 실로 영적인 삶을 관리하는 것임을 깨달아야 한다. 그러므로 매일을 그리고 일생을 그분의 계획대로 살아가기 위해 우리를 무장하고, 우리 안에 주를 위한 열정을 불붙이도록 몇 가지 매일의 훈련을 하는데 집중해야 한다. 목록에서 시간이 가장 중요하다"[84]며 시간 관리에 주목한다.[85]

자기 테크놀로지에서 시간 관리의 중요성에도 불구하고 이 글에서는 신체 관리에 집중하고자 한다. 신자유주의적 주체, 곧 자기 주도적인 기업가적 자아는 신체 관리 테크닉을 수행한다. 신체에 대한 관리 양식은 몸에 대한 특정한 지식과 담론이 구성되고 상호 경합을 벌이는 과정에서 나타나며, 그 과정에서 지배적인 어떠한 담론이 생산되고 유통되면서 하나의 권력이 된다. 그리고 개인들이 그것을 자신의 목표로 내면화하고 실천하면서 몸을 통한 특정한 주체가 만들어지게 된다. 따라서 자기계발 서적에서 제시된 몸에 대한 특정한 과학적 지식과 전문적 테크닉들을 이해하고, 일상생활에서 자유로운 개인들이 신체에 관련한 테크놀로지를 부단하게 실천하는 것은 자기 몸의 전문가 혹은 경영자가 되기를 꿈꾸는 기업가적 자아를 단적으로 보여준다. 그런데 이러한 신체 관리 테크닉이 수행되는 과정에 '성별 차이'가 노골적으로 드러난다. 바로 이 점 때문에 이 글에서는 신체 관리 테크닉에 주목하고자 한다. 신체 테크놀로지를 통해 자기계발 서적에 내재된 성별화의 특성을 드러낸다면 어떠한 신체의 테크놀로지를 통해 어떠한 신앙적 주체가 구성되는지가 밝혀질 수 있을 것이다.

특정 사회를 설명하는 문화 텍스트의 하나인 몸은 성별의 차이를 보여주는 가장 경험적이고 구체적인 상징이다.[86] 경제 불황에도 불구하고 7조원

규모를 넘어서는 활황세의 화장품 산업, 성형 대용제로서 활용되는 보톡스 수입에만 연 700억 규모를 지출하는 국가, 아시아 최다의 성형수술 회수 등의 지표가 보여주는 외모 산업의 과도한 확장에서 우리는 여성의 몸의 이미지에 대한 사회문화적 경향성을 짐작할 수 있다.

소비 사회에서 자아 형성의 중요한 장치는 대중매체가 생산하는 시각적 이미지다. 각종 매체를 통해 재현되는 몸의 이미지들은 현재의 자신의 몸을 결함이 많고 불충분한 것으로 인식하게 한다. 게다가 소비문화 담론은 외모를 자기 연출과 노력에 따라 개선될 수 있는 자기결정적인 것으로 그 행위성을 개인의 몫으로 떠넘긴다. 요컨대 육체를 고정된 것이 아니라 육체관리에 노력을 기울임으로써 각 개인들이 원하는 육체를 가질 수 있다는 몸에 대한 유연한 사고를 하게 만드는 것이다.[87] 그리하여 특정 기준에 미치지 못하는 외모의 소유자는 게으른 자로 이해되거나, '개선해야 할 몸'을 갖고 있는데 관리 서비스를 받지 않는다면 가난하거나, '인간으로서의 의무'를 다하지 않은 비윤리적인 행위로 간주되어 공공연한 비난 대상이 될 수 있다.

소비문화에 부합하는 몸을 만들기 위한 여성들의 처절한 노력은 이미 한국 사회에서는 용인된 일이다. 대중화된 피트니스, 고통스런 다이어트, 과도한 성형 열풍 심지어 종교적인 목적에 도달하기 위하여 고안된 신체 단련술인 요가까지 외모 관리의 테크닉으로 활용된다. 때론 죽음에까지 이르게 하는 가혹한 실천이 지속될 수 있는 것은 내재화된 지배 규범과 개인들의 욕망이 공명하면서 여성의 삶에 구체적인 보상을 하기 때문이다. 몸/외모에 따라서 삶의 기회가 주어지기도 하고 그 기회가 박탈당하기도 한다는 사실은 매스컴을 통해 유포되는 성형수술과 극단적 다이어트로 취업 시장이나 결혼시장에서 성공한 사례들이 증명한다. 바야흐로 미모가 경쟁 사회의 주요 자원인 시대가 된 것이다.

사회는 끊임없이 여성의 이상적인 몸에 관한 담론을 생산하고, 개인은 그 코드를 몸에 각인하고 내재화하면서 반복적으로 담론을 소비한다. 이러한 과정을 통해 개인들은 소비문화의 지배적 규범에 통합되어 간다. 몸을 통한 주체화 과정은 지배 테크놀로지와 자기 테크놀로지의 상호작용의 결과물이다. 개인들이 스스로 선택하고 이끌어가는 방식, 다시 말해서 자유의 통치, 자유를 통한 통치(governing through freedom)라는 점에서 신체 관리를 통한 여성성의 자원화는 지배의 테크놀로지와 자기에 대한 테크놀로지가 상호작용하는 접점이다. 이런 맥락에서 자발적으로 행해지는 신체 관리는 여성 주체 형성의 핵심적 장치라고 볼 수 있다.

이러한 소비문화의 이상적인 몸 담론은 기독교 여성들을 대상으로 한 신앙 서적을 통해서도 유포된다. 복음 전도 전문가들은 건강한 몸, 날씬한 몸, 육체적 웰빙을 제안하면서 그 정당성을 성서에서 찾는다. "인생에서 몸을 잘 관리하는 것이 모든 여성들에게 중요하다. 성경에는 인생에서 육체적인 부분을 관리할 것에 대한 하나님의 생각이 많이 나타나 있다"[88]면서 자신의 몸에 대한 하나님의 생각은 어떠한지를 상상하게 함으로써 신앙생활 속에서 신체에 대한 점검과 제어를 하도록 유도하고 있다. 특히 하나님의 계획을 따라 살고 싶어 하고 또 그렇게 살아야만 하는 여성들은 더 나은 태도와 활력과 생산성을 얻기 위하여 모든 삶의 영역에 도미노 효과를 일으키는 육체적 삶을 관리해야 한다고 주장한다. 이러한 방식으로 "너희 몸으로 하나님께 영광을 돌리라"[89]고 한 바울의 가르침은, 신자유주의 통치성이 작동하는 곳에서 외모 관리로 번역된다. 뿐만 아니라 구체적인 신체 제어의 테크닉을 구사하기 위해 "절제의 은사"라는 기독교의 고전적 윤리 덕목을 전유하기도 한다.

> 하나님께서 우리에게 절제의 은사를 주신 것에 대해 감사하자! 그러므로 우리는 "안 돼"라고 말할 수 있다. 해보라! 어떤 유혹적인 음식을 엄청나게 먹고 싶거나 혹은 한 그릇 더 먹고 싶을 때, 당신의 몸에 "안 돼"라고 말하고 넘어서라. 자명종이 울리고 나서도 이불 속에서 뒹굴고 싶을 때, 당신의 몸에 "안 돼"라고 말하고 일어나라.… 당신의 인생을 향한 하나님의 계획을 따라 사는 것은 당신 자신을, 자신의 몸을 훈련할 것을 요구한다. 스스로 밀고 나가라. 스스로 거절하라. 그렇게 경주를 시작하라! 경주를 해서 승리하라![90]

"우리는 더 나아 보이고, 더 낫게 느끼고, 더 나은 건강과 고조된 육체적 활기를 누리게 될 것이다.… 끌고 다니는 무게가 일단 줄어들 것이고, 그렇게 되면 관절에 무리를 덜 주게 될 것이고, 인생에 더욱 적극적으로 뛰어들게 될 것"[91]이라면서 몸 관리의 하나로 제시된 다이어트는 자유롭고 나은 미래를 가져다주는 것으로 해석된다.

성서는 외모 가꾸기의 노하우를 신앙적 언어로 번역하는 데 중요한 근거다. 어떤 텍스트는 에스더서를 근거로 미래의 남편을 맞이하기 위해 외적인 준비도 병행했다든가, 왕비다운 풍모를 위해 6개월 미용 수업도 받았던 일을 상기시키며, 여성 교인들도 6개월의 과정을 밟는 동안 원하는 외모에 신경을 쓰게 될 것이라고 조언한다. 뿐만 아니라 "여성으로서의 '외모'가 적어도 가장 최선이 되도록 외모를 돌보는 좋은 방법이 있다.… 아름다움과 외모를 돌보는 일이 육체적인 훈련의 영역에서 한 부분을 차지하고 있다는 것은 확실하다"[92]고 주장함으로써 외모 가꾸기가 종교적 목적을 향한 육체 단련의 한 부분임을 암시하고 있다.

대중적인 자기계발 서적들은 자기관리와 자기실현이 일어나는 핵심적인 장소로의 몸, 그리고 그것을 자기평가로 드러내기 위하여 외모를 세분화하여 이상적 수치를 제공하기도 한다.[93] 이와는 비교할 수는 없지만 기독교 여성들의 자기계발 서적에도 유독 미용에 관해 구체적으로 머리, 화장, 체중, 복장, 신발 등으로 세분화하여 구체적인 관리 방법을 조언한다.[94] 이러한 관리 방법들은 몸을 교정 대상으로 전제하고 상세하게 분류하고 측정 가능하고 양적으로 측정할 수 있는 자료로 변형시키며, 그것을 통해 개인이 자기-평가를 편리하고 효율적인 방식으로 할 수 있게 한다.[95]

여성들의 새로운 몸에 대한 욕망과 이의 발현의 한 형태인 몸 관리는 성별 분화된 신자유주의적 주체의 구성과 연동되어 있다. 푸코가 "주체가 스스로의 실천으로 자신을 적극적으로 구성하는 방식에 대해 내가 관심을 갖고 있다고 해도, 개인이 스스로 이런 실천을 만들어내는 것은 아니다. 그것은 그가 속한 문화 속에서 발견한 양식이며 그의 문화 그의 사회, 그가 속한 사회적 집단들이 그에게 제의하고 부과한 양식들이다"[96]라고 지적했듯이 여성들의 외모 관리를 둘러싼 자기 테크닉에는 특정한 정치적 이념이 스며 있다. 외모에 대한 관심과 실천은 오로지 여성 자신의 적극적인 바람과 욕망 때문이며, '자발적'으로 선택한 일이기에 고통스런 몸 관리가 '기쁘게' 수행된다는 믿음은, "결국 모든 것이 너의 선택이며, 너의 책임"이라는 신자유주의적 자기계발 담론이 유포한 신화의 영향이기 때문이다. 그러하기에 대중적 신앙 서적과 자기계발서가 섹슈얼리티를 활용하여 성공하는 비법으로 제시하는 소비/몸 만들기/전략적 결혼은 신자유주의 통치성이 작동하는 곳에 은밀하게 설치된 성차별적인 그물망이다. 교회 여성들이 소비하는 대중적 신앙 서적들은 자신의 자산 가치를 높이고자 스스로 질주하는 자기계발적 주체를 생산하고 있으며, 자기 욕망의 실현에 자기 주도적이고 능동적인 주체를 생산하는 신자유주의 통치성에 조응한다.

V. 나오는 말

최근 교회 여성들이 적극 소비하고 있는 자기계발서의 키워드는 여타 대중적인 자기계발서가 그러하듯 '능동성', '주체성', '적극성', '선택', '긍정성'이다. 현재 대형교회에 다니는 중산층 고학력의 여성들은 기존의 노골적인 성차별적 신앙적 언어에 대해서는 거부감을 느끼는 반면 자기 결정과 책임, 주도성을 강조하는 각종 자기계발 프로그램들에 적극 참여하고 있다.[97] 오랫동안 교회 전통에서 여성의 미덕으로 간주되었던 '순종'과 '복종' 대신에 '자발성'과 '자기 주도성'이 새로운 덕목으로 부상하고 있으며, 이는 선교를 비롯한 각종 교회 활동에의 적극적인 참여와 자아실현을 추동하는 힘으로 작동하기도 한다. 신자유주의적 주체의 특성인 자기 주도성, 자발성, 적극성, 자율성은 신앙적 언어로 번안되어 신앙적 정체성과 충돌 없이 수용되고 있다. 결과적으로 자기계발적인 주체 양식은 그간 여성들의 삶의 기반을 제약하던 전통적인 성차별적 이데올로기의 협소함으로부터 벗어나는 데 큰 역할을 담당하고 있다.

그런데 이러한 자기계발 담론을 적극 소비하는 교회 여성들이 과연 해방적 주체가 되었는가는 의문이다. 자신의 삶을 결정하고 실천하는 자기 주도적 자율성의 주체라는 미명하에 다시 예속화되는 것은 아닐까. 자기계발의 시대정신에 합당한 주체가 되기 위해 강제된 자유를 스스로 선택한 자유로 착각하는 것은 아닐까. 사실, 비록 '하나님의 성전'이라는 신앙적 언어로 번역되었지만 실은 소비 자본주의 사회에서 가치 있는 표준화된 몸을 갖기 위해 부단히 경주해야 하는 부담은 또 다른 형태의 강제적인 규범이다. 뿐만 아니라 자기 주도성과 연결되는 자기계발의 윤리는 삶의 모든 선택을 할 자유가 각자에게 주어져 있고, 선택에 따른 결과의 책임도 자신이 진다는 것이다. 자율성을 바탕으로 선택의 자유가 있는 자기는 스스로의 삶과 행복을 만들어야 하는 책임 또한 있다. 그리하여 자기 계발의 윤리는 모든 문제를 개인의 책임으로 돌림으로써, 문제의 원인이 사회 구조적 차원에 있는 것조차 망각하게 한다.

또한 위의 본문에서 검토한 여성을 대상으로 하는 대중적인 신앙 서적들은 물론이고 교회 내의 각종 자기계발 프로그램들은 신자유주의시대의 신앙적 언어로 변형되었으나 여전히 젠더 위계의 그물망의 역할을 하고 있었다. 여전히 외모, 몸, 여자다운 태도, 여성스러움에 대한 가치화가 기존의 성차별 체제로부터 자유롭지 못하다는 말이다. 개인의 취향과 욕망에 민감한 신자유주의 사회의 소비문화는 한편에서는 여성의 개성화와 자아실현을 제안하지만 또 다른 한편으로는 남성과 구분되는 여성의 집합적 성 정체성을 차별화하는 생활 양식이나 취향을 파급시키기도 하였다. 요컨대 더 여성스러운 외모와 몸을 관리하도록 부추기는 자기계발 지침들은 성별 문화의 차이를 교묘하게 포장하여 표면적으로는 개성화, 자아실현, 해방을 제시하지만 실상은 기존의 젠더 역할을 구조적으로 온존시키는 역할을 한다.

자기계발을 통해 맹목적 순종, 끝없는 인내, 보조자 등 기존의 성역할의 굴레에서는 벗어나는 듯 보이지만 그 자리에 대신 들어선 또 다른 억압의 장치가 은밀하게 작동하고 있는 것이다. 가령 신앙인의 자녀 교육서로 활발하게 유통되고 있는 『다니엘학습서』를 보자. 청소년 자녀를 둔 30-40대 교회 여성들이 주 구매자 층이며, 이러한 서적류를 학습 교재로 활용하는 교회 독서 모임 참석자 역시 비슷한 연령대의 여성들이다. 이는 자녀 교육의 담당자로서의 성역할 구분을 엿볼 수 있는 사례다. 게다가 자녀의 명문대 입학은 엄마의 '무릎기도'에 달려 있다는 신앙 간증들, 자녀의 신앙심 함양을 위해서라도 끊임없이 자신의 신앙을 성찰해야 하는 엄마, 좋은 엄마가 되기 위해 각종 새로운 상품과 일상생활의 테크놀로지를 자유로이 선택하고 소비해야 하는 엄마, 하느님의 성전인 몸을 관리하기 위해 부단히 노력하는 자기주도적인 여성교인…. 오늘날 한국 교회에서 널리 유통되는 이러한 여성 이미지에서 우리는 가부장주의의 은밀한 통제와 작동 방식을 발견한다. 이러한 면에서 수정된 가부장적 성역할 구별의 그물 안에 포획된 '자기'를 진정한 의미에서의 해방적 주체로 보기에는 그 한계가 분명하다.

주석
참고문헌
출전
찾아보기

주석

제1부 말하는 주체-되기

1 이숙인, 『동아시아 고대의 여성사상』, 도서출판 여이연, 2005, 15-21쪽.
2 매티 노블, 『승리의 생활』, 조선야소교서회, 1927, 10쪽.
3 위의 책, 71쪽.
4 위의 책, 96쪽.
5 E. Talmage, *The Open Letters of Southern Presbyterian Missionaries in Korea*, Kwangju, Korea, Oct, 16, 1932.
6 김필례, 『이상을 향하여 다름질쳤던 격동의 시대』, 신서출판사, 1973, 37쪽.
7 위의 책, 182쪽.
8 Pahk, Induk, *September Monkey*, New York: Harper & Brothers, 1954, 박인덕, 김세환·유제관 옮김, 『9월 원숭이』, 인덕대학출판사, 2007, 23쪽.
9 W. Blare, Bible study class and revivals, *Gold in Korea*, H.M.I, Topeka Kansas, p. 69.
10 W. Swallen, God's Work of Grace in Pyeng Yang Classes. *Korea Mission Field*, 3, no. 5, 1907, p.78.
11 H. Blair, Women's Work in Kang Kai, *Korea Mission Field VII*, Nov, 1911, p. 316.
12 K. Cooper, Woman's Work in Wonsan, *Southern Methodism in Korea*, Seoul: Board of Missions, Korea Annual Conference, Methodist Episcopal Church, South, 1927, p.143.
13 매티 노블, 앞의 책, 10쪽.
14 위의 책, 6-13쪽.
15 위의 책, 103-104쪽.
16 위의 책, 105쪽.
17 S. Doty, Girls's School Report, Korea Reports, *Korea Letters and Correspondence, Records of the PCUSA*, 1893.
18 L. Rothweiler, What Shall We Teach in Our Girl's Schools?, *The Korean Repository*, 1892, pp. 89-92.
19 J. Marker, Report of the Day Schools and Evangelistic Work of the Chemulpo an Hai Ju Circuits: *Report of Annual Session of the Korea Womans Conference of the*

Methosist Episcopal Church, 1938, pp. 10-19.
20 『독립신문』, 1897, 8월 26일자.
21 전영우, 『한국근대토론의 사적연구』, 일지사, 1991, 29-31쪽.
22 박인덕(2007a), 앞의 책, 52쪽.
23 민숙현·박해경, 『한가람 봄바람에: 梨花100年野史』, 지인사, 1981, 157쪽.
24 朴仁德, 「靑春을 앗기는 佳人哀詞-그리운 梨花칼레지여」, 『삼천리』 7권 3호, 1935.
25 아펜젤러 일기, 1897년 10월 30일자.
26 『조선그리스도인회보』, 1897년 11월 11일자.
27 『대한크리스도인회보』, 1898년 1월 26일자.
28 유동식, 『정동제일교회의 역사 1885-1990』, 기독교대한감리회 정동제일교회, 1992. 93-97쪽.
29 「정동 새 회당에서 행한 일」, 『대한그리스도인회보』, 1897년 12월 29일자.
30 『협성회 회보』, 1898.
31 김필례, 「하령회의 유래」, 『한국YWCA』, 1956년 7월호, 16-17쪽.
32 Ms. Phyllis Kim Choi, At conference in India. *The Korea Mission Field*, 2 Dec, 1929, pp. 245-247.
33 김필례, 1956, 앞의 글.
34 L, H. Underwood, 김철 옮김, 『언더우드 부인의 조선생활』, 뿌리깊은 나무, 1984, 87쪽.
35 이숙진, 「초기 기독교의 혼인담론」, 『한국 기독교와 역사』 32호, 2010. 참고.
36 위의 글, 48-49쪽.
37 『조선일보』, 1933년 9월 2일자.
38 김필례, 『성교육』, 조선기독교서회, 1935, 48-49쪽.
39 Mrs. Choi Pil Ley, The Developement of Korean Women during the Past Ten Years, *The Korea Mission Field*. nov. 1923, p.222.
40 김활란, 「朝鮮女子 基督 靑年會의 自己談」, 『청년』, 1926년 3월.
41 이우정, 『한국 기독교 여성백년의 발자취』, 민중사, 1985, 106쪽.
42 정마리아, 「여전도인의 불평과 희망: 최후승리까지」, 『기독신보』 1930년 1월 1일자.
43 디모데전서 2장 12절.
44 「최병헌씨의 편지」, 『독립신문』, 1897년 8월 26일자.
45 김활란, 서은숙 등 기독교 여성들도 SMV에서 연설한 경력이 있으나 1~2회에 불과할 뿐만 아니라 박인덕의 경우와 달리 연설자료가 남아 있지 않기 때문에 이 글에서는 박인덕의 연설에 집중한다.
46 Pahk, Induk, *September Monkey*, New York: Harper & Brothers, 1954. 박인덕, 김세

환·유제관 옮김, 『9월 원숭이』, 인덕대학출판사, 2007, 136쪽.
47 Pahk, Induk, *The Hour of the Tiger*, New York: Harper & Row, 1965; 박인덕, 김세환, 유제관 옮김, 『호랑이 시』, 인덕대학출판사, 2007, 44쪽, 170쪽.
48 朴仁德, 「太平洋을 다시 건느며, 世界基督敎大會에 參席코저」, 『삼천리』 8권1호, 1936년 1월 1일자, 76쪽.
49 박인덕(2007b), 앞의 책, 207쪽.
50 Pahk, Induk, *September Monkey*, New York: Harper & Brothers, 1954; *The Hour of the Tiger*, New York: Harper & Row, 1965; *The Crow Still Crows*, New York: Vantage Press, 1977. 이중 September Monkey는 1954년 출간후 뉴욕타임즈 등 주요 일간신문에 서평이 크게 실렸고 초판 5천부가 3주 만에 매진되는 등 비소설 부분에서 베스트셀러가 되었다. 영국의 골랜츠 출판사에서도 출간되어 호주, 남미등 6개국에 발매되었고, 55년에는 독일어와 노르웨이 같은 유럽어로 번역되었다. 김욱동, 『한국계 미국이민 자서전 작가』, 소명출판사, 2012, 107쪽.
51 미국 대학신문과 지역신문에 보도된 대표적인 박인덕 관련 기사들이다.
"Mrs. Induk Kim Will Address Students At Campus Churches," *Daily Illini*, November 4, 1928.
"Y.W.C.A. NOTES" *The New Hampshire*, February 14, 1929.
"Missionary To Lecture On Student Movement", *The Cornell Daily Sun*, March 16, 1929.
"Student Volunteer Secretary at Hope", *The Anchor*, Volume 37. April 17, 1929.
"Korean Secretary Talks on Change To Student Group", *Daily Illini*, November 6, 1928.
"Mrs. Induk Kim will be Visitor Here Next Week Under Auspices Young Woman's Christian Ass'n", The Handout, Vol. 14, No. 9, Ed. 1, November 22, 1929.
"Mrs. Induk Kim to Speak Here, Student Volunteer Movement Worker to Give Talks on Eastern Campus under Y.W.C.A. Auspices, *The Eastern Progress*, November, 23, 1928.
Mrs. Induk Kim to Visit Campus, Student Movement Leader Touring Amer. Colleges Here on Jan. 24-25", Bates Student, *Bates College*, Vol 56, 1928-1929.
"What Those Who Know Her Say about Mrs. Kim, Korean Student", The Handout, Vol. 14, No. 9, Ed. 1, November 22, 1929.
"Mrs. Kim Talks on Missionary Topic-Famous Korean Woman Tells of Condition in China", Rice *Thresher*, December 13, 1929.
"College Hears Korean", *Alabamian*, December, 1929.
"Mrs. Induk Kim Talks", Northwest Viking, April 25, 1930.
52 대표적인 강연기사는 다음과 같다. 「新年大講演 平壤서 開催: 演士는 朴仁德女史」, 『동아일보』, 1932년 1월 4일자; 「平壤槿友會 新春大講演會 演士 朴仁德女史」, 『동아일

보』, 1932년 1월 22일자;「朴仁德氏의 歐米漫談會, 태화녀자관서」,『동아일보』, 1932, 2월 23일자;「朴仁德氏 講演(禮山)」,『동아일보』, 1932년 10월 27일자;「女性經濟講演會: 國際職業婦人의 活動(朴仁德)」,『동아일보』, 1933년, 4월 21일자;「青年修養講座會: 講師 吳天錫 朴仁德 鄭景玉 三氏(平壤)」,『동아일보』, 1933년 8월 27일자;「본보 혁신기념- 특별강연회 개최, 연사는 여자사업가 박인덕씨」,『한국중앙일보』, 1933년 11월 5일자;「少年問題 講演 中等生에게 限; 少年과 娛樂(朴仁德)」,『동아일보』, 1934년 4월 25일자;「全州; 基督敎青年會主催로 宗敎大講演會 朴仁德女士를 초빙하야」,『동아일보』, 1934년 5월 29일자;「개성강연회, 연사 박인덕씨」,『한국중앙일보』, 1934년 9월 23일자.
53 박인덕(2007a), 214-216쪽.
54 위의 책, 140-143쪽.
55 식민지 한국인이면서 미국에서 강연자로 활약한 사람 중에는 강용흘이 있다. 그가 행한 강연의 주된 소재는 박인덕과 마찬가지로 한국문화에 대한 소개였다. 김욱동,『한국계 미국이민 자서전 작가』, 소명출판, 2012. 참조.
56 박인덕(2007a), 앞의 책, 151-152쪽.
57 위의 책, 153쪽.
58 위의 책, 150-151쪽.
59 위의 책, 154쪽.
60 위의 책, 214-216쪽.
61 위의 책, 217쪽.
62 박인덕(2007b), 앞의 책, 62쪽:「Korean Secretary Talks on Change To Student Group」, *Daily Illini*, Nov. 6, 1928.
63 애국반의 조직활동 및 일상의 통제에 대한 연구는 이종민,「전시하 애국반 조직과 도시의 일상통제」,『동방학지』124, 2004를 참조하라.
64 田中武雄「小磯 總督時代의 概觀」,『朝鮮近代史料集成』, 第3號, 1960, 242쪽.
65 민경배,『한국기독교회사』, 대한기독교서회, 1972; 전택부,『한국기독교청년회운동사 1899-1945』, 정음사, 1978.
66 전쟁 협력을 위한 생활 개선을 목표로 전국적 차원의 순회강연 활동을 주로 하였다. 순회강연의 순서와 내용은 대체로 일왕요배, 축제일 국기 게양, 총독부 의례준칙 준수, 근로보국정신의 양양 등으로 진행되었다. 기독교인 여성 연설가는 고황경, 김활란, 박인덕, 서은숙, 차사백 등이었다.
67 박인덕의 징병제에 관한 계몽 연설의 일부다. 연설공간은 감리교단 경성교구 주최로 1942년 5월 18일에 열린 부인 강연회다.
68 편집부,「戰時下의 家庭과 食糧의 解決方法」,『여성』5권, 1940, 40-41쪽.

69 김활란,「실용적으로 의복을 입자」,『여성』, 1938, 11월호.
70 이화가정학 50년사 편찬위원회,『이화가정학 50년사』, 이화여자대학교 출판부, 1979, 69-74쪽.
71 민숙현・박해경,『한가람 봄바람에: 梨花100年野史』, 지인사, 1981, 217쪽.
72 손인수,『한국근대교육사』, 서울: 연세대학교 출판부, 1971.
73 박영숙,「二世國民의 戰時敎育」,『여성』1940, 1월호, 22쪽;「시국과 가정교육」,『여성』1940, 8월호, 16쪽;「신동아건설과 가정의 내조」,『여성』1940, 9월호, 25쪽. 참조하라.
74 이숙종,『매일신보』1942년 5월 12일자, 이숙종(1904-1985)은 성신여학원 설립자로 기독교 여성 지식인이다. 일제강점기에 여러 여성단체에서 연설가로 활약하였다.
75 김활란,「징병제와 반도여성의 각오」,『신시대』, 1942, 12월호.
76 위의 글.
77 이상경,「일제 말기의 여성 동원과 군국(軍國)의 어머니」,『페미니즘 연구』, 한국여성연구소, 2002, 203-241쪽.
78 유각경,『매일 신보』, 1945년 5월 12일자.
79 박인덕,『기독교신문』, 1942년 6월 3일자.
80 이상경, 앞의 글, 203-241쪽.
81 사설,「어머니의 중대 책임」,『기독교신문』, 1943년 11월 17일자. 엘쉬타인에 따르면 전쟁은 여성을 소외시키고 이방인으로 만든다. 여성들이 전쟁에 직접 참가하는 능동적 참여자라기보다는 수동적인 희생자로 여겨지는 경우가 많기 때문이다. 여성이 주로 애국적인 모성(patriotic motherhood)으로 표상되는 까닭이다. 총후의 모성도 전장에 나가는 아들을 격려하는 자로 등장하고 있다.
82 가야트리 스피박, 태혜숙 옮김,『포스트식민 이성 비판』, 갈무리, 2005, 40-43쪽, 230-256쪽.
83 김은실,「조선의 식민지 지식인 나혜석의 근대성을 질문한다」,『한국여성학』24, 2008.
84 「遊學과 講演에서 六年만에 米國서 故土에, 세계에 조선을 소개해, 朴仁德女史 歸鄕」,『동아일보』, 1931년 10월 9일자.
85 자서전『호랑이 시』에는 강연차 영국을 방문했을 때 런던에서 두 명의 한국 남성 지식인을 만난 기록이 있다. 영국에서 수학하고 있던 D.S.장과 보성대학 학장인 S.S.김에 대하여 간략하게 기술하고 있다. 그런데 윤치호일기의 기록과 교차하여 읽어보면, 장덕수와 김성수는 영국에서의 박인덕의 강연을 듣고, 축첩문화에 젖은 한국남성에 대한 비판적 내용으로 인해 몹시 불편해했음을 짐작할 수 있다. 박인덕(2007b), 앞의 책, 158쪽.
86 박인덕,「태평양을 다시 건너며, 세계기독교대회에 참석코저」,『삼천리』, 1936년 1월

호, 70쪽.
87 박인덕,「태평양 삼만리 가는 길」,『신인문학』 3권 2호, 1936년 3월호, 70-71쪽.
88 박인덕(2007b), 앞의 책, 77쪽.
89 김진균·정근식(편),『근대주체와 식민지 규율권력』, 문화과학사, 2000, 24-25쪽.
90 성령운동과 부흥운동은 서로 구별되어 사용되는 경우도 있지만 이 글에서는 성령운동, 부흥운동, 성령부흥운동이라는 용어들을 특별하게 구별하지 않고 혼용함을 미리 밝혀 둔다.
91 서광선,『한국 기독교의 새인식』, 대한기독교출판사, 1995, 67-79쪽.
92 Hayden White, The Historical Text as Literary Artifact, *Tropics of Discourse*, Baltimore: Johns Hopkins University Press, 1978. p. 96.
93 교회부흥을 열망하는 당시 한국교회의 입장은 다음 글에서 잘 드러난다. "…이제까지 아무 곳이든지 주를 믿는 사람들이 일심합력하여 하나님께 기도하며 부지런히 도를 전하면 부흥회가 일어나매 교회가 자연 흥왕해지더라. 교회에서 오래도록 부흥회가 일어나지 않으면 교인의 마음이 식어서 밖으로 교회 여러 가지 규칙을 지키나 마음에 신령한 생명이 없는지라…"「부흥회」,『신학월보』 4권 6호, 1904, 139쪽.
94 한국기독교역사연구소,『한국기독교의 역사 II』, 기독교문사, 1991, 186-187쪽.
95 유동식은 한국교회의 성령운동의 유형을 부성적 성령운동과 모성적 성령운동으로 나눈다. 전자가 역사 안에서 구원의 역사를 하는 삼위일체 하나님의 선교에 동참하려는 민중신학의 성령운동을 가리킨다면, 후자는 순복음교회를 중심으로 한 오순절파의 성령운동을 일컫는다. 후자를 모성적 성령운동으로 명명한 것은 사회체제에 관심을 갖기보다는 소외되고 병든 민중의 심령을 안아주고 치유해주는 측면에 기인한다. 유동식,「한국교회와 성령운동」,『한국교회 성령운동의 현상과 구조』, 대화출판사, 1982, 14-20쪽.
96 특히 미션계 학교에서 일어난 부흥운동도 부지기수였다. "수요일 아침에는 숭의여자중학교에서 열린 학생집회에서 같은 현상이 나타났다. …여학생들은 쓰러져 통곡하면서 자기 죄를 자백하기 시작하였고 12시가 넘기까지 그저 기도와 통곡과 자복만 터져 나왔다. 목요일 아침도 수요일의 반복이었으며 예배는 정오까지 계속되었다." 초등학교에 다니는 어린이들도 이 대열에 합류한 기록이 있다. "목요일 아침엔 여자소학교에도 성령이 임하였다. 우리 선교사 몇 명이 교실을 지나가는데 흐느끼는 소리가 들려서 가 보았더니 거기도 같은 능력이 임하였음을 알았다. 베스트 양은 바로 내려가 그 학생들을 돌보았다. 학교에서 이런 일이 일어났다는 소식을 듣고 베른헤이젤(Bernheisel) 부인도 가서 사태를 알아보았다. 부인이 몇 마디 말을 건네자마자 학생들은 곧바로 통곡을 하며 죄를 자백하기 시작하였다." G. Lee, How The Spirit Came to Pyeng Yang, *The Korea Mission Field*, vol. 2, Mar 1907, p. 36.

97 조원시, 「기도론」, 『신학월보』 5권 1호, 1907, 477쪽.
98 G. H. Jones & W. A. Noble, *The Korean Revival: An Account of the Revival in the Korean Churches in 1907*, New York: The Board of Foreign Missions of the Methodist Episcopal Church. 1910, p. 6.
99 G. H. Jones & W. A. Noble, *op. cit.*, p. 10.
100 장로회의 경우는 1889년 미국과 호주 장로교 사이에 연합선교공의회(The United Council of Presbyterian Mission)가 발족되어 1907년 독노회가 설립되기까지 교회를 치리하는 실질적인 정치기구 역할을 하였다. 한국장로교회가 독자적으로 독립노회를 구성한 것은 1907년이고, 1912년에는 총회로 발족되어 한국교회의 실질적인 치리를 담당하였다. 감리교회의 경우에는 장로교의 노회에 해당하는 연회가 1908년에 조직되었다.
101 박형룡, 『근대기독교신학난제선평: 학파편』, 평양장로회신학교, 1935, 826쪽.
102 박형룡은 유명화를 비롯한 원산의 여집사들이 당대 서구신비주의자 스웨덴보리의 영향을 받은 것으로 판단하고 그의 교리를 비판한다. 스웨덴보리는 삼위일체의 부인, 원죄 부인, 그리고 구원활동에 믿음만이 아니라 선행도 포함시켰으므로 반기독교적이라고 비판받았다. 박형룡, 「스웨덴붉과 새 예루살렘 교회1, 2」, 『신학지남』 16권 2호, 1934.
103 박형룡은 신비적 현상이 우연히 어떤 신자에게 출현한 경우에 그 가치와 권위에 대하여는 회의적 태도를 취하면서 "다만 경험자 자신의 신앙을 건고케하는 자료는 공급될 수 있지만 이것을 공중에 선전하여 타인에게 모방을 촉구할 필요는 없다"며 성령운동의 확산을 경계하였다. 박형룡(1935), 앞의 책, 826쪽.
104 여성의 언권을 둘러싼 교권의 갈등은 김춘배, 「장로회 총회에 올리는 말씀」, 『기독신보』, 1934년 8월 22일자, 8쪽; 「조선예수교장로회총회 제23회 회록」, 1934, 45쪽; 「조선예수교장로회총회 제24회 회록」, 1935, 85쪽.
105 서광선, 「한국교회 성령운동과 부흥운동의 신학적 이해」, 『한국교회 성령운동의 현상과 구조』, 대화출판사, 1982, 93-95쪽.
106 바로 이점을 주목하여 여성신학자 죌레는 성령운동을 비롯한 신비주의 전통에서 발견되는 가치전도로 인한 체제저항적인 의식을 높이 평가하고 있다. Dorothee Solle, *The Silent Cry: Mysticism and Resistance*, Portress Press, 2001.
107 *Korean Repository*, vol. 4, 1987. p.192.
108 W. Swallen, God's Work of Grace in Pyeng Yang Classes, *The Korea Mission Field*, May 1907, p.78.
109 「사도행전」 2장 17절.
110 S, Moore, The Revival in Seoul, *The Korea Mission Field*, Apr 1906, p.116.

111 리원하,「김화디경터 슌환서 부흥회」,『그리스도신문』, 1906년 3월 15일자.
112 Dorothy. E. Smith, *The conceptual practice of power*, Boston: Northeastern University Press, 1990, p.122.
113 Mary Eagleton, *Working with Feminist Criticism*, Blackwell Publisher, p.19.
114 Dale Spender, *Man made Language*, London: Pandora Press, 1985, p.12.
115 양명수,「언어로 본 근대성과 종교」,『근대성과 종교』, 이화여자대학교출판부, 2001, 19-26쪽.
116 "여자는 조용히 복종하는 가운데 배워야 합니다. 나는 여자가 남을 가르치거나 남자를 지배하는 것을 허락하지 않습니다. 여자는 침묵을 지켜야 합니다."「디모데전서」2장 12절.
117 「고린도전서」14장 2절.
118 「사도행전」2장 1절-4절.
119 서광선(1982), 앞의 책, 81쪽.
120 위의 책, 81쪽.
121 서광선(1982), 앞의 책, 70-82쪽.
122 「고린도전서」14장 34-35절.
123 「고린도전서」14장 36-37절.
124 「고린도전서」14장 14절.
125 D. Solle, op. cit., pp. 85-86.
126 폴 리쾨르, 김한식 옮김,『시간과 이야기I』, 문학과 지성사, 1999. 25쪽.
127 Luce Irigaray, *Speculum of the Other Woman*. Translated by Gillian C. Gill. Ithaca: Cornell University Press. 1985.

제2부 종교적 주체-되기

1 鄭景玉,『신생』18권 1호, 1933.
2 金昶濟,『동명』1922년 11월 12일.
3 蔡弼近,『신학지남』12권 3호, 1930, 17-18쪽; 申鉉彰,『기독신보』1934년 8월 1일자.
4 *The Korean Repository*, 1895, p. 403.
5 *The Korean Repository*, Nov. 1895.
6 M. Huntly, *A History of The Protestant Mission in Korea*, NY: Friendship Press, 1984. p.74.
7 겔록,「五大 宗敎中 罪에 대흔 敎訓」, 魚氵萬 옮김,『신학지남』2권 4호, 1919.

8   최병헌, 「죄도리」, 『신학월보』, 1901년 7월.
9   길선주, 「마음에 도사리고 있는 죄」, 『신학월보』, 1907.
10 윤치호, 송병기 옮김, 『국역 윤치호 일기 1』, 연세대학교출판부, 2001. 398-399쪽. 起寢條, 洗罐條, 直言條, 節用條, 震怒條 등이 윤치호가 준수하려 했던 心約들이다. 1887년 1월 4일. 7일. 10일자 일기 참고.
11 A Korean's Confession, *The Gospel in All Lands*, 1885-1902, New York : Missionary Society of the Methodist Episcopal Church, June. 1887, pp.274-275.
12 김활란, 『우월 자서전: 그 빛 속의 작은 생명』, 여원사, 1965, 56-58쪽.
13 배위량, 「家庭祈禱의 十條理由」, 『신학지남』 4권 2호, 1922.
14 「신체와 정신의 관계」, 『죠선크리스도인회보』, 1913년 9월 29일자.
15 이광수, 『이광수전집 6: 사랑, 그의 자서전』, 삼중당, 1971.
16 한국 기독교 부흥회는 1901년부터 간헐적으로 일어났지만, 1903년 원산에서 여선교사들의 기도와 사경회에서의 체험과 함께 대부흥운동이 본격적으로 전국에 확산되었다. 한국 초기 부흥운동을 촉발시킨 요체는 내면의 발견과 맞닿아 있는 기도모임과 사경회였다. G. H. Jones & W. A. Noble, *The Korean Revival*, The Board of Foreign Mission of the Methodist Episcopal Church, 1910, p.37.
17 W. A. Noble, The Direct Effects of The Revival, *Korea Mission Field*, May 1908, p. 70.
18 W, Swallen, God's Work of Grace in Pyeng Yang Class, *Korea Mission Field*, May 1907, p.78.
19 공공 앞에서 행하는 죄의 고백 현상은 유교사회 뿐만 아니라 고해가 성사의 하나였던 중세 가톨릭 사회에서도 발견되지 않는다. 리하르트 반 될멘, 최윤영 옮김, 『개인의 발견』, 현실문화연구, 2004, 82-89쪽.
20 James S. Gale, 신복룡옮김, 『전환기의 조선』, 집문당, 1999, 68쪽.
21 Sallie Swallen, Letter to Her Sister, Dec. 17, 1912.
22 가라타니 고진, 박유하 옮김, 『일본근대문학의 기원』, 민음사, 1997, 103-129쪽.
23 "교중형제 자매로 말할 지경이면 그리스도께 속하여신 즉 하나님 나라의 백성이 되고 …" 이익채, 『신학월보』, 1904. 2.
24 이명직, 「비원」, 『活泉』 26호, 동양선교회 출판부, 1925.
25 박용만, 「십자군의격서」, 『신학월보』, 1904년 6월, 259쪽.
26 Mrs. Rose & M. Baird, A Course of Study in Personal Work, 『개인전도 연구』 제2학년 데四공과, Seoul: the Christian Literature Society, 1929, pp.32-34.
27 「찬미가」, 『신학월보』 1903년 12월.
28 "조상숭배 관습은 '교의와 진보'에서 가장 큰 장애물로 간주되며, 심지어 가장 진실한 개종자들 사이에서 일어나기도 하는 스캔달, 타락, 포기의 가장 큰 원인"이라는 것이

다. George. H. Jones, *Korea The Land, People, and Customs*, pp. 326-330.
29 정령이 고통과 불행을 일으킨다는 믿음에서 정령을 위로하는 의례가 발생했다는 것이다.
30 Hardie, *The Missionary Review of the World*, 1897. 12, pp. 926-929.
31 모리스 꾸랑, 정기수 옮김, 『조선서지학서론』, 탐구당, 1989, 123-124쪽.
32 국사편찬위원회 편, 『윤치호일기Ⅲ』, 탐구당, 1971, 229쪽.
33 유교로부터 '오륜관계의 책', 불교로부터 '마음을 정화하는 법', 도교로부터 '자연적 도덕적인 오염으로부터 몸을 정화하는 법', 그리고 천주교로부터는 '텬쥬'라는 신 명칭을 빌려 나름대로 조합한 종교라는 것이다. *The Korea Repository*, 1895. p.57.
34 채정민, 「正統의 敎會도 俗染은 可畏-女子에게 言權없다」, 『기독신보』, 1934년 8월 22일자/29일자.
35 민경배, 『교회와 민족』, 대한기독교출판사, 1992, 280-309쪽.
36 채정민, 「신자의 의지할 데는 말씀」, 『신앙생활』, 1936, 10쪽.
37 최병헌, 「죄도리」, 『신학월보』, 1901, 7쪽.
38 『그리스도인 회보』, 1905년 7월 18일자.
39 이찬갑, 「부녀는 교회가운데서 잠잠하라(上)」, 『성서조선』, 1936.
40 宋斗用, 「결혼의 의미」, 『성서조선』, 1937, 10쪽.
41 *Annual Report of the Korean Mission of the Presbyterian USA*, September 1904, pp. 22-24.
42 이덕주, 『한국 토착교회 형성사 연구』, 한국기독교역사연구소. 2000, 101쪽.
43 J. Gerdine, The Colporters' share, *Korea Mission Field*, May 1907, p.72; L, McCully, Fruits of the Revival, *Korea Mission Field*, June 1907, p.83.
44 이찬갑, 「부녀는 교회가운데서 잠잠하라(下)」, 『성서조선』, 1936.
45 張永德, 「女子와 事業」, 『청년』, 1927년 3월호.
46 Judith Bennett, *Feminism and History*, Oxford University Press, 1996, pp. 262-263.
47 이명직, 「二種의 女人」, 『活泉』 20호, 1924년 7월호, 43-44쪽.
48 이명직, 「묵시록 약해13」, 『活泉』 83호, 1929년 10월, 35쪽.
49 이숙인, 『동아시아 고대의 여성 사상』, 여이연, 2005, 169쪽.
50 Marianne Ferguson, *Women and Religion*, NY: Buffalo State College, 1995. pp.76-85.
51 나혜석, 「신생활에 들면서」, 『삼천리』, 1935년 2월호.
52 노도현, 「목사 등 종교인, 강간·강제추행 5년간 450명으로 전문직군 중 단연 1위」, 『경향신문』 2018년 9월 19일자.
53 이 글에서의 아비투스 용법은 사회계층의 질서를 반영하는 문화적 취향이라는 협의의 용법이 아닌 아리스토텔레스의 'hexis'나 토마스 아퀴나스의 'habitus'가 지시하는

교육 같은 것에 의해 영향 받을 수 있는 심리적 성향의 의미로 사용한다. 삐에르 부르디외, 최종철 옮김, 『구별짓기』, 새물결, 2005, 13쪽.
54 『한겨레신문』, 2004년 10월 1일자.
55 『뉴스타파』, 2017년 3월 1일자. 태극기집회를 독려한 어느 대형교회를 취재한 기사다.
56 댄버스선언문(1987) 참조.
57 「길에서 1000만 원 주워 '꿀꺽' 70대 女 "하나님이 상 주신 줄"」, 『동아일보』 2017년 9월 27일자; 「길에서 주운 500만원 가져간 70대 "너무 착하게 살아서…"」, 『중앙일보』 2017년 9월 27일자.
58 한국염, 「교회내 성폭력의 실태와 특성」, 『한국여성신학』 36호, 한국여신학자협의회. 1998.
59 Louise B. Hayes, The Korean Bible Woman and Her Work, *Korea Mission Field*, vol. XXXI, no.7, July, 1935, pp.151-152.
60 『그리스도신문』, 1901년 1월 3일자.
61 이만열(편역), 『아펜젤러: 한국에 온 첫 선교사』, 연세대학교출판부, 1985, 310쪽.
62 손메례, 「어린시절회고」, 『동아일보』, 1930년 4월 13일자.
63 새비지 랜도어, 신복룡 옮김, 『고요한 아침의 나라 조선』, 집문당, 1999, 113쪽.
64 이사벨라 비숍, 이인화 옮김, 『한국과 그 이웃나라』, 살림, 1994, 394-395쪽.
65 William Noble & George Harbor Jones, *The Religious Awakening of Korea: An Account of the Revival in Korean Churches in 1907*, p.31.
66 대부흥회의 죄고백현상에서 여성들의 신체적 변화에 주목하고 생생한 보도를 한 기록은 그다지 많지 않다. 다만 남자들과 별반 다르지 않았으리라 짐작되는 자료들이 있다. 가령 평양 남산현교회 전도부인인 오수산나는 "자신의 가슴을 쥐어뜯으며 마루바닥에 뒹굴다가 정신을 차리고는…" 여선교사에게 용서를 구하거나 "몸이 굳어지는" 격한 신체적 변화를 동반한 죄고백을 하고 있다.
67 리원하, 「김화디경터 슌환서 부흥회」, 『그리스도신문』, 1906년 3월 15일자.
68 E. 와그너, 신복룡 옮김, 『한국의 아동생활』, 집문당, 1999, 35쪽.
69 「교회통신」, 『그리스도신문』, 1901년 6월 20일자.
70 안동교회 역사편찬위원회, 『안동교회90년사』, 안동교회, 2001, 69쪽, 82쪽; 채필근, 『한석진목사와 그 시대』, 대한기독교서회, 1971, 204-205쪽. 서울 안동교회의 한석진 목사는 남녀좌석을 구별하는 포장을 걷자 반발하는 신도들에게 "믿는 사람은 다 주안에서 한가족이오 형제자매라는 기독교 정신을 간곡히 설명하였다"고 한다. 남녀석을 구별하는 포장을 걷은 정확한 연도는 표기되어 있지 않으나 한목사가 1909년 9월에 부임하였고, 이 문제가 1913년 9월 개회된 예수교장로회 제2회 조선총회에 헌의되었다는 것을 보아 그 사이에 발생한 것으로 보인다.

71 유병길, 「론셜」, 『신학월보』, 1904년 9월, 388쪽.
72 W. Swearer, Suwon and Kongchu Circuit, *Annual Report of the Board of Foreign Mission of the Methodist Episcopal Church*, 1901, p.45. "교인들이 마을제사비용을 대지 않자 고을 대표는… 교인들에게 우물물을 마시지 못하게 하였고 교인들을 마을 밖으로 추방하려 했다… 내가 사태를 파악하기 위해 그 마을에 갔었는데 나도 개울가 더러운 물을 마셔야 했다.
73 J. Z., Moore, The Great Revival Year, *Korea Mission Field* 3, no.8. Aug 1907, p.118.
74 이덕주, 「한국교회 초기 부흥운동과 여성」, 『한국기독교와 역사』 26호, 2008년 9월.

제3부 성적 주체-되기

1 한규무, 「초기 한국장로교회의 결혼문제 인식 1890-1940」, 『한국기독교와역사』 10호, 1999.
2 옥성득, 「초기 한국교회의 일부다처제 논쟁」, 『한국기독교와역사』 12호, 2002.
3 김경일, 「일제하 조혼문제에 대한 연구」, 『한국학논집』 41호, 2007, 363쪽; 377-382쪽.
4 『제국신문』, 1900년 5월 11일자.
5 『제국신문』, 1901년 3월 25일자.
6 류승현, 「일제하 조혼으로 인한 여성범죄」, 『여성: 역사와 현재』, 국학자료원, 2001, 367-390쪽.
7 김정실, 「本夫殺害의 社會的 考察」, 『동아일보』, 1933년 12월 13일.
8 주시경, 『가정잡지』, 4호, 1906년 9월, 4-5쪽.
9 Ellasue C. Wagner, *Kim Subang,* Nashville: Woman's Board of Foreign Mission M.E. Church, South, 1909. 와그너는 미남감리회 소속선교사로 1904년 내한하여 개성을 중심으로 여성 교육선교 사업을 주로 하였다는데 이 소설은 선교사업을 통해 만난 한국 여성들의 실제 이야기를 토대로 쓴 것이다.
10 『제국신문』, 1907년 10월 12일자.
11 「사설: 조선교회의 칠난-제7 혼인난」, 『기독신보』, 1917년 9월 26일자.
12 허혼연령에 대해 교파들 간에 약간의 차이가 보이나 시기적 변수가 더 크므로 여기서는 연도별로 정리한다.
13 「년환희덕행규칙」, 『신학월보』 1권 1호, 1900년 12월.
14 「교회통신-부산래신」, 『그리스도신문』, 1906년 1월 11일자.
15 『장로교총회록』, 1914, 한규무, 같은 글, 77쪽.
16 『장로교총회록』, 1917, 한규무, 같은 글.

17 「사설: 조선교회의 칠난- 제7 혼인난」, 『기독신보』, 1917년 9월 26일자.
18 「아희문답」, 『그리스도신문』, 1901년 6월 20일자.
19 「혼인문답」, 『그리스도신문』, 1901년 8월 8일자. 윤치호 역시 조혼의 4가지 폐해를 언급하고 있는데 그 중, 음양조통(陰陽早通)으로 자식을 일찍 얻으나 과반수가 요절하는 현상을 첫째가는 고통이라고 짚었다.
20 「사람의 지혜와 권력」, 『신학월보』, 2권 9호, 1902년 9월「죠혼의 폐단」, 『그리스도회보』, 1911년 3월 30일자.
21 「죠혼의 폐단」, 『그리스도회보』, 1911년 3월 30일자.
22 위의 글.
23 「결혼하여 두는 악습」, 『그리스도신문』, 1902년 4월 10일자; 류대영, 『한국근현대사와 기독교』, 푸른역사, 2009, 95쪽.
24 「혼인론」, 『조선그리스도인회보』, 1899년 4월 19일자.
25 「교회통신: 평양래신」, 『그리스도신문』, 1906년 9월 3일자.
26 「혼인론」, 『조선그리스도인회보』, 1899년 4월 19일자;「년환희덕행규칙」, 『신학월보』 1권 1호, 1900년 12월;「혼인문답」, 『그리스도신문』, 1901년 8월 8일자;『그리스도신문』, 1902년 4월 10일자;「교회통신-부산래신」, 『그리스도신문』, 1906년 1월 11일자;「죠혼의 폐단」, 『그리스도신문』, 1911년 3월 30일자;「사설: 조선교회의 칠난-제7 혼인난」, 『기독신보』, 1917년 9월 26일자.
27 「결혼하여두는 악습」, 『그리스도신문』, 1902년 4월 10일자.
28 「혼인론」, 『조선그리스도인회보』, 1899년 4월 19일자.
29 신흥우,「가정과 연애」, 『청년』 2권 7호, 1922년 7월, 7쪽.
30 '첩을 둔 자의 입교금지'는 복잡한 논의를 가지고 있다. 이에 대한 상세한 전개과정은 옥성득, 같은 글, 7-34쪽을 참조하라.
31 Ellasue C. Wagner, Kim Subang, p. 23.
32 정지영,「조선후기의 첩과 가족질서」, 『사회와 역사』, 65권, 2004, 13-16쪽.
33 조은, 조성윤,「한말서울지역 첩의 존재양식」, 『사회와 역사』, 65권, 2004, 82-87쪽.
34 『가정잡지』, 1권 7호. 1908년 8월.
35 『제국신문』, 1901년 1월 31일자.
36 김옥희, 『韓國天主敎女性史』, 한국인문과학원, 1983.
37 William. M. Baird, Should Polygamists be admitted to the Christian Church I, *The Korean Repository*, July, 1896. pp. 197-198.
38 William. M. Baird, Should Polygamists be admitted to the Christian Church II, *The Korean Repository*, Aug, 1896. p. 229.
39 William. M. Baird, Should Polygamists be admitted to the Christian Church III, *The*

Korean Repository, Sep. 1896, p.262.
40 「사설: 조선교회의 칠난-제7 혼인난」, 『기독신보』, 1917년 9월 26일자. 초기 교회는 외인과의 혼인을 허락하면서 배우자의 개종을 책임지도록 권고하였지만, 불신자와 결혼한 믿는 자매가 시집의 모진 핍박 때문에 자살하는 사례들이 일어나자 감리교의 경우는 기자 불신자와의 혼인을 금하기도 하였다. 「부부간 직분」, 『그리스도신문』, 1904년 1월 10일자; 「밋지않는 자와 혼인하지 말일」, 『신학월보』, 1904년 11월.
41 이숙진, 『한국기독교와 여성정체성』, 한들, 2006, 129-138쪽.
42 「밋지않는 자와 혼인하지 말일」, 『신학월보』, 1904년 11월.
43 「교회통신-부산래신」, 『그리스도신문』, 1906년 1월 11일자; 한규무, 「초기 한국장로교회의 결혼문제 인식 1890-1940」, 『한국기독교와 역사』, 10호, 1999, 75쪽.
44 한규무, 위의 글, 75쪽.
45 곽안련 편, 『장로교회사전휘집』, 조선야소교서회, 1918.
46 「참혹한 일」, 『신학월보』, 1902년 11월자.
47 「사설: 조선교회의 칠난-제7 혼인난」, 『기독신보』, 1917년 9월 26일자.
48 정지영, 「1920-30년대 신여성과 첩/제이부인」, 『한국여성학』 22(4), 2006, 47-84쪽.
49 누가 신여성인가에 대하여는 학자마다 의견이 분분하지만, '신교육을 받고 개성에 눈뜬 근대적 인간'이란 점에 합의하고 있다.
50 홍란, 「평론-첩으로 가는 신여성」, 『신여성』 3권2호, 1925년 3월, 14쪽; 김정옥은 "그 당시 공부를 많이 한 이화졸업생의 상대가 될 만한 남자들은 거의 조혼을 해버린 처지였으며, 기혼자들은 '일생의 반려자로 지낼 아내는 글을 알아야 하며 결혼은 서로의 사랑을 바탕으로 해야 한다'는 주장을 핑계로 못된 신식바람에 들어 이화졸업생들이 이런 소동의 대상으로 자주 화제에 오르게 되었다"고 회상한다. 김정옥, 『이모님 김활란』, 정우사, 1977, 88쪽.
51 정지영, 앞의 글.
52 「신여성과 결혼하면」, 『별건곤』, 1927년 12월.
53 다니엘 기포드, 『조선의 풍속과 선교』, 한국기독교역사연구소, 1995, 43쪽.
54 一修養生, 「연애란 죄악의 종」, 『활천』 20권, 1924, 43-44쪽.
55 이명직, 「남녀교제의 청결」, 『활천』 1권 2호, 1922년 12월, 19쪽.
56 위의 글.
57 김웅순, 「녀자교육에 대하야」, 『기독신보』, 1923년 1월 17일자.
58 金瑗根, 「李氏의 貞節과 그의 經紀」, 『청년』, 1926년 9월.
59 과부재가에 대한 논의는 이미 갑오개혁안에 들어 있다. "혼자된 여성은 신분의 귀천을 막론하고 재가하도록 해야 한다"는 조항이 그것이다. 생존권이 위협받는 과부의 열악한 생활과 국가 경쟁력의 상실 등의 이유로 과부개가금지는 악습으로 간주되었

다. 또한 여성에게 정절의 윤리를 강요해서는 안 된다는 것이 과부재가허용론에는 전제되어 있었다. 이러한 각성이 무르익은 1920년대는 적어도 죽은 남편을 따라 자결하는 여성이 칭송받던 '열녀의 시대'는 더 이상 아니었다.

60 기독신보에 나온 이혼관련 기사는 다음과 같다. 「사설: 리혼은 신약의 절대부인」, 1926년 3월 3일자; 「사설: 리혼문뎨의 원인과 예방I」, 1926년 6월 13일자; 「사설: 리혼문뎨의 원인과 예방II」, 1926년 7월 7일자; 「사설: 리혼문뎨의 원인과 예방III」, 1926년 7월 14일자; 「사설: 이혼에 대하여I」, 1928년 8월 15일자; 「사설: 이혼에 대하여II」, 1930년 8월 27일자 등.
61 「사설: 리혼은 신약의 절대부인」, 『기독신보』, 1926년 3월 3일자.
62 「사설: 이혼에 대하여」, 『기독신보』, 1930년 8월 27일자.
63 일기자, 「생활개선-정혼문제에 대하여」, 『청년』 8권(1), 1928년 1월.
64 권희정, 「식민지 시대 한국가족의 변화: 1920년대 이혼소송과 이혼사례를 중심으로」, 『비교문화연구』, 11권(2), 2005, 46쪽.
65 위의 글, 54쪽.
66 일기자, 「생활개선-정혼문제에 대하여」, 『청년』 8권(1), 1928년 1월.
67 권보드래, 『연애의 시대』, 현실문화사, 2003.
68 H.N. Allen & J.W Heron, *Report of the Health of Seoul for the year 1886*, Yokohama: U.P., 1886, p.5
69 Pahk, Induk, *September Monkey*, New York: Harper & Brothers, 1954. 박인덕, 김세환·유제관 옮김, 『9월 원숭이』, 인덕대학출판사, 2007, 44쪽.
70 여성의 몸으로 구원을 받을 수 없다는 교리의 영향으로 중세 기독교여성들은 종종 '남장'과 금식으로 여성적 몸을 지우려고 했다. 1세대 페미니스트들 역시 사회적 활동을 위해 남장을 선호했으며, 중국고사에 등장하는 여성장수도 참전하기 위하여 남장을 했다.
71 김욱동, 「박인덕의 전기와 관련한 오류」, 『동아연구』, 서강대학교 동아연구소, 2011, 45-46쪽.
72 「이화학당은 교사가 피착」, 『신한민보』, 1919년 7월 26일자.
73 박인덕(2007a), 앞의 책, 70쪽.
74 한국 여성개발원, 『한국여성교육의 변천과정 연구』, 한국여성개발원, 2001, 77쪽.
75 호머 헐버트, 신복룡 옮김, 『대한제국멸망사』, 평민사, 1984, 343쪽.
76 서우드 홀, 김동열 옮김, 『닥터홀의 조선회상』, 좋은씨앗, 2009, 335쪽.
77 민숙현·박해경, 『한가람 봄바람에: 梨花100年野史』, 지인사, 1981, 398쪽.
78 김활란과 인터뷰 후, 기자는 여느 노처녀들과 달리 그가 히스테릭하지 않았다고 덧붙였다. 그 에필로그는 결과적으로 노처녀들이 히스테릭하다는 고정관념을 유통시키는

데 큰 기여를 하였다.
79 여탐정, 「혼인 안는 노처녀들의 생활」, 『신여성』, 1926년 6월 7일자, 26쪽.
80 『윤치호 일기』에는 김활란의 성적추문을 언급한다. "오박사가 말하길 임영신이 전화해서 유억겸이 김활란과 불법적 관계를 하여 임신했다고 한다. 신흥우는 유억겸을 다치게 하기 위해 그런 이야기를 지어낼 만큼 교활하다." 1935년 1월 26일자 일기; 유사한 내용은 같은 일기 1935년 2월 27일자.
81 Matti Wilcox Noble, The missonary Home, *The Korea Mission Field*, April, 1931. p.73.
82 엘라수 와그너, 신복룡 옮김, 『한국의 아동생활』, 집문당, 1999, 35쪽.
83 애너벨 니스벳, 한인수 옮김, 『미국남장로교 선교회의 호남 선교 초기 역사』, 경건, 2011, 202쪽.
84 「교회통신」, 『그리스도신문』, 1901년 6월 20일자.
85 「재주 있고 인물 잘나고 좋은 건강을 가진 박인덕 여사」, 『동아일보』, 1926년 1월 27일자.
86 박인덕(2007a), 앞의 책, 84쪽.
87 김정옥, 앞의 책, 88쪽.
88 홍병선, 『청년』, 조선기독교청년회, 1928월 3월.
89 다니엘 기포드, 심현녀 옮김, 『조선의 풍속과 선교』, 한국기독교역사연구소, 1995, 43쪽.
90 『제국신문』, 1901년 1월 31일자.
91 박인덕(2007a), 앞의 책, 84쪽.
92 당시 소설 속의 인물이 실제 누구인지를 추정한 글에는 이광수의 소설 『재생』은 박인덕의 이야기라고 주장한다. 여주인공 순영은 뛰어난 재원으로 여학교에서 선교사 p부인을 만나 자기희생 정신을 배우고 삼일운동에 참여하였지만 후에 배금주의적 풍조에 빠져 모진고통을 겪는다. 심생, 「소설에 쓰인 인물들은 누구들인가」, 『별건곤』, 1927년 1월 참고.
93 박인덕(2007a), 앞의 책, 86쪽.
94 오자키 고요, 조중환 번안, 『장한몽』, 유일서관, 1913.
95 이상준, 『朝鮮俗曲集』, 삼성사, 1929, 10쪽.
96 근곡, 「결혼 전 청춘남녀를 위하여」, 『청년』, 조선기독교청년회, 1923, 68-71쪽.
97 박인덕(2007a), 앞의 책, 8691쪽.
98 박인덕, 「6년 만의 나의 반도, 아메리카로부터 돌아와서 여장을 풀면서 옛 형제에게」, 『삼천리』, 1931년 11월.
99 박인덕(2007a), 앞의 책, 150쪽.
100 박인덕(2007a), 앞의 책, 139쪽.

101 박인덕, 「파란많은 나의 반생」, 『삼천리』, 1938년 11월.
102 박인덕(2007a), 앞의 책, 92쪽.
103 「미국유학떠나는 박인덕 여사, 여성교육에 힘쓸 작정」, 『조선일보』, 1926년 6월 26일자.
104 박인덕, 「파란많은 나의 반생」, 『삼천리』, 1938년 11월.
105 박인덕, 「六年만의 나의 半島, 아메리카로부터 도라와서 旅裝을 풀면서 녯 형제에게」, 『삼천리』 3권(11), 1931, 90쪽.
106 박인덕(2007a), 앞의 책, 160쪽.
107 Pahk, Induk, *The Hour of the Tiger*, New York: Harper & Row, 1965; 박인덕, 김세환, 유제관 옮김, 『호랑이 시』, 인덕대학출판사, 2007, 62-63쪽.
108 박인덕, 「현대조선과 남녀평등문제」, 『동아일보』, 1920년 4월 2일자, 7면.
109 박인덕, 「6년 만의 나의 반도, 아메리카로부터 돌아와서 여장을 풀면서 옛 형제에게」, 『삼천리』, 1931년 11월.
110 1932년 12월 박인덕은 조선직업부인협회를 개편하여 중산층 여성운동의 거점으로 삼았다.
111 박인덕, 『농촌교역지침』, 농촌여자사업협찬회, 1935.
112 愚石, 「惡魔의 戀愛, 新家庭生活破綻記, 新女性들 그는 왜 시집살이를 못하나」, 『별건곤』 33호, 1930년 10월 1일자, 132-133쪽.
113 일기자, 「阿園不歸家의 첨단여성」, 『별건곤』, 1931년 11월.
114 「돌아는 오고도 안 돌아오는 수수께끼」, 『매일신보』, 1931년 10월 13일자.
115 헐버트, 앞의 책, 356. 조선에서도 혼인관계의 해소 현상이 없지는 않았으나, 국법에 이혼이 없다고 할 정도로 이혼억제 정책의 효력은 강력했다.
116 「사설: 주목할 이혼증가」, 『동아일보』, 1924년 3월 26일자; 「사설: 현하의 이혼문제(상)」, 『동아일보』, 1925년 2월 19일자; 「이혼으로 본 세태」, 『동아일보』, 1929년 10월 25일자; 「사설: 리혼문뎨의 원인과 예방I」, 『기독신보』, 1926년 6월 13일자; 「사설: 리혼문뎨의 원인과 예방II」, 『기독신보』, 1926년 7월 7일자; 「사설: 리혼문뎨의 원인과 예방III」, 『기독신보』, 1926년 7월 14일자.
117 류승현, 「일제하 조혼으로 인한 여성범죄」, 『여성: 역사와 현재』, 국학자료원. 2001.
118 주요섭, 「결혼생활은 이러케 할 것-혼인의식부터 자유롭게」, 『신여성』, 1924, 113-115쪽.
119 박인덕(2007a), 앞의 책, 188-189쪽.
120 성북학인, 「박인덕 공개장-이혼소동에 관하여 그의 태도를 박(駁)함」, 『신여성』, 1931년 12월; 紫蝦洞人, 「自稱先覺者 朴仁德을 埋葬함-권리를 쥬장하라거든 의무도 나누어야 된다」, 『每日申報社』, 1931년 10월 22일자; 紫蝦洞人, 「自稱先覺者 朴仁德을 埋葬함-자녀는 남자에게만 자녀가 되는 것인가」, 『每日申報社』, 1931년 10월 23일자;

「조선이 낳은 현대적 노라 박인덕」, 『신동아』, 1931년 12월; 「돌아오지 아니하는 어머니」, 『제1선』 1권(5), 1932, 7면.
121 박인덕(2007a), 앞의 책, 191-193쪽.
122 위의 책, 165쪽.
123 위의 책, 223쪽.
124 위의 책, 194쪽.
125 위의 책, 201쪽.
126 박인덕(2007b), 앞의 책, 71-72쪽.
127 박인덕(2007a), 앞의 책, 278-279쪽, 282쪽.
128 박인덕, 「태평양 삼만리 가는 길」, 『신인문학』 3권(2), 청조사, 1936, 3쪽.

제4부 자기계발적 주체-되기

1   이숙진, 「자기계발이라는 이름의 종교: 코칭프로그램의 자기테크놀로지를 중심으로」, 『종교문화비평』 25, 2014, 242-285쪽.
2   이숙진, 「신자유주의시대 한국기독교의 자기계발담론」, 『종교연구』 60, 2010, 119-148쪽.
3   이숙진, 「최근 한국불교 수행공간에 나타난 자기 테크놀로지」, 『원불교 사상과 종교문화』 72, 2017, 289-323쪽.
4   미셸 푸코, 이희원 옮김, 『자기의 테크놀로지』, 동문선, 1997, 36쪽.
5   막스 베버, 김덕영 옮김, 『프로테스탄트 윤리와 자본주의 정신』, 도서출판 길, 2010.
6   노만 빈센트 필과 로버트 슐러의 적극적 사고(positive thinking)는 에스트(est: 자기발견과 자기실현을 위한 체계적 훈련 방법)의 창설자인 Werner Erhardt는 적극적인 정신적 태도(positive mental attitude), 신오순절파에서는 적극적 고백(positive confession)과 유사하다. 이 개념에는 낙관주의가 깔려 있다. Horton, Michael S.(1998) *Made in America: The Shaping of Modern American Evangelicalism*, Wipf & Stock Publishers, 김재영, 『미국제 복음주의를 경계하라』, 나침반출판사, 2001, 271-272쪽.
7   Winthrop S. Hudson, *Religion in America*, New York: Charles Scribner's Sons, 1965, p.386.
8   김홍수, 「긍정적인 밝은 신앙으로: 김선도 목사의 설교 유형」, 『목원대학교논문집』 34, 1998, 60쪽.
9   정병관, 『복음혁명을 주도하는 세계 17대교회』, 생명의말씀사, 2005, 78쪽.
10 조엘 오스틴, 엔터스 라이프 편집부 옮김, 『긍정의 힘』, 두란노, 2005.

11 릭 워렌, 고성삼 옮김, 『목적이 이끄는 삶』, 디모데, 2004, 401쪽.
12 김세광, 「조용기 목사의 설교 세계: 삼박자구원, 오중복음에 묻혀버린 역사」, 『한국교회 16인의 설교를 말한다』, 대한기독교서회, 2004, 61쪽.
13 위의 책, 75쪽.
14 2001년 김선도목사의 은퇴 기념으로 발행된 12권의 설교집 중 한권에 수록된 설교의 제목들이다. 위의 책, 75쪽.
15 정해윤, 『성공학의 역사』, 살림, 2004, 89쪽.
16 『소년』, 1909년 4월, 5면-9면.
17 프랭클린 자서전에 기록된 13덕목은 절제, 침묵, 규율, 결단, 검약, 근면, 진실, 정의, 중용, 청결, 침착, 순결, 겸양이다. 식민지 조선에는 번역본에 따라 선택한 용어는 다르지만 그 근본의미는 원문과 상통하는 편이다.
18 나가쿠라 마사나오, 『서국입지편: 원명 자조론』(1871); 이제가미 켄조, 『자조론』(1908), 양계초, 『淸議報』(1899); 최남선, 『자조론 상권』(1918); 홍영후, 『청년입지편: 일명 자조론』(1923) 소영현, 「근대 인쇄 매체와 수양론·교양론·입신출세주의: 근대 주체 형성 과정에 대한 일고찰」, 『상허학보』 18(2006), 8-9쪽 참조.
19 이시후, 『실업소설 부란극림전』(1911); 한성도서회사, 『프랭크린』(서울: 한성도서주식회사, 1921); 최연택·김철호, 「프랑크린의 自敍傳」, 『매일신보』, 1921년 11월 8일자. 1930년대에도 프랭클린의 자기계발 덕목들이 지속적으로 소개되었다. 대표적인 것은 이홍로, 「프랭클린」의 십삼계 「린드버억」의 품성표」, 『동아일보』, 1936년 1월 11일자; 백당, 「위인의 소년시대, 프랑크린 〈속〉」, 『동아일보』, 1936년 1월 26일자.
20 벤자민 프랭클린, 이정임 옮김, 『프랭클린 자서전』, 한문화, 2015, 139쪽.
21 위의 책, 142쪽.
22 막스 베버, 앞의 책, 167-332쪽.
23 벤자민 프랭클린, 앞의 책, 145쪽.
24 Jennifer Graber, *The furnace of affliction: prisons & religion in antebellum America*, Capel Hill, N.C.: University of North Carolina Press, 2011, pp.73-80.
25 George Whitefield (1714-1770)는 영국의 감리교회 전도자였으나 신학적으로는 깔뱅주의에 기울어 있었으며 그의 영향은 18세기의 영미지역의 신앙적 각성에 깊이 미쳤다.
26 벤자민 프랭클린, 앞의 책, 185쪽.
27 위의 책, 187쪽.
28 위의 책, 144쪽.
29 위의 책, 144쪽.
30 위의 책, 144쪽.

31 이숙진(2010), 앞의 글, 137쪽.
32 최연택(1895-?)은 독실한 성결교 교인이자 계몽지식인으로서 직접 출판사를 운영하면서 자기계발 관련 글들 다수 집필하고, 번역하였다. 홍영후(1898-1941)는 새문안교회 초창기 교인이자 음악가로 홍난파로 알려진 인물이다. 그의 더 자세한 신앙이력에 대해서는 다음 글을 참조하라. 최희정, 「홍난파 가문의 기독교 수용과 '青年' 홍난파」, 『서강인문논총』 29, 2010, 69-106쪽.
33 대중들의 호응은 그의 번역이 실렸던 매일신보의 두터운 독자층이 한 몫 했을 것이다. 최남선의 번역본이 실린 『소년』은 창간호가 20여 부 발간되었고 최고 부수가 200여 부에 불과하여 독자층이 매우 얇았다. 이에 비해, 『매일신보』 경우는 2만 4천 부 가량 발행될 정도의 독자층을 확보하고 있었다.
34 다수의 굵직한 저술서적과 당대의 대표적 매체였던 『동아일보』, 『매일신보』 및 『신천지』, 『수양』 등에 실린 글들은 그 결과물이다. 그의 자기계발사상의 집대성이라 할 『世界一流思想家論文集』에는 「成功論」 「스토이씨씀(Stoicism)論」 「포이트튜드(Fortitude)」 「커레-지(Courage)」 「自助論」 「靈感(Inspiration)論」 등이 있다.
35 그의 간증은 「사망에서 생명으로」라는 제목으로 세 번에 걸쳐 연재되었다. 『활천』 2권(2), 1924, 1-3쪽, 45-46쪽, 110-112쪽, 165-167쪽.
36 한국 현대장편소설의 역사에서 중요한 위치를 차지하는 최연택의 소설이다. 부패한 권력에 비판적이었던 주인공이 독실한 기독교 신앙인으로 거듭나면서, 인간적으로는 절대 용서할 수 없는 것을 신앙의 힘으로 용서한다는 내용이다. 기독교적 신앙이 잘 표현된 글이라는 평가를 받고 있다. 겉표지 제목은 '사회소설(社會小說) 죄악(罪惡)의 씨', 서두에는 '죄악의 종자(罪惡의 種子)'로 표기되어 있다.
37 이 출판사는 1921년부터 '번역 전기 총서'를 기획, 출판하였고, 프랭클린에 대한 선전은 여타 영웅 소개와는 사뭇 다르다. 한성도서주식회사에서 발행된 번역 전기물에 관해서는 김성연, 「한성도서주식회사 출간 번역 전기물 연구-출판 정황을 중심으로」, 『상허학보』 30, 2010.
38 「시간을 잘 지키지 않는 풍습은 나라의 큰 병폐」, 『황성신문』, 1901년 10월 3일자.
39 호레이스 알렌, 신복룡 옮김, 『조선견문기』, 집문당, 1999.
40 세비어 랜도어, 신복룡 옮김, 『고요한 아침의 나라 조선』, 집문당, 1999.
41 Reising Russell. *The Unusable Past: theory and the study of American Literature*, New York: Methuen, 1986, p.50.
42 Mary F Scranton, Missionary Work Among Women, *The Korean Repository*, Aug-Sept, 1898, pp.313-318.
43 「사설: 집안을 정결케 할 것」, 『신학월보』, 1904년 9월, 4-9쪽. 원문은 다음과 같다. "위생이란 것은 몸을 정결하게 씻으며 더러운 옷을 입지 말고 음식을 절도있게 먹는 것뿐

아니라 집안을 정결하게 하는 데 있다. …진리를 깨달은 형제들아 어찌 예전 구습을 고치지 아니하고 집안을 더럽게 하리오. …우리는 영생하시는 하나님의 성전이라 … 특별히 정결하게 함을 힘쓸지어다."

44 「례배당 규측: 례배당 안에서 헌화하지 말 일」, 『신학월보』 7권 2-3호, 1909.
45 로베르트 엘리아스, 박미애 옮김, 『문명화과정』, 한길사, 1999.
46 아서 브라운, 류대영·지철미 옮김, 『극동의 지배: 한국의 변화와 동양에서 일본의 패권 장악』, 한국기독교역사연구소, 2013, 587쪽.
47 김억, 「프랭클닌전에 대하야」, 『프랭크린』, 한성도서주식회사, 1921.
48 최희정, 「1920년대 이후 성공주의 기원과 확산」, 『한국근현대사연구』, 76, 2016, 187-216쪽.
49 역사학의 최희정과 근대문학 연구자 소영현이 대표적이다.
50 Homer. B. Hulbert, *Korea Review*, Seoul : Printed at the Methodist, April, 1903.
51 최연택, 「成功의 秘訣」, 『매일신보』 1920년 6월 24일자; 26일자.
52 羅京錫, 空京橫事, 『조선지광』, 1927, 76쪽.
53 전영택, 「지도와 리해」, 『기독신보』, 1925년 12월 9일자.
54 김경하, 「반기독교운동에 鑑하야 우리 교인의 자성을 촉함」, 『기독신보』 1926년 1월 13일자.
55 李商在, 「上帝의 뜻은 如何하뇨」, 『百牧講演』 2, 博文書館, 1921, 138쪽.
56 「公益과 私益의 利害」, 『皇城新聞』 1907년 8월 9일자; 「公益과 私益」, 『每日新報』 1914년 2월 9일자; 「公益과 私益 勿齋生」, 『每日新報』 1924년 9월 15일자.
57 Nicholas Rose, Governing 'advanced' liberal democracies, *Foucault and Political Reason*, London: UCL Press, 1996, pp.37-64.
58 Wendy Larner, Neo-liberalism: Policy, Ideology, Governmentality, *Studies in Political Economy*, vol.63, no.5, 2000, p.13.
59 최근의 자기계발 담론을 통하여 변화된 자아를 개조되는 자아(맥기) 기업가적 자아(로즈) 치유적 자아(일루즈) 등 다양한 용어로 표현하지만 그 함의는 유사하다.
60 서동진, 『자유의 의지 자기계발의 의지』, 돌베개, 2009. 298쪽, 300쪽.
61 피에르 부르디 외, 현택수 옮김, 『맞불』, 동문선, 2004, 141쪽.
62 미셀 푸코, 이희원 옮김, 『자기의 테크놀로지』, 동문선, 1997, 290쪽.
63 위의 책, 3쪽.
64 위의 책, 87쪽.
65 위의 책, 36쪽.
66 자기테크놀로지에 대한 학자들의 평가는 분분하다. 기든스는 자신의 삶에 대해 능력 있는 개인을 만드는 자기계발의 실천들은 외부에서 부과하는 강압적인 윤리에 의해

서가 아니라 능동적 수행자가 자기 테크놀로지를 통해 스스로 실천하는 윤리라는 점에 주목한다. 자기 테크놀로지의 작동을 개인들이 자율성의 윤리 안에서 자기정체성 기획을 추구하고, 자신의 삶의 스타일을 찾아 자기 존재를 매일 새롭게 하는 일종의 자기 실천으로 보고 있다. 이 관점을 따르면 자기계발담론은 어느 측면에서 개인의 자아에 대한 성찰적 기획에 도움을 주고, 자율적 발전을 방해하는 요인으로부터 벗어나는데 기여한다.

67 정해윤, 『성공학의 역사』, 살림, 2004, 89쪽.
68 기업 내·외부의 환경과 역량을 감안한 'SWOT(강점·약점·기회·요인)' 분석을 도입한다든가 세대별, 직업별 맞춤전도는 오늘날 기업이 활용하고 있는 세부마케팅을 활용한 사례라고 할 수 있다. 1990년대 이래 대형교회를 선망하는 목회자들의 벤치마킹 대상이 되고 있는 온누리교회의 하용조 목사는 1996년 미국 시카고에 있는 윌로우크릭 교회를 방문한 후 윌로우크릭이 운영하는 프로그램의 많은 부분을 차용한 것으로 알려져 있다. 황일도, 「황일도 기자가 지켜본 온누리교회의 겉과 속」, 『신동아』, 동아일보사, 2007, 10쪽.
69 릭 워렌, 『목적이 이끄는 삶』, 디모데, 2004, 401쪽. 『목적이 이끄는 삶』에는 성공적인 신앙생활의 방법이 제시되어있다. 자신을 관찰하여 현재의 자기상태에 대한 목록을 작성하고, 행동계획을 기록하면서 매일 자기 삶을 돌아보고 묵상하고 자기의 발전 과정을 일기처럼 기록하기를 권장한다. 자신의 모습을 이해하기 위한 방법으로 "SHAPE"를 제시한다. SHAPE란 Spiritual gifts, Heart, Abilities, Personality, Experiences 이라고 하는 여섯 가지 맞춤형 능력의 조합이다. 워렌은 이 여섯 자기 능력을 기준으로 "하나님이 내게 주신 어떤 능력 또는 어떤 개인적인 경험을 교회를 위해 사용할 수 있을까"를 진단할 것을 독자들에게 권고한다.
70 조엘 오스틴, 정성묵 옮김, 『긍정의 힘: 실천편』, 두란노, 2005, 23쪽.
71 일곱가지 지침은 다음과 같다. "비전을 키우라, 강한 자아상을 일구라, 생각과 말의 힘을 발견하라, 과거의 망령에서 벗어나라, 역경을 통해 강점을 찾으라, 베푸는 삶의 즐거움을 누리라, 행복을 선택하라."
72 통계청 http://www.kostat.go.kr 2009 생활시간조사표 참조.
73 통계청의「경제활동인구조사」를 보면 취업자중 여성비율은 1996년의 38.6%에서 2008년에는 42.4%로 증가하고 있다. 노동시장에서 여성들의 양극화가 점차 강화되고 있는 추세다. 전문관리직의 경우는 11.7%(1996년)에서 19.8%(2008년)로 8% 증가했으나 비정규직의 비율은 18.5%(여성전문관리직)와 66.3%(여성미숙련노동자군)으로 압도적인 증가 추세에 있다.
74 2010년에 발표된 한국보건사회연구원의 「결혼과 출산율보고서」에 따르면 25~29세 여성의 비혼율은 1975년 11.8%에서 2005년 59.1%로 크게 높아졌다. 30대 초반(30~34

세) 역시 2.1%에서 19%로 높아졌다. 그 결과 평균 초혼 연령도 늦어져 81년에 여성 23.2세였던 것이 2008년에는 28.3세로 다섯 살 많아졌다. http://www.kihasa.re.kr/ 『중앙일보』 2010년 7월 29일자 참고.

75 엘리자베스 벡, 울리히 벡, 심영희·한상진 옮김, 『위험에 처한 세계와 가족의 미래』, 새물결, 2010; 엘리자베스 벡, 울리히 벡, 강수영·권기돈·배은경 옮김, 『사랑은 지독한, 그러나 너무나 정상적인 혼란』, 새물결, 1999. 참조.

76 남인숙, 『여자의 모든 인생은 20대에 결정된다』, 랜덤하우스, 2004. 안은영, 『여자생활백서』, 해냄, 2008, 이재연, 『여자라이프사전』, 책비, 2010. 이상화, 『나쁜여자백서』, 머니플러스, 2009 참조.

77 스펙은 제품설명서, 명세서로 번역되는 스페시피케이션(specification)을 줄인 말이지만 최근 취업시장에서 "개인을 상품가치로 환산할 수 있는 각종 자격과 조건"의 의미로 유통되고 있다. 스펙에는 각종 자격증과 학력, 학점, 어학시험점수 뿐만 아니라 인맥, 외모, 긍정적 정서능력 등이 포함된다.

78 자기테크놀로지에는 다양한 요소가 있다. 채펠은 자기알기, 자기통제, 자기배려, 자기재창조의 틀을 사용하고, 림케는 자기감시, 자기지식, 고백, 자기규율, 자기검사의 항목을 중시 여긴다.

79 미키 맥기, 김상화 옮김, 『자기계발의 덫』, 모요사, 2011, 30쪽.

80 서동진, 앞의 책, 311쪽.

81 자기알기의 테크닉의 대표적인 사례는 케이티 브레이즐튼, 김진선 옮김, 『목적이 이끄는 삶: 여성들의 기도』, 디모데, 2005. 60일간의 기도를 참조하라.

82 이숙진, 『한국기독교와 여성정체성』, 한들, 2006,

83 조이스 마이어, 오현미 옮김, 『여자의 인생은 자신감으로 결정된다』, 두란노, 2007.

84 엘리자벳 조지, 김은희 옮김, 『매일 성공하는 여자』, 인피니스, 2005, 13쪽.

85 시간관리의 바이블이라 할 수 있는 프랭클린 플래너는 자기계발의 테크닉에 필수품이다. 최근 『크리스천을 위한 프랭클린 플래너』가 발간되어 교인들 사이에서 높은 인기를 구가하고 있다.

86 Mary Douglas, *Natural Symbols*, New York: Vintage Books, 1973.

87 김은실, 『여성의 몸 몸의 문화정치학』, 또하나의 문화, 2001, 97쪽.

88 엘리자벳 조지, 앞의 책, 55쪽, 77쪽.

89 고린도전서 6장 20절.

90 엘리자벳 조지, 앞의 책, 74-75쪽.

91 위의 책, 76쪽.

92 필로미나 윌슨, 최영오 옮김, 『백마 탄 신랑감 만나기』, 나침반, 2006, 55쪽.

93 성형대상으로써의 여성의 몸은 크게 몸, 얼굴, 피부로 나눠지며, 상세분류로는 150가

지로 분류된다. 목, 귓바퀴, 팔꿈치, 무릎, 어깨 등 드러나는 부분뿐 아니라 가슴, 등, 배꼽 …까지 몸의 전 영역이 구획되고 있다. 최옥선, 『여성의 몸 담론과 성형담론의 상호텍스트성에 관한 연구』, 성대박사학위논문, 2005 참조.

94 여성독자를 겨냥한 대중적 신앙서적에서는 머리관리를 청결성, 스타일, 색깔, 머릿결로 세분화하여 관리테크닉을 제시한다.

95 세분화를 통한 자기 관리방식은 비단 외모항목에만 국한되지 않는다. 결혼중매시장의 경우 배우자는 지수로 환산된다. 배우자의 가치는 신체매력, 사회경제, 가정환경 등의 항목으로 나누는데, 신체매력의 경우는 키, 몸무게, 호감도, 사회경제적 위치는 학력, 직업, 연봉에 따라 가치가 매겨지는 등 상세분류로는 160가지에 이른다. 뿐만 아니라 결혼배우자에 대해서도 같은 방식으로 세분화되어 있는데 교회여성들은 '배우자 기도'라는 형식을 통해 자신이 원하는 배우자 '조건' 항목들을 구체화하여 백일기도 등을 통해 실천한다. 가령 결혼을 소망하는 비혼 여성교인들이 즐겨 읽는 한 신앙서적에서는 "당신이 과연 어떤 타입의 남성을 원하는 지 살펴봅시다. 남편 될 사람에게 바라는 조건을 아래에 나열해 보십시오. … 나열한 조건들을 다시 훑어보고 그중에서 무시할 수 있는 조건 옆에 별표를 하십시오."라고 구체적인 방식을 제안하기도 한다. 필로미나 윌슨, 앞의 책, 36-37쪽.

96 미셸 푸코, 정일준 옮김, 『미셸푸코의 권력이론』, 새물결, 1994, 113쪽.

97 모든 여성교인이 성공과 능동적 자아를 강조하는 자기계발서를 수용하는 것은 아니다. 성공에 이르는 성경적 비법은 성경을 왜곡한 것이라든지, 긍정적이고 낙천적인 성격을 개발하면 성공한다는 메시지나 긍정의 힘은 기독교적이지 않다고 보는 비판적 시선도 있다. 옥성호, 『심리학에 물든 부족한 기독교』, 부흥과 개혁사, 2007.

참고문헌

〈1차 자료〉

『가정잡지』
『그리스도신문』
『기독신보』
『대한매일신보』
『대한크리스도인회보』
『동아일보』
『삼천리』
『조선일보』
『신가정』
『가정잡지』
『여성』
『每日申報』
『성서조선』
『신동아』
『신여성』
『신학세계』
『신학월보』
『신학지남』
『제1선』
『청년』
『활천』
『황성신문』
Annual Report of the Korean Mission of the Presbyterian USA.
Korea Mission Field.
The Board of Foreign Missions of the Methodist Episcopal Church.
The Korean Repository.
The Open Letters of Southern Presbyterian Missionaries in Korea.

「개성강연회, 연사 박인덕씨」, 『한국중앙일보』, 1934년 9월 23일자.

「女性經濟講演會: 國際職業婦人의 活動(朴仁德)」, 『동아일보』, 1933년 4월 21일자.
「돌아오지 아니하는 어머니」, 『제1선』 1권 5호, 1932.
「례배당 규측: 례배당 안에서 헌화하지 말 일」, 『신학월보』 7권 2-3호, 1909.
「朴仁德氏 講演(禮山)」, 『동아일보』, 1932년 10월 27일자.
「朴仁德氏의 歐米漫談會, 태화녀자관서」, 『동아일보』, 1932년 2월 23일자.
「본보 혁신기념- 특별강연회 개최, 연사는 여자사업가 박인덕씨」, 『한국중앙일보』, 1933년 11월 5일자.
「사설: 조선교회의 칠난-제7 혼인난」, 『기독신보』, 1917년 9월 26일자.
「少年問題 講演 中等生에게 限; 少年과 娛樂(朴仁德)」, 『동아일보』, 1934년 4월 25일자.
「시국과 가정교육」, 『여성』 1940년 8월호.
「新年大講演 平壤서 開催: 演士는 朴仁德女史」, 『동아일보』, 1932년 1월 4일자.
「신동아건설과 가정의 내조」, 『여성』 1940년 9월호.
「신여성과 결혼하면」, 『별건곤』, 1927년 12월호.
「재주 있고 인물 잘나고 좋은 건강을 가진 박인덕 여사」, 『동아일보』, 1926년 1월 27일자.
「全州;基督敎靑年會主催로 宗敎大講演會 朴仁德女士를 초빙하야」, 『동아일보』, 1934년 5월 29일자.
「조선예수교장로회총회 제23회 회록」, 1934.
「조선예수교장로회총회 제24회 회록」, 1935.
「조선이 낳은 현대적 노라 박인덕」, 『신동아』, 1931년 12월호.
「靑年修養講座會: 講師 吳天錫 朴仁德 鄭景玉 三氏(平壤)」, 『동아일보』, 1933년 8월 27일자.
「平壤槿友會 新春大講演會 演士 朴仁德女史」, 『동아일보』, 1932년 1월 22일자.
곽안련 편, 『장로교회사전휘집』, 조선야소교서회, 1918.
곽안련 편, 『조선예수교장로회헌법』, 조선예수교서회, 1938.
근곡, 「결혼 전 청춘남녀를 위하여」, 『청년』, 조선기독교청년회, 1923.
金谷庄鎬, 『조선기독교회소사』, 조선기독교회전도부, 1942.
金瑗根, 「李氏의 貞節과 그의 經紀」, 『청년』, 1926년 9월호.
기독교조선감리회, 『기독교조선감리회 교리와 장정』, 기독교조선감리회총리원, 1935.
김경하, 「반기독교운동에 鑑하야 우리 교인의 자성을 촉함」, 『기독신보』, 1926년 1월 13일자.
김승태 · 박혜진 공편, 『내한선교사 총람, 1884-1984』, 한국기독교역사연구소, 1994.
김응순, 「녀자교육에 대하야」, 『기독신보』, 1923년 1월 17일자.
김춘배, 「장로회 총회에 올리는 말씀」, 『기독신보』, 1934년 8월 22일자.
김필례, 「하령회의 유래」, 『한국YWCA』, 1956년 7월호.
김필례, 『성교육』, 조선기독교서회, 1935.
김필례, 『이상을 향하여 다름질쳤던 격동의 시대』, 신서출판사, 1973.
김활란, 「실용적으로 의복을 입자」, 『여성』, 1938년 11월호.

김활란,「朝鮮女子 基督 靑年會의 自己談」,『청년』, 1926년 3월호.
김활란,「징병제와 반도여성의 각오」,『신시대』1942년 12월호.
김활란,『우월 자서전: 그 빛 속의 작은 생명』, 여원사, 1965.
다니엘 기포드,『조선의 풍속과 선교』, 한국기독교역사연구소, 1995.
리원하,「김화디경터 슌환서 부흥회」,『그리스도신문』, 1906년 3월 15일자.
릴리어스 호톤 언더우드, 김철 옮김,『언더우드 부인의 조선생활』, 뿌리깊은 나무, 1984.
매티 노블,『승리의 생활』, 조선야소교서회, 1927.
박영숙,「二世國民의 戰時敎育」,『여성』, 1940년 1월호.
朴仁德,「靑春을 앗기는 佳人哀詞-그리운 梨花칼레지어」,『삼천리』 7권 3호, 1935.
박인덕,「태평양을 다시 건너며, 세계기독교대회에 참석코저」,『삼천리』, 1936년 1월호.
윤치호 · 박정신 옮김,『국역 윤치호일기2』, 연세대학교출판부, 2003.
박형룡,「스웨덴붉과 새 예루살렘 교회1,2」,『신학지남』 16권 2호, 1934.
박형룡,『근대기독교신학난제선평: 학파편』, 평양장로회신학교, 1935.
박형룡,『박형룡박사저작전집: 신학논문 하권』, 한국기독교교육원, 1978.
백당,「위인의 소년시대, 프랑크린 〈속〉」,『동아일보』, 1936년 1월 26일자.
성북학인,「박인덕 공개장-이혼소동에 관하여 그의 태도를 박(駁)함」,『신여성』, 1931년 12월.
손메례,「어린시절회고」,『동아일보』, 1930년 4월 13일자.
宋斗用,「결혼의 의미」,『성서조선』, 1937.
신흥우,「가정과 연애」,『청년』 2권 7호, 1922년 7월.
아서 브라운, 류대영 · 지철미 옮김,『극동의 지배: 한국의 변화와 동양에서 일본의 패권장악』, 한국기독교역사연구소, 2013.
안동교회역사편찬위원회,『안동교회90년사』, 안동교회, 2001.
엘라수 와그너, 신복룡 옮김,『한국의 아동생활』, 집문당, 1999.
여탐정,「혼인 안는 노처녀들의 생활」,『신여성』, 1926년 6월.
유동식,『정동제일교회의 역사 1885-1990』, 기독교대한감리회 정동제일교회, 1992.
윤치호, 김상태 편역,『윤치호 일기 1916-1943』, 역사비평사, 2001.
윤치호, 송병기 옮김,『국역 윤치호 일기 1』, 연세대학교출판부, 2001.
이광수,『이광수전집 6: 사랑, 그의 자서전』, 삼중당, 1971.
이덕주 · 조이제 엮음,『한국 그리스도인들의 신앙고백』, 한들, 1997.
이만열 편역,『아펜젤러: 한국에 온 첫 선교사』, 연세대학교 출판부, 1985.
이만열 · 옥성득 편역,『언더우드 자료집(I, II, III, IV, V)』, 연세대학교 출판부, 2006.
이명직,「남녀교제의 청결」,『활천』 1권 2호, 1922년 12월.
이사벨라 비숍, 이인화 옮김,『한국과 그 이웃나라』, 살림, 1994.
이상준,『朝鮮俗曲集』, 삼성사, 1929.
이시후,『실업소설 부란극림전』, 보급서관, 1911.

이찬갑, 「부녀는 교회가운데서 잠잠하라(上)(下)」, 『성서조선』, 1936.
이흥로, 「'프랭클린'의 십삼계 '린드버억'의 품성표」, 『동아일보』, 1936년 1월 11일자.
一修養生, 「연애란 죄악의 종」, 『활천』 20권, 1924.
紫蝦洞人, 「自稱先覺者 朴仁德을 埋葬함-권리를 쥬장하라거든 의무도 나누어야 된다」, 『每日申報』, 1931년 10월 22일자.
紫蝦洞人, 「自稱先覺者 朴仁德을 埋葬함-자녀는 남자에게만 자녀가 되는 것인가」, 『每日申報』, 1931년 10월 23일자.
田中武雄, 「小磯 總督時代의 槪觀」, 『朝鮮近代史料集成』, 第3號, 1960.
정마리아, 「여전도인의 불평과 희망: 최후승리까지」, 『기독신보』 1930년 1월 1일자.
조원시, 「기도론」, 『신학월보』 5권 1호, 1907.
조지 히버 존스, 옥성득 편역, 『한국교회형성사』, 홍성사, 2013.
주시경, 『가정잡지』, 4호, 1906년 9월.
채정민, 「신자의 의지할 데는 말씀」, 『신앙생활』, 1936.
최연택·김철호, 「프랑크린의 自敍傳」, 『매일신보』 1921년 11월 8일자.
한국교회백주년준비위원회 사료분과위원회 편, 『대한예수교장로회백년사』, 대한예수교장로회총회, 1984.
한국기독교역사연구소 엮음, 『조선예수교장로회사기(상권/하권)』, 한국기독교역사연구소, 2000-2002.
한성도서회사 편, 『프랭크린』, 한성도서주식회사, 1921.
호러스 그랜트 언더우드, 이광린 옮김, 『한국 개신교 수용사』, 일조각, 1989.
호레이스 알렌, 신복룡 옮김, 『조선견문기』, 집문당, 1999.
호머 헐버트, 신복룡 옮김, 『대한제국멸망사』, 평민사, 1984.
홍란, 「평론-첩으로 가는 신여성」, 『신여성』 3권2호, 1925년 3월.
"College Hears Korean," *Alabamian*, December 1929.
"Korean Secretary Talks on Change To Student Group," *Daily Illini*, November 6, 1928.
"Missionary To Lecture On Student Movement," *The Cornell Daily Sun*, March 16, 1929.
"Mrs. Induk Kim Talks," *Northwest Viking*, April 25, 1930.
"Mrs. Induk Kim to Speak Here, Student Volunteer Movement Worker to Give Talks on Eastern Campus under Y.W.C.A. Auspices," *The Eastern Progress*, November 23, 1928.
"Mrs. Induk Kim Will Address Students At Campus Churches," *Daily Illini*, November 4, 1928.
"Mrs. Induk Kim Will Be Visitor Here Next Week Under Auspices Young Woman's Christian Ass'n," *The Handout*, 14(9), November 22, 1929.
"Mrs. Kim Talks on Missionary Topic-Famous Korean Woman Tells of Condition in China," *Rice Thresher*, December 13, 1929.

"Student Volunteer Secretary at Hope," *The Anchor*, 37, April 17, 1929.

"What Those Who Know Her Say about Mrs. Kim, Korean Student," *The Handout*, 14(9), November 22, 1929.

"Y.W.C.A.NOTES," *The New Hampshire*, February 14, 1929.

"A Korean's Confession," *The Gospel in All Lands*, June 1887.

"Mrs. Induk Kim to Visit Campus, Student Movement Leader Touring Amer. Colleges Here on Jan. 24-25," *Bates Student, Bates College*, 56, 1928-1929.

Baird, W. M., "Should Polygamists be admitted to the Christian Church," *The Korean Repository*, July 1896.

Blair, Herber, "Women's Work in Kangai," *Korea Mission Field*, November, 1911.

Blair, W., *Gold in Korea*, Topeka: H.M. Ives & Sons, 1946.

Choi, Phyllis Kim, "At Conference in India," *Korea Mission Field*, December 1929.

Choi, Pil Ley, "The Developement of Korean Women during the Past Ten Years," *Korea Mission Field*, November 1923.

Cooper, K., "Woman's Work in Wonsan," *Southern Methodism in Korea*, Seoul: Board of Missions, Korea Annual Conference, Methodist Episcopal Church, South. 1927.

Doty, S., "Girls's School Report, Korea Reports, Korea Letters and Correspondence," *Records of the PCUSA*, 1893.

Hayes, Louise B., "The Korean Bible Woman and Her Work," *Korea Mission Field*, July 1935.

Hulbert, Homer B., *The Passing of Korea*, London: Page & company, 1906.

Jones, G. H., & Noble, W. A., *The Korean Revival: An Account of the Revival in the Korean Churches in 1907*, New York: The Board of Foreign Missions of the Methodist Episcopal Church. 1910.

Jones, George H., "Open Korea and Its Methodist Mission," *The Gospel in All Lands*, 18, 1893.

Lee, G., "How The Spirit Came to Pyeng Yang," *Korea Mission Field*, March 1907.

Marker, J., "Report of the Day Schools and Evangelistic Work of the Chemulpo an Hai Ju Circuits," *Report of Annual Session of the Korea Womans Conference of the Methodist Episcopal Church*, 1938.

Moore, J. Z., "The Great Revival Year," *Korea Mission Field*, August 1907.

Moore, S. F, "The Revival in Seoul," *Korea Mission Field*, April 1906.

Noble, Matti W., "The missionary Home," *Korea Mission Field*, April 1931.

Noble, W. A., & Jones, G. H., *The Religious Awakening of Korea: An Account of the Revival in Korean Churches in 1907*, NY: Board of Foreign Missions, Methodist Episcopal Church, 1908.

Noble, W. A., "The Direct Effects of The Revival," *Korea Mission Field*, May 1908.

Pahk, Induk, *September Monkey*, New York: Harper & Brothers, 1954.
Pahk, Induk, *The Crow Still Crows*, New York: Vantage Press, 1977.
Pahk, Induk, *The Hour of the Tiger*, New York: Harper & Row, 1965.
Rothweiler, L., "What Shall We Teach in Our Girl's Schools?," *Korean Repository*, 1892.
Scranton, Mary F., "Missionary Work Among Women," *Korean Repository*, August-September 1898.
Swallen, W., "God's Work of Grace in Pyeng Yang Classes," *Korea Mission Field*, May 1907.
Swearer, W., "Suwon and Kongchu Circuit," *Annual Report of the Board of Foreign Mission of the Methodist Episcopal Church*, 1901.
Talmage, E., *The Open Letters of Southern Presbyterian Missionaries in Korea*, Kwangju, Korea, October 1932.
Wagner, E., *Kim Subang*, Nashville: Woman's Board of Foreign Mission M.E. Church, South, 1909.

〈연구서〉

가라타니 고진, 박유하 옮김, 『일본근대문학의 기원』, 민음사, 1997.
가야트리 차크라보르티 스피박 외, 태혜숙 옮김, 『서발턴은 말할 수 있는가?: 서발턴 개념의 역사에 관한 성찰들』, 그린비, 2013.
가야트리 스피박, 태혜숙 옮김, 『포스트식민 이성 비판』, 갈무리, 2005.
권보드래, 『연애의 시대』, 현실문화사, 2003.
권희정, 「식민지 시대 한국가족의 변화: 1920년대 이혼소송과 이혼사례를 중심으로」, 『비교문화연구』, 11권(2), 2005.
김경일, 『근대의 가족, 근대의 결혼: 가족과 결혼으로 본 근대 한국의 풍경』, 푸른역사, 2012.
김경일, 『신여성, 개념과 역사』, 푸른역사, 2016.
김옥희, 『韓國天主敎女性史』, 한국인문과학원, 1983.
김욱동, 『한국계 미국이민 자서전 작가』, 소명출판사, 2012.
김은실, 「조선의 식민지 지식인 나혜석의 근대성을 질문한다」, 『한국여성학』 24, 2008.
김은실, 『여성의 몸 몸의 문화정치학』, 또하나의 문화, 2001.
김정옥, 『이모님 김활란』, 정우사, 1977.
김진균·정근식(편), 『근대주체와 식민지 규율권력』, 문화과학사, 2000.
김홍수, 『한국전쟁과 기복신앙확산 연구』, 한국기독교역사연구소, 1999.
로베르트 엘리아스, 박미애 옮김, 『문명화과정』, 한길사, 1999.
루이 알튀세르, 김웅권 옮김, 『재생산에 대하여』, 동문선, 2007.

류대영,『개화기 조선과 미국 선교사: 제국주의 침략, 개화자강, 그리고 미국선교사』, 한국기독교역사연구소, 2004.
류대영,『초기 미국 선교사 연구 1884-1910』, 한국기독교역사연구소, 2001.
류대영,「해방 이전 한국 개신교 여성에 관한 연구: 현황과 과제」,『한국 기독교 역사의 재검토』, 한국기독교역사연구소, 2019.
류승현,「일제하 조혼으로 인한 여성범죄」,『여성: 역사와 현재』, 국학자료원, 2001.
리타 펠스키(김영찬·심진경 옮김),『근대성의 젠더』, 자음과 모음, 2010.
릭 워렌, 고성삼 옮김,『목적이 이끄는 삶』, 디모데, 2004.
막스 베버, 김덕영 옮김,『프로테스탄트 윤리와 자본주의 정신』, 도서출판 길, 2010.
모리스 꾸랑, 정기수 옮김,『조선서지학 서론』, 탐구당, 1989.
미셸 푸코, 이희원 옮김,『자기의 테크놀로지』, 동문선, 1997.
미셸 푸코, 정일준 옮김,『미셸푸코의 권력이론』, 새물결, 1994.
민경배,『한국기독교사회운동사』, 대한기독교출판사, 1987.
민경배,『한국기독교회사』, 대한기독교서회, 1972.
민숙현·박해경,『한가람 봄바람에: 梨花100年野史』, 지인사, 1981.
박명수,『근대 복음주의의 주요 흐름』, 대한기독교서회, 1998.
박인덕, 김세환·유제관 옮김,『호랑이 시』, 인덕대학출판사, 2007.
박인덕, 김세환·유제관 옮김,『9월 원숭이』, 인덕대학출판사, 2007.
베스 베일리, 백준걸 옮김,『데이트의 탄생: 자본주의적 연애 제도』, 앨피, 2015.
벤자민 프랭클린, 이정임 옮김,『프랭클린 자서전』, 한문화, 2015.
새비지 랜도어, 신복룡 옮김,『고요한 아침의 나라 조선』, 집문당, 1999.
서광선,『한국 기독교의 새인식』, 대한기독교출판사, 1995.
서동진,『자유의 의지 자기계발의 의지』, 돌베개, 2009.
서정민,『한일 기독교 관계사 연구』, 대한기독교서회, 2002.
세비어 랜도어, 신복룡 옮김,『고요한 아침의 나라 조선』, 집문당, 1999.
셔우드 홀, 김동열 옮김,『닥터 홀의 조선 회상』, 좋은씨앗, 2009.
소영현,「근대 인쇄 매체와 수양론·교양론·입신출세주의: 근대 주체 형성 과정에 대한 일고찰」,『상허학보』 18, 2006.
손인수,『한국근대교육사』, 연세대학교 출판부, 1971.
슬라예보 지젝, 이성민 옮김,『까다로운 주체』, 도서출판 b, 2005.
안네마리 피퍼, 문영식 옮김,『페미니즘 윤리학의 이해: 버려진 성의 분노』, 서울: 철학과 현실사, 2008.
애너벨 니스벳, 한인수 옮김,『미국 남장로교 선교회의 호남 선교 초기 역사』, 경건, 2011.
양명수,『근대성과 종교』, 이화여자대학교출판부, 2001.
엘리자베스 벡·울리히 벡, 강수영·권기돈·배은경 옮김,『사랑은 지독한, 그러나 너무나 정상적인 혼란』, 새물결, 1999.
엘리자베스 벡·울리히 벡, 심영희·한상진 옮김, 『위험에 처한 세계와 가족의 미래』, 새물결, 2010.
엘리자베트 바댕테르, 심성은 옮김, 『만들어진 모성』, 동녘, 2009.
엘리자벳 조지, 김은희 옮김, 『매일 성공하는 여자』, 인피니스, 2005.
여성문화이론연구소, 『페미니즘의 개념들』, 동녘, 2017.
옥성득, 「초기 한국교회의 일부다처제 논쟁」, 『한국기독교와역사』 12호, 2002.
유동식, 「한국교회와 성령운동」, 『한국교회 성령운동의 현상과 구조』, 대화출판사, 1982.
유동식, 『한국감리교회의 역사 1884-1992(I, II)』, 기독교대한감리회, 1994.
윤해동·이소마에 엮음, 『종교와 식민지 근대』, 책과함께, 2013.
이덕주, 「초기 한글성서 번역에 관한 연구」, 그리스도와 겨레문화연구회 편, 『한글성서와 겨레문화』, 기독교문사, 1985.
이덕주, 「한국교회 초기 부흥운동과 여성」, 『한국기독교와 역사』 26호., 2008.
이덕주, 『스크랜턴: 어머니와 아들의 조선 선교 이야기』, 공옥출판사, 2014.
이덕주, 「한국 토착교회 형성사 연구」, 한국기독교역사연구소, 2000.
이만열, 『한국기독교문화운동사』, 대한기독교출판사, 1987.
이만열, 『한국기독교의료사』, 아카넷, 2003.
이상경, 「일제 말기의 여성 동원과 군국(軍國)의 어머니」, 『페미니즘 연구』, 한국여성연구소, 2002.
이숙인, 『동아시아 고대의 여성사상』, 도서출판 여이연, 2005.
이숙진, 「신자유주의시대 한국기독교의 자기계발담론」, 『종교연구』 60, 2010.
이숙진, 「자기계발이라는 이름의 종교」, 『종교문화비평』 25, 2014.
이숙진, 「초기 기독교의 혼인담론」, 『한국 기독교와 역사』 32호, 2010.
이숙진, 「최근 한국불교 수행공간에 나타난 자기 테크놀로지」, 『원불교 사상과 종교문화』 72, 2017.
이숙진, 『한국기독교와 여성정체성』, 한들, 2006.
이우정, 『한국 기독교 여성 백년의 발자취』, 민중사, 1985.
이진구, 『한국 개신교의 타자인식』, 모시는 사람들, 2018.
이진구, 『한국 근현대사와 종교자유』, 모시는 사람들, 2019.
전영우, 『한국 근대토론의 사적 연구』, 일지사, 1991.
전택부, 『한국기독교청년회운동사 1899-1945』, 정음사, 1978.
정지영, 「1920-30년대 신여성과 첩/제이부인」, 『한국여성학』 22(4), 2006.
정지영, 「조선후기의 첩과 가족질서」, 『사회와 역사』, 65권, 2004.
정해윤, 『성공학의 역사』, 살림, 2004.
제임스 게일, 신복룡 옮김, 『전환기의 조선』, 집문당, 1999.

조엘 오스틴, 엔터스 라이프 편집부 옮김, 『긍정의 힘』, 두란노, 2005.
조은 · 조성윤, 「한말서울지역 첩의 존재양식」, 『사회와 역사』, 65권, 2004.
조이스 마이어, 오현미 옮김, 『여자의 인생은 자신감으로 결정된다』, 두란노, 2007.
조중환, 박진영 편, 『장한몽: 조중환 번안 소설』, 현실문화연구, 2007.
주디스 버틀러, 조현준 옮김, 『젠더 트러블』, 문학동네, 2008.
최기영, 『한국 근대 계몽사상 연구』, 일조각, 2003.
최희정, 「1920년대 이후 성공주의 기원과 확산」, 『한국근현대사연구』, 76, 2016.
최희정, 「홍난파 가문의 기독교 수용과 '靑年' 홍난파」, 『서강인문논총』 29, 2010.
폴 리쾨르, 김한식 옮김, 『시간과 이야기I』, 문학과 지성사, 1999.
필로미나 윌슨, 최영오 옮김, 『백마 탄 신랑감 만나기』, 나침반, 2006.
한국 여성개발원, 『한국 여성교육의 변천과정 연구』, 한국여성개발원, 2001.
한국기독교역사학회 편, 『한국 기독교의 역사 I(개정판)』, 기독교문사, 2011.
한국기독교역사학회 편, 『한국기독교의 역사 II(개정판)』, 기독교문사, 2012.
한국기독교역사학회 편, 『한국기독교의 역사 III』, 한국기독교역사연구소, 2009.
한규무, 「초기 한국장로교회의 결혼문제 인식 1890-1940」, 『한국기독교와 역사』 10호, 1999.
한우리 · 김보명 · 나영 · 황주영, 『교차성×페미니즘』, 도서출판 여이연, 2018.
Bennett, J., *Feminism and History*, Oxford University Press, 1996.
Douglas, Mary, *Natural Symbols*, New York: Vintage Books, 1973.
Eagleton, Mary, *Working with Feminist Criticism*, Blackwell Publisher, 1996.
Ferguson, Marianne, *Women and Religion*, NY: Buffalo State College, 1995.
Graber, Jennifer, *The Furnace of Affliction: Prisons & Religion in Antebellum America*, Chapel Hill, N.C.: University of North Carolina Press, 2011.
Hudson, Winthrop S., *Religion in America*, New York: Charles Scribner's Sons, 1965.
Irigaray, Luce, *Speculum of the Other Woman*. Translated by Gillian C. Gill. Ithaca: Cornell University Press, 1985.
Oser, L., *The Ethics of Modernism*. Cambridge: Cambridge UP, 2007.
Reising, Russell J., *The Unusable Past: Theory and the Study of American Literature*, NY: Methuen, 1986.
Smith, D. E., *The Conceptual Practice of Power*, Boston: Northeastern University Press, 1990.
Solle, D., *The Silent Cry: Mysticism and Resistance*, Fortress Press, 2001.
Spender, Dale, *Man made Language*, London: Pandora Press, 1985.
Stringer, R., *Knowing Victims: Feminism, Agency and Victim Politics in Neoliberal Times*, Hove, East Sussex: Routledge, 2014.
White, Hayden, *Tropics of Discourse: Essays in Cultural Criticism*, Baltimore: Johns Hopkins University Press, 1978.

출전

- 1부 1장은 아래 글을 수정 보완하였다.
「초기 한국 기독교의 교육공간과 말하는 주체의 탄생」, 『기독교교육논총』 62권, 2020, 227-255쪽.

- 1부 2장은 아래 글을 수정 보완하였다.
「기독교여성 지식인의 혼종적 주체와 연설」, 『기독교사회윤리』 42권, 2018, 153-177쪽.

- 3부 1장은 아래 글을 고쳐 쓴 것이다.
「초기 기독교의 혼인담론」, 『한국기독교와 역사』 32권, 2010, 35-62쪽.

- 3부 2장은 아래 글을 수정 보완하였다.
「기독교신여성과 혼인윤리--박인덕을 중심으로」, 『기독교사회윤리』 29권, 2014, 345-375쪽.

- 4부 1장은 아래 글을 수정 보완하였다.
「1920년대 자기계발 문화와 기독교: 프랭클린 『자서전』 번역을 중심으로」, 『기독교사회윤리』 38권, 2017, 239-270쪽.

- 4부 2장은 아래 글을 고쳐 쓴 것이다.
「신자유주의시대 한국기독교의 자기계발 담론: 여성교인의 주체화양식을 중심으로」, 『종교연구』 60집, 2010, 119-148쪽.

찾아보기

[ㄱ]

가부장 사회 19
가부장성 52, 55
가부장적 가치 127
가부장적 이데올로기 124
가부장적 질서 93
가부장적 코드 130
가부장적 하느님 114
가부장적 헤게모니 80, 87, 127
가부장제 120
가부장주의 45, 115
가족공동체 215
가족 관리 55
가족 제도 229
간음 152
간증 40, 84, 86, 88
간통 159
간통죄 165
감리교 33, 150
강정일당 21
개조의 시대 161
개항기 94
거짓 종교 134
경성기독교연합회 53
경영기법 226
계몽된 주체 57
계몽운동 61
계발 221
공공성 209
공동소유 211
공동체 83
공론장 31

공명 230
공모 123, 127
공산주의 126
공식 서사 182
공적 영역 155
공조론 188
공주회(King's Daughter's Circle) 96
공중기도 46
과부 재가 159
광기 222
교계 신문 132
교권 74
교권주의 108
교육 공간 20
교육권 155
교육 선교사 41
교중혼 153
교중회보 107
교회 130
교회 문화 93
교회법 150
교회 성장 128
교회 전통 189
구 근대성 232
구세교 168
구조적 229
구조적 폭력 221
구조조정 226
국민 218
국민복 55
군국의 어머니 56
권력남용 126
근대 기독교 101, 102, 106, 112
근대 의학 222
근대 종교 50
근대 지식인 58

근본주의 105, 106
근본주의 신학 104
금욕적 196
금욕주의 197
『긍정의 힘』 191
긍정적 사고 190
기관지 203
기도 97
기독교 21, 29, 141, 162
기독교계 신여성 166
기독교성폭력상담소 126
기독교 신여성 112, 169, 181
기독교 여성 지식인 47
《기독신보》 159
기든스 230
기복성 72
기복신앙 193
기업가적 219, 234
길선주 70
김명순 112
김삼의당 21
김선도 192
김원주 112
김익두 70
김창준 179
김필례 23, 36
김호연재 21
김활란 30, 97
깔뱅주의 189

[ㄴ]

나혜석 112
남성 언어 84
남성 연대 127
남성 지식인 59
남성 헤게모니 108

내면의 죄 96
내선일체 54
내세적 금욕주의 190
내외법 132
노동시장 229
노만 빈센트 필 190
노블 부인 171
농촌여성 교육사업 52
뉴잉글랜드 206
니콜라스 로즈 220

[ㄷ]

『다니엘학습서』 228, 242
다원화 226
다이어트 236
단절의 윤리 166
대각성운동 197
대부흥운동 72, 133
대상화 126
대중매체 236
대중문화 187
대중연설 29
대항담론 116
대형교회 226
덕목 110
도덕적 165
도덕적 코드 189
도사경회 24
독노회 125
독립성 233
《독립신문》 46
《동아일보》 160
독신 170
동력자 178
동성애 126
동원 기제 120

찾아보기 | 279

[ㄹ]

로버트 슐러(Robert Schuller) 191
리쾨르 85
릭 워렌(Rick Warren) 191
릴리어스 언더우드 34

[ㅁ]

마녀사냥 177
마을협동조합 179
마케팅 226
막스 베버 197
말하는 주체 20, 34, 38, 39, 85
망국 145, 146
매뉴얼 232
매매혼 144, 148
매서인 130
『매일 성공하는 여자』 235
《매일신보》 202
매작 결혼 157
매티 노블 22
맹목적 믿음 125
메리 스크랜튼 25
모던걸 157
모성애 178
모성 이데올로기 56
모성적 존재 55
『목적이 이끄는 삶』 191, 216
목회자 126
몸 235, 236, 237, 239
몸 담론 206
무릎 기도 126
무한경쟁 215, 231
묵종 45, 79
문맹률 208
문명 52
문명개화론 141, 147, 149

문화 텍스트 235
물질적 193
미군정 179
미션 여학교 20
미신성 68
민며느리제 144
민법 145
민족운동 39
민중의 언어 82

[ㅂ]

바울서신 75
박인덕 23, 30, 49, 59, 62, 167, 171, 173, 181
박형룡 74
반기독교운동 210
반려자 172
방송선전협의회 54
방언 40, 46, 81, 82, 83, 88
방언기도 84
배재학당 29
배제의 정치학 103, 115
번안소설 173
번역물 202
번영의 복음 191
벤자민 프랭클린 188, 193, 195
변법자강운동 194
보국운동 54
보수적 165
보조자 116
복음 216
복혼자 153
본원적 자본 197
봉건적 174
부르디외 221
부인선교사 157

부인회 54
부흥운동 40, 73, 132
부흥회 133
북장로교 25
불교 50
불순종 124
블레어 25
비윤리적 236
비정규직화 229
비정치화 114
비혼 229

[ㅅ]
사경회 24
사고양식 217
사목 권력 189
사무엘 스마일즈 193
사역 126
사적 경험담 208
사회문화적 236
사회적 인간 218
사회주의 210
사회진화론 211
산업화 193
삼박자 축복 71
삼숭학교 24
삼종지도 166
새벽형 234
생활개량운동 54
샤머니즘 50
『서경』 19
서광선 75
서사 159
서상륜 142
서술적 정체성 85
서열화 132

서학 151
선각자 156
선교 교육 정책 169
선교 보고서 73
선교제국주의론 48
선다싱 105
선망 215
설교 80
설교권 80
성(sexuality) 108
성경 공부 39
성경 공부반 24
성경반 24
성경 훈련반 24
성공주의 189
『성공하는 사람들의 7가지 습관』 228
성공학 193
성도 100, 115
성도 담론 94
성도 정체성 99, 103, 114, 115
성령 72
성령운동 68, 69, 71, 75, 76, 87, 88
성령집회 71
성령체험 75, 78, 85
성범죄 119
성별 분업 28
성별 차이 235
성별화 217
성서무오설 105
성역할 241
성장주의 193
성적 자율권 108, 165
성적 태도 110, 111
성전 206
성차별 41
성 평등 78

성폭력 120
성풍속 149
세계인권선언 180
세계일가주의 211
세례 154
세속적 성공 197
세속주의 76
세속화 226
섹슈얼리티 230
셀 조직 226
셔우드(R. Sherwood) 170
『소년』 194
소명설 189
소비문화 236
소비 자본주의 187
소종파 74
수도원 189
수동적 존재 136
수양동우회 209
수행 187
순결 111, 153
순결 이데올로기 112
순복음교회 71
순수의 정치학 104
순종 93, 123, 124, 125
순종의 덕목 126
순종의 영성 124
순종 이데올로기 114, 120
순종적 주체 50
순종적 태도 93
순치 74, 181
순회 부흥 목사 198
순회연사 49
스왈렌 99
스웨덴보리 70, 105
스크랜턴 대부인 205

스티븐 코비 191
스펙 216
스피박 57
습관 개조 204
습관화 232
『승리의 생활』 22
승자독식 215
시간 활용 204
식민지 근대성 212
식민지적 주체 57
신비주의 105
신비주의 신앙 104
신사조 161
신앙 서적 217, 227, 228
신앙 수첩 232
신앙적 아비투스 125
신앙적 에토스 226
신앙적 원형 72
신앙적 정체성 166
신앙적 주체 193
신여성 23, 142, 155, 156, 169
신유 71, 76
신의 형상 148
신자유주의 215
신주단지 134
신체 관리 230, 235
신체 테크놀로지 234
신풍조 161
《신학월보》 146
신화 114, 216
심약 96

[ㅇ]

아더 브라운 206
아버지의 법 81
아버지 재교육 프로그램 165

아비투스 120, 123, 125, 135
아우구스티누스 85
아펜젤러 31
악령 72
알파걸 135
애국부인회 168
약자보호법 211
양가성 75
양계초 194
양주삼 178
어거스틴 196
언권 45, 105
언술 행위 85
언어 85
에비슨 167
에스더서 238
엡윗 청년회 31
여권 37
「여권통문」 20
여성 122, 128
여성교육 19, 24
여성 리더십 136
여성 범죄 144
여성 사경회 25
여성 선교사 25
여성성 68
여성신학 93
여성 안수 105
여성 연설가 62
여성운동 61
여성 의식 41
여성의 지도력 127
여성적 기표 168
여성 주체 46, 170
여성 지도자 58
여성 친화성 82

여성 통제 180
여성 혐오 45
여자성경학원 25, 26
여자청년회 157
여필종부 166
여학교 20
연동여학교 28
연설 40
연설가 48
연설 공간 52, 60
연애당 157
연애의 시대 161
연합여자성경학교 26
열등한 존재 127
열패자 215
영혼 구원 114
『예기』 19
예배당 206
예법 168
예언 82
오리엔탈리즘 127
오순절 71
와그너 131
외모 236
외모 관리 236
외모 산업 236
외인 100, 102
요가 236
욕망 216
우상 숭배 103
우생학 147
우승열패 211
우울증 215
우월성 123
우월주의 142
울리히 벡 230

위른회 32
원산교회 76
원산 여집사 74
원죄 교리 114
웰빙 237
위드유 운동 120
위생 담론 205
위자료 178, 179, 181
윌리엄 블레어 24
유각경 56
유교 50, 102
유명화 76, 105
유처취처제(有妻娶妻制) 151
육영공원 209
윤치호 96
은둔성 129
음녀 111
음란 111
이광수 96, 98
이단 74
이등 성도 105
이름짓기 153
이리가레이 86
이문회 29, 40
이분법 100
이상재 211
이슬람 126
이용도 70, 74
이중예정설 189
이혼 고백장 108
이혼 청구권 177
이화학당 28, 168
인간관 149
인간 존중 182
인권 155
인성검사(MBTI, 애니어그램) 232

일부다처제 152
일부일처제 152
일부종사 176
일상의 내면화 60
일시동인 211
임윤지당 21
입교 73
입신양명 208

[ㅈ]

자기검사 231
자기계발 187, 200, 201, 209, 217, 224, 229, 240
자기계발 담론 189
자기계발의 신앙 192
자기 관리 200, 231, 234
자기 알기 231
자기 알기 테크닉 232
자기의 테크놀로지 223, 224
자기점검 231
자기 주도성 233, 240
자기 훈련 234
자발성 240
자발적 동원 122, 123
자본주의 정신 197
『자서전』 201, 208
자수성가 204
자아 228
자아실현 219
자아의식 234
자아 형성 236
자원화 230
자유결혼 155
자유를 통한 통치 218
자유연애 36, 142, 155
자유연애주의자 160

자유주의 신학 104
자조론 188
「장한몽」 174
장로교회 154
재가녀자손금고법 159
저항 74, 124
저항적 영성 128
적극적 사고 190
적자생존 211
전근대성 102
전도 129
전도부인 22
전략 133, 168
전문 여성 155
전삼덕 26
전적 타락 197
전통 종교 133
전통 혼속 35
절제 담론 206, 207
절제 운동 129
절제의 은사 237
정결 205
정녀 111
정동교회 32
정령 위로 의례 103
정절녀 159
정치적 합리성 217
정통 104
제국주의 45
제도화 74
제이부인 36, 155, 156
젠더 106
젠더 역할 241
젠더의 위계화 37
젠더 정의 127
젠더 정치학 77

젠더 지형 166
젠더화 28
조강지처 172
조나단 에드워즈 198
조상 숭배 103
조상 제사 102
〈조선그리스도인회보〉 31
조선기독교여자청년회(YWCA) 33
조선부인문제연구회 54
조선예수교장로회 125
조선총독부 53
조엘 오스틴(Joel Osteen) 191
조용기 192
조이스회 31, 40
조지 화이트필드 198
조혼 34, 144, 145, 147
조혼 금령 145
조혼 비판 담론 143
조혼자 169
존재론적 174
종교 권력 87
종교적 계명 152
종교적 발화 20
종교적 수사 148
종교적 오리엔탈리즘 103
종교적 정체성 100
종교적 카리스마 70
종교 주체 106
종교 혼합주의 84
종속성 123
죄 관념 95
죄담론 94, 106, 107, 113
『죄악의 씨』 203
죄의 고백 99
죄인 115
죄인 정체성 115

주단지 134
주룰루 27
주변인 76
주요 타자 162
주일학교 178
주체성 93
주체적 이혼 175
주체화 187
주체화 양식 189
중혼 173
중혼금지법 150
지배권력 54
지배의 테크놀로지 222
지배 전략 219
지배 코드 131
지식권력 218
지식 언어 80
지식층 210
지역 사경회 24
진보 165, 172
집단 정체성 108

[ㅊ]

차이의 공간 131
참교인 73
참종교 134
창조의 질서 123
처첩 151
철야기도 97
첩문화 142
청교도 196
『청년』 203
총동원 122
총후 56
총후여성 60
『최고경영자 예수』 216

최남선 194
최병헌 96
최연택 202, 203
최자실 77
축첩 35, 152
축첩 비판 담론 150
축첩 제도 150, 151
축첩 철폐 153
축첩 철폐 운동 141
치리권 105
치유 134
치유의 정치 134
친일 182
친화성 76, 190
칭의론 198

[ㅋ]

코드화 132
콜레라 167

[ㅌ]

타자 만들기 108
타자성 97
타자화 102, 126
탈사회화 114
탈서열 131
탈식민주의 57
테크놀로지 217, 222
통성기도 80
통제 메커니즘 206
통제의 윤리 166
통치성 188, 222
통치성 학파 187, 223
트릴레마 169, 170

[ㅍ]
파라 처치 135
팬옵티콘 98
평등권 155
평생 직장 215
평양 대부흥운동 67, 78
평양여자고등성경학교 26
폭력성 221
표상 127
푸코 98, 221, 222
품성 203
『프랭클린 자서전』 188
프랭클린 플래너 200
프로테스탄트 윤리 197

[ㅎ]
하느님의 법 152
하느님의 질서 152
학문국 32
한국 교회 68, 119, 121, 135
한국 교회 여성 123, 125
한국 기독교 112
한국 기독교 여성 116
한국전쟁 70
한국 종교 50
한문소설 203
한성도서주식회사 204
합리적 주체 101
해석학 189
해외 선교 47
해체적 언술 83
행위자 182
허혼 연령 146
헐버트 170
현모양처 28
현세적 금욕주의 190

협성회 29
형식 윤리 94
혼 175
혼인 윤리 161
홍병선 160
홍영후 194, 202
화이팅(Georgiana Whiting) 23
『활천』 203
황국신민화 55
회개 198
훈육 96
희년 211

[기타]
13덕목표 205
SVM 49
YMCA 203
YWCA 34, 40